中等职业教育财经商贸类专业
公共平台课系列教材

经济法基础

JINGJIFA JICHU

主　编　赵本凯
副主编　磨丽萍
主　审　付红星

重庆大学出版社

内 容 提 要

本书在内容和体例的安排上，充分考虑了中等职业学校财经商贸类专业在就业方面所对应的岗位群对经济法律知识的需求，以及当前中职学生的实际情况。本书内容包括公司法、合同法、工业产权法、市场管理法、税收法、会计法、劳动与社会保障法、经济仲裁与诉讼法等相关法律制度。本书在编写上体现最新的法律法规，注重理论联系实际，突出实务性。通过课前的导入、课中的议与做、课后的练习，贴近教学，更好地帮助学生掌握知识的重点，也有助于师生更好地营造积极的学习环境。本书配有供教师使用的光盘，提供课中议、做、分析及课后练习题的参考答案。

本书可作为中等职业学校财经商贸类专业学生学习经济法课程的教材，也可作为初、中级经营管理人员学习经济法的读本。

图书在版编目(CIP)数据

经济法基础/赵本凯主编.—重庆：重庆大学出版社，2010.5(2020.8 重印)
(中等职业教育财经商贸类专业公共平台课系列教材)
ISBN 978-7-5624-5283-6

Ⅰ.①经… Ⅱ.①赵… Ⅲ.①经济法—中国—专业学校—教材 Ⅳ.①D922.29

中国版本图书馆 CIP 数据核字(2009)第 014911 号

中等职业教育财经商贸类专业公共平台课系列教材
经济法基础
主 编 赵本凯
副主编 磨丽萍
主 审 付红星
责任编辑：沈 静 版式设计：沈 静
责任校对：文 鹏 责任印制：张 策
*
重庆大学出版社出版发行
出版人：饶帮华
社址：重庆市沙坪坝区大学城西路 21 号
邮编：401331
电话：(023) 88617190 88617185(中小学)
传真：(023) 88617186 88617166
网址：http://www.cqup.com.cn
邮箱：fxk@ cqup.com.cn (营销中心)
全国新华书店经销
POD：重庆新生代彩印技术有限公司
*
开本：720mm×960mm 1/16 印张：22.25 字数：423千
2010 年 5 月第 1 版 2020 年 8 月第 4 次印刷
ISBN 978-7-5624-5283-6 定价：49.00元

总序

随着经济的不断发展，中等职业学校财经商贸类专业毕业生的就业岗位群发生了巨大的变化。近几年来，对毕业生的跟踪调查表明，财经商贸类专业毕业生就业岗位群趋同性严重，就业岗位主要集中在会计、收银员、出纳、财务文员、银行柜员、证券柜员、跟单员、营销业务员等基础性的一线服务工作。本套财经商贸类专业公共平台课程系列教材，包括公共关系基础、商务文书基础、企业管理基础、纳税常识、经济法基础、会计基础、统计基础、金融基础、市场营销、商务礼仪、电子商务基础、财经职业技能训练12门课程的教材。

公共平台课程注重职业岗位群所需要的最核心、最基本的知识和技能，以培养学生综合职业能力为目标，以工作（学习）任务的完成为主线，以实践活动为中心，理论与实践通过工作过程中典型工作任务的完成为载体，实现具有实际内涵的一体化。

本套教材在栏目设计上别具匠心，重视职业情景的创设，有利于小组学习的开展，任务目标明确，通过“导入案例”栏目，如对话、故事、案例等，生动有趣，迅速吸引学生注意力和求知欲望，“学一学”和“做一做”栏目，通过实训及体验性活动达到教与学的双向交流，提升学生自主学习能力，“议一议”（知识拓展与链接）提出学生独立思考后提高进阶的问题，也可以作为学生课堂讨论的拓展课题。栏目设计思路改变了过去知识传授型的教学组织方式，以适合学生在自主、合作学习的过程中展开教学活动的组织，聚焦于学，体现了以学生为主体的新课改精神。

本套教材由广州市旅游商贸职业学校付红星担任编委会主任，各书主编担任编委会委员。本套教材适用于中等职业学校学历教育，也可用于社会培训。随教材配套的有教学光盘、PPT 课件、教案等教学资源，供老师教学时使用，相关教学资源可在重庆大学出版社教学资源网上免费下载。

本套教材的编写得到了全国众多国家级重点中职学校的积极支持和参与，在此表示衷心的感谢！书中不足之处，敬请广大读者批评指正，以便我们及时修订和完善。

编委会

2009 年 10 月

前言

市场经济在一定意义上是法治经济，这是市场经济内在的根本要求。这表明，市场经济需要用法律手段来确立市场主体的法律地位，调控市场的运行。同时，也需要用法律手段来规范和保障国家对市场经济的宏观调控。《经济法基础》作为财经商贸类专业的一门专业基础课，具有非常强的实用性，不仅能够培养学生掌握扎实的专业知识和技能，而且能够培养学生运用法律法规处理、解决经济活动中有关经济法律问题的能力。

依据国家教育部职业教育改革的精神，坚持以服务为宗旨，以就业为导向，以能力为本位，以学生为主体，努力探索人才培养模式的改革创新，提高学生的综合素质和职业能力，使中等职业教育更好地适应经济社会发展对高素质劳动者和技能型人才培养的要求。坚持“做中学，做中教”，突出职业教育特色，高度重视实践和实训教学环节，强化学生的实践能力和职业技能培养，提高学生的实际动手能力。为此，我们编写的《经济法基础》教材，重在突出以下特点：

1. 情境导入，任务驱动

通过创设相关工作的场景，布置特定的工作任务，营造合适的教学氛围，激发学生的学习兴趣，充分体现教师的主导作用和学生的主体地位，突出所学知识和实践应用相结合，使学生在完成任务的过程中使自己在知识、能力、态度方面得到提升。

2. 边做边学，学做结合

教学任务的完成是通过对一系列职场具体工作任务的处理和解决来实现的。通过实例、实训等环节，使师生相互之间在课堂教学中互动起来，激发学生参与课堂教学的积极性。

3. 能力本位，综合提升

在教学目标的制订、课程内容的安排、任务的设定以及教学的评估等方面，都十分注重学生综合能力的培养。力求在专业能力、方法能力和社会能力方面，使学生有所提升，体现职业教育的本质属性。

4. 内容适当，形式活泼

在课程内容的安排上，不再片面强调知识的系统性，而是以职场相关岗位群的需要为基础，以够用、实用为目标。在体例安排上，更适合中职学生的口味。教学内容是通过“情景导入”（或“案例导入”“对话导入”）“问一问”“想一想”到“学一学”开始的，中间又有“议一议”“做一做”和“案例分析”等形式，以生动的形式展现教学内容，体现教师“好教”，学生“好学”的特色。同时，通过“知识链接”和“任务检测”栏目来帮助学生拓展知识，检测学生的学习情况。

本教材由武汉市第一商业学校赵本凯担任主编，广西柳州市交通学校磨丽萍担任副主编。具体编写分工是：赵本凯（第1章、第3章），武汉市第一商业学校叶蕴（第2章、第6章），云南省玉溪工业财贸学校王春萍（第4章），磨丽萍（第5章、第9章），广州市旅游商贸职业学校梁延萍（第7章），贵州省经济学校单农刚（第8章）。由赵本凯负责统稿，广州市旅游商贸职业学校付红星担任主审。

由于时间和水平有限，书中难免有疏漏和不当之处，敬请专家和读者批评指正。

编　者

2009年11月

目录

第1章　经济法概述

第2章　公司法律制度

第3章　合同法律制度

第7章 会计法律制度

第8章 劳动与社会保障法律制度

第9章 经济纠纷的仲裁与诉讼法律制度

参考文献

第1章
经济法概述

任务目标

1. 掌握经济法的概念、调整对象及经济法律关系的要素。

2. 掌握经济法的特征。

3. 理解经济法的基本原则的内容。

4. 理解经济法律关系的概念和要素。

5. 了解经济法律关系的保护措施。

6. 了解经济法的体系。

学时建议

知识性学习4课时。

【情景导入】

20 世纪 90 年代以前，是我国实行计划经济的年代，城市居民购买生活消费品需要各种各样的票证。其实，各类企业从生产到流通各个环节，也是由国家计划来安排的，这是计划经济年代的事情了。在计划经济条件下，国家运用行政手段（命令）来管理社会经济，企业之间不存在竞争。而在社会主义市场经济条件下，国家一般不再对企业下达指令性计划，企业不再找市场而必须自己去找市场，企业之间变成了一种竞争关系。

【问一问】

在市场经济条件下，国家是运用什么手段来管理社会经济的？是行政手段，经济手段，还是法律手段？

【想一想】

什么是法律？它有哪些主要特征？就你知道的，有哪些方面的法律？又有哪些方面的法律属于经济法？学习经济法对你的生活和将来的工作有什么作用？

【学一学】

1.1　经济法的概念与调整对象

1.1.1　经济法的概念

经济法，是调整国家在管理与协调经济运行过程中发生的国家经济管理、经济协调关系和企业组织管理关系的法律规范的总称。经济法包括以下几层含义：

（1）经济法是经济法律规范的总称

①法律规范是法的最基本单位，是由国家制定或认可的，由国家强制力保证实施的行为规范。法律条文是法律规范的表现形式之一，但不是唯一的形式。法律规范不能等于法律条文。一个法律规范的结构要素可能表现在逻辑上相关的法律条文中，有时一个法律条文中也可能规定了几个法律规范的内容。

②通常认为，一个法律规范包括 3 个要素，即假定、处理、制裁。假定是指法律规范中规定适用该规范的条件部分。它指出在发生什么情况、具备何种条件时，法律规范生效。例如，“年满 18 周岁的中国公民，不分民族、种族、性别、职业、家庭出

身、宗教信仰、教育程度、财产状况、居住期限，都有选举权和被选举权；但是依照法律被剥夺政治权利的人除外”的这一条文，前一部分就是假定，后一部分就是处理。因此，处理是指法律规范中关于行为规则的具体规定，也就是关于权利和义务的规定。它指明了人们可以做什么，应该做什么，不能做什么。制裁是法律规范中规定违反该规范的行为应当承担何种法律责任或国家强制措施的部分。如“故意杀人的，处3年以上有期徒刑、无期徒刑或者死刑”即为法律规范中的制裁部分。

③经济法律规范是法律规范中的一类。经济法就是这一类经济法律规范的一个总称。事实上，并没有一部具体的法律文件叫做经济法，经济法律规范包含在不同的有关经济方面的法律文件之中，由这些法律规范组成一个法律部门。

(2)经济法是调整经济关系的法律规范的总称

经济法律规范是调整经济关系的法律规范。不同的法律规范调整不同性质的法律关系，为了学习和研究的方便就起了一个与之最接近的名称，这样调整经济关系的法律规范就叫做经济法律规范。此外，还有调整刑事关系的法律规范就叫做刑事法律规范，调整民事关系的法律规范就叫做民事法律规范，等等。

(3)经济法调整的经济关系的范围是特定的

调整经济关系的法律规范除了经济法以外，还有其他法律，如民法。对此，我们只要明确它们两者是有分工的。因此，经济法调整的经济关系的范围是特定的，它不是全部的经济关系，而只是其中的一部分。具体是哪一部分呢？我们将在下面的问题中专门介绍。在此，只要有这样一个基本认识就可以了。

【1.1】【判断说明题】　经济法是调整一切经济关系的法律规范的总称。(　　)

1.1.2　经济法的调整对象

经济法的调整对象，是指经济法调整的经济关系的范围，这个特定的范围具体包括哪些类型的经济关系？概括地讲，经济法的调整对象是社会主义市场条件下国家在调控经济运行过程中发生的经济关系。具体可以分为以下3个方面：

(1)市场主体的调控关系

市场主体的调控关系，是指国家对市场经济主体的活动进行的管理，以及市场主体在自身的运行过程中所发生的经济关系。其主要内容是：企业的法定组织形式、产权制度、资产经营制度、经济组织内部在经营管理方面的分工协作以及相互制约的关系。主要法律有：公司法、合伙企业法、个人独资企业法等。

(2)市场运行调控关系

市场运行调控关系，是指国家为了建立公平竞争的交易规则，维护交易秩序，维护国家、市场经营者和消费者的合法权益而干预市场所发生的经济关系。其主要内容包括:维护公平竞争,反对垄断,维护交易秩序,确保交易安全,维护消费者合法权益,促进社会主义市场经济健康发展。主要的法律有:反不正当竞争法、反垄断法、产品质量法、消费者权益保护法等。

(3)宏观经济调控关系

宏观经济调控关系,是国家对宏观经济总体运行进行调节和控制过程中发生的社会经济关系。其主要内容包括:规定国家在宏观调控方面的权限、范围、程序等。主要法律有:计划法、财政税收法、银行法、证券法、保险法、会计法、审计法等。

总之,经济法所调整的经济关系的范围不是一切经济关系,而只是以上3个方面的经济关系。

1.1.3 经济法的特征

1)综合性

①经济法律规范构成的复杂性。
②经济法调整主体的多样性。
③经济法调整范围的广泛性。

2)经济性

①经济关系的存在和发展决定着经济法律规范的内容和方向。
②经济法反映了社会经济生活的基本经济规范。
③经济法的调整手段主要是经济手段。

3)规制性

经济法通过促进与限制、奖励与惩罚结合并用,以实现宏观调控目标和立法目的。

1.2 经济法的基本原则

经济法的基本原则,是指贯穿于经济立法、经济司法、经济活动、经济管理和处理经济纠纷过程中的根本准则,是存在于经济法律规范之中,经抽象概括出来的,对经济法治建设具有普遍指导作用的基本行为准则。

1.2.1 保护各种经济主体合法权益的原则

①平等地保护各种经济成分的经济主体的合法权益,是社会主义市场经济的

客观要求。

②贯彻这一原则,经济法应对各种财产所有权的性质、法律地位、权利义务加以确定和肯定。

1.2.2 市场机制与宏观调控相结合的原则

①市场机制是根据市场的供求关系调节生产和服务的机制。

②宏观调控是指国家为了实现社会经济总量的基本平衡,促进经济结构的优化,引导国民经济持续、快速、健康发展,对国民经济总体活动进行的调节和控制。

③贯彻这一原则,经济法应对市场机制和宏观调控的性质、内容、手段以及相互结合的程度、方式和范围加以规范化、制度化和法制化。

1.2.3 经济主体的个体利益与社会利益相结合的原则

①各种经济主体的利益应当协调一致,不能以损害某一方的利益为代价来保护另一方的利益。

②各种经济主体的个体利益必须与社会利益相一致。

1.2.4 维护公平竞争的原则

①社会主义市场经济既是一种竞争经济,又是一种法制经济。

②经济法应将制止和反对不正当竞争作为其根本任务之一。

1.3 经济法律关系

1.3.1 相关概念

1)法律关系

法律关系,是指法律规范在调整人们行为过程中形成的权利义务关系。可以从以下逻辑关系中来理解(如图1.1)。

同时,还应该明确,法律关系与一般社会关系的根本区别是:作为法律关系,为人们规定了法律上的权利和义务。

2)经济法律关系

经济法律关系,是指由经济法律规范确认和调整的当事人之间在市场经济活动中形成的经济权利和经济义务关系,可以按以下逻辑顺序来理解(如图1.2)。

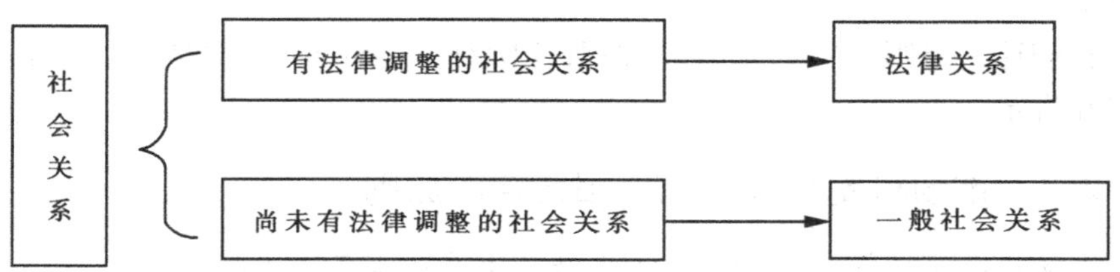

图 1.1　社会关系与法律关系逻辑关系

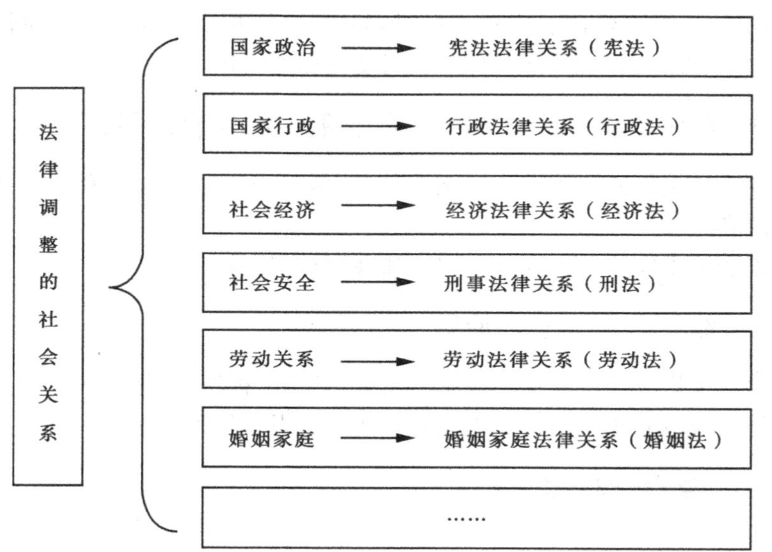

图 1.2　经济关系与经济法律关系逻辑关系

经济法律关系的概念包括以下含义：

(1)经济法律关系是在经济领域中的一种意志关系

①一类经济关系是否成为法律关系，体现着国家的意志。

②具体法律关系的形成又体现了当事人的意志。

(2)经济法律关系是经济法律规范确认和调整的经济关系

经济法律关系首先是一种经济关系，国家通过制定有关的经济法律对其进行调整，这种经济关系就形成了经济法律关系，否则，还只是一般的经济关系。

(3)经济法律关系是一种具有经济内容的权利义务关系

经济法律关系中的经济内容，即权利的实现和义务的履行，都体现一定的经济利益。

(4)经济法律关系是具有强制性的经济权利义务关系

国家用强制力保证人们享受在法律关系中应当取得的利益和承担的义务,对侵犯他人的权利和不履行义务的行为予以制裁。

1.3.2 经济法律关系的主体

任何法律关系都由三个要素构成,即主体、客体和内容,缺一不可。经济法律关系也包括这三个方面的要素。通过这三个方面的学习,可以从总体上认识法律在对社会关系的调整上,是从哪些方面加以调整,如何加以调整的,也就是可以从理论上了解有关法律法规的内在逻辑或结构。

1)经济法律关系主体的概念

经济法律关系的主体,是指参与经济法律关系的当事人,是在经济管理和经济协作关系中依法独立享有经济权利和承担经济义务的当事人。经济法律关系的主体可以简称为“经济法主体”。它包括以下几层含义:

①经济法主体能够以自己的名义,独立地参加经济法律关系。

②经济法主体是经济权利和经济义务的承担者。

③经济法主体能够独立的承担经济法律责任。

2)经济法的主体资格

①经济法的主体资格,是指当事人参加经济法律关系、享受经济权利和承担经济义务的资格和能力。

②经济法的主体资格是由经济法规定的。一般通过法律规定某一经济法主体的条件,或规定其一定的成立程序的方式予以确定。

③依法成立的经济法主体只能在法律规定或认可的范围内参加经济法律关系,超越范围则是违法的。

【议一议】

【1.2】【判断说明题】 工商局能否向企业收税?经营副食品的批发公司能否经销农药或化学危险品?请分别说明理由。

3)经济法律关系主体的种类

①国家机关。包括权力机关、行政机关、司法机关、军事机关等,其中,能够成

为经济法律关系主体的国家机关主要是经济行政机关。

②社会组织。包括营利性的社会组织和非营利性的社会组织。作为经济法律关系主体的社会组织主要是各类企业、其他组织。

③企业内部组织。如厂长(经理)、职工代表大会、股东大会、董事会、总经理、监事会。需要指出的是,并不是所有的企业内部组织都能够成为经济法律关系的主体。只有法律对某一种企业的内部组织作出规定,也就是法律上对其规定了权利和义务时,它们才能成为经济法律关系的主体。

④自然人。主要是个体工商户、农村承包经营户、个人独资企业等。

1.3.3　经济法律关系的客体

1)概念

经济法律关系的客体,是指经济法律关系的主体享有的经济权利和承担的经济义务所共同指向的对象。如货物买卖合同法律关系中的货物,就是买卖法律关系中的客体。没有买卖的货物,这项买卖当然就没有任何意义。

2)经济法律关系客体的种类

(1)有形财物

有形财物,是指具有一定实物形态,具有一定的价值和使用价值的财物,是经济法主体能在事实上和法律上予以控制和支配的财物。

(2)经济行为

经济行为,是指经济法主体为实现其权利义务所从事的活动。包括:

①经济管理行为。如工商行政管理机关对企业的经营活动进行的检查行为,价格管理机关对企业的价格行为进行的检查行为,审计机关对企业的财务进行的审计监督行为,等等。

②完成一定的工作。

③履行一定的劳务。如运输合同中承运方为托运方提供的运输活动、保管合同中保管人为寄存人提供的保管活动。

(3)无形财富

无形财富,是指人们脑力劳动所创造的非物质财富。

1.3.4 经济法律关系的内容

1)经济法律关系内容的概念

经济法律关系的内容,是指经济法主体享有的经济权利和承担的经济义务。

2)经济权利

经济权利,是指经济法主体在法律规定的范围内,可以根据自己的利益为一定的行为或要求他人为一定行为或不为一定行为,以实现自己的权益或经济利益。

3)经济义务

经济义务,是指经济法主体在法律规定的范围内,必须为一定的行为或不为一定的行为,以满足对方的要求。

1.3.5 经济法律关系的保护

1)概念

经济法律关系的保护,是指国家依法对经济法主体不履行经济义务或违反经济法规的行为予以制裁的过程。

2)法律制裁的形式

①经济制裁。包括:赔偿损失、支付违约金、罚款、强制收购、没收财产等。
②行政制裁。
③刑事制裁。

1.4 经济法的体系

1.4.1 经济法学科的理论体系

根据经济法学界的一般看法,经济法学科的体系主要由三大部分构成:
①经济法基础理论。
②经济法的具体法律制度。包括:市场主体法、市场运行法和宏观调控法。
③经济仲裁与经济诉讼法律制度。

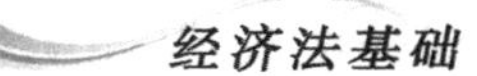

1.4.2 本课程的体系

①经济法基础知识。

②商业企业经营管理实用的经济法律、法规。

③经济仲裁与经济诉讼法律制度。

【本章小结】

经济法是调整特定经济关系的法律规范的总称，这是经济法的基本概念。特定的经济关系，即经济法的对象，它包括市场主体调控关系、市场运行调控关系和宏观经济调控关系。

在此基础上，我们的学习应从以下两个方面展开：

一是经济法在调整上述特定的经济关系时，是如何调整的？在这一方面，我们指出了经济法的基本原则，即"四项基本原则"。

二是引入了经济法律关系的概念，它是指由经济法律规范所调整的经济关系。实际上，这一概念又是对经济法对象的一种概括。经济法律关系包括三个要素：即主体、客体和内容。经济法律关系与一般的经济关系的本质区别，就是经济法律规范从法律上为主体之间规定了相应的经济权利和经济义务。对经济法律关系的保护正是通过对侵害经济权利或不履行经济义务的行为给予相应的法律制裁。

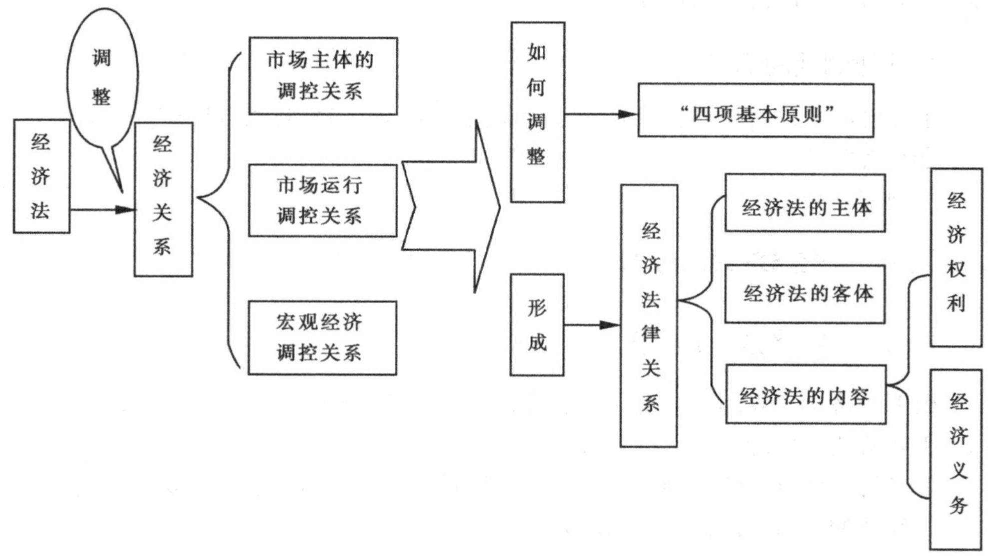

图1.3 经济法概述学习内容逻辑关系图示

【任务检测】

一、单项选择题

1. 经济法是国家制定的调整(　　)的法律规范的总称。

A. 经济关系　　B. 特定经济关系

C. 宏观经济关系　　D. 纵向经济关系

2. 从经济法的调整对象来讲,公司法律规范属于调整(　　)的范畴。

A. 市场主体的调控关系　　B. 市场运行调控关系

C. 宏观经济调控关系　　D. 微观经济调控关系

二、多项选择题

1. 经济法的调整对象具体包括(　　)。

A. 市场主体的调控关系　　B. 市场运行调控关系

C. 宏观经济调控关系　　D. 微观经济调控关系

2. 经济法的特征包括(　　)。

A. 综合性　　B. 经济性　　C. 强制性　　D. 规制性

3. 经济法律关系的构成要素包括(　　)。

A. 经济法律关系主体　　B. 经济法律关系客体

C. 经济法律关系的内容　　D. 经济法律行为

第2章 公司法律制度

任务目标

1. 掌握公司的概念和分类、公司设立登记的程序。
2. 掌握有限责任公司和股份有限公司设立的条件与组织机构，有限责任公司股权转让和股份有限公司股份发行与转让等方面的知识。
3. 熟悉国有独资公司、一人有限公司，公司的财务会计、公司债券以及公司合并与分立、解散与清算、增资与减资等方面的法律规定。
4. 理解公司董事、监事、高级管理人员的资格和义务，认识违反《公司法》的法律责任。
5. 能够正确区分有限责任公司和股份有限公司的异同，能够正确区分股东会(股东大会)与董事会的职权。
6. 能够理论联系实际，解决公司在设立及经营过程中发生的有关实际问题。

学时建议

1. 知识性学习8课时。
2. 案例学习讨论4课时。

【情景导入】

职业规划——打工学经验,创业当老板

张庆同学初中毕业后已经在广东某地的工厂里打工两年。来读中职学校的时候,就计划着毕业后到销售服装的专卖店里打工,等熟悉了业务,有了条件后就要想办法自己或者跟朋友一同办一家专卖店,自主创业当老板。在学习经济法这门课程的时候,他就非常想知道这方面的法律知识。

【问一问】

张庆同学想要办的专卖店是不是企业?在企业的开办上有没有相应的法律规定?他能够办成什么类型的企业?

【想一想】

我国的社会主义市场经济发展到今天,经商是人们自主创业的一种常见方式。作为一个有头脑的现代商人,首先要懂得赚钱的生意经,同时,要想驰骋商海,还需要掌握一定的法律知识。到底办公司和经营企业跟法律有什么关系呢?

【学一学】

2.1　公司法概述

2.1.1　公司的概念和特征

1)公司的概念

公司是指依法设立的,以营利为目的,由股东出资形成的企业法人。

企业是一种重要的市场主体,公司是企业的一种形式。企业是指依法设立的,以营利为目的,从事生产经营活动的独立核算的经济组织。它可以按不同的标准进行分类,我国传统的企业分类标准是按所有制的不同来划分。在市场经济条件下,通常对企业的分类是按出资者财产责任的不同进行划分。以此为标准,企业可分为独资企业、合伙企业和公司制企业三种。公司作为企业的一种形式,当然具有企业所共有的属性。

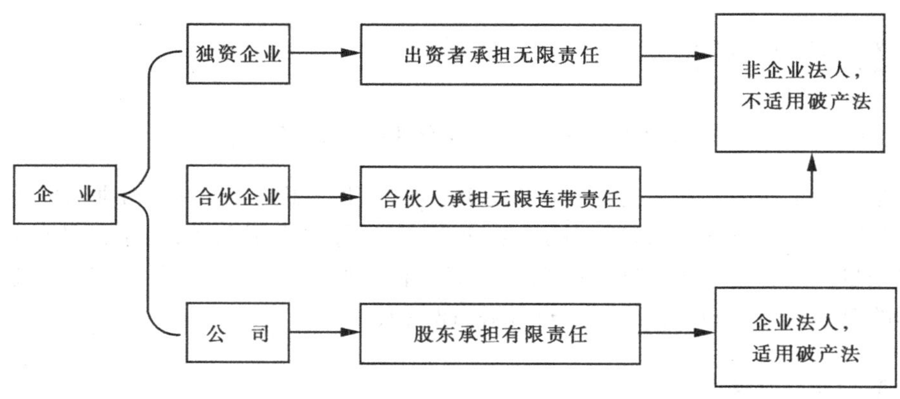

图 2.1 企业法律分类及责任示意图

2)公司的特征

(1)公司是依照《公司法》设立的经济组织

《公司法》规定了公司设立的条件和程序，同时对公司内部组织机构的设置及其地位、职权以及公司的外部关系，都作了明确的规定。

(2)公司是以营利为目的的经济组织

即公司从事生产经营活动并以获取利润为目的，追求股东利益的最大化。

(3)公司是以股东出资形成的经济组织

公司的股东一旦把自己的投资财产投入并转移给公司，就丧失了对该财产的所有权或使用权，从而取得股权，而公司则对股东投入的财产享有完全的、独立的法人财产权。

(4)公司是具有法人资格的经济组织

公司股东以其出资额或者所持有的股份为限，对公司财产承担责任；公司以其全部资产对公司债务承担责任。

公司作为企业法人，最重要的是具有独立的财产并且能够以自己的名义享有民事权利并独立承担民事责任。公司独立承担责任是公司法人资格的最终体现，具体包括以下三点：公司应以它的全部财产对其债务承担责任；公司股东不对公司债务直接承担责任；当公司资产不足以抵偿其债务时，就依法宣告破产，清算结束后未清偿的债务不再清偿。

法人的概念和特征

《民法通则》第36条规定:“法人是具有民事权利能力和民事行为能力,依法独立享有民事权利和承担民事义务的组织。法人的民事权利能力和民事行为能力,从法人成立时产生,到法人终止时消灭。”法人具有以下特征:

①法人是依法成立的社会组织。依法成立,是一定的社会组织能够成为民事主体的基本前提。

②法人具有独立的法律人格,是具有民事权利能力和民事行为能力的社会组织,它能以自己的名义参与各种民事法律关系,在诉讼中以自己的名义作为当事人。

③法人能独立承担民事责任,法人以自己所拥有的全部财产对外独立承担责任。

④法人拥有独立的财产,法人财产由出资者的出资财产和经营积累的财产两部分构成。法人对法人财产有独立的所有权。所以,企业法人的出资者一经出资即丧失其对出资财产的所有权,而转归法人所有。

【做一做】

【2.1】【判断说明题】 甲公司注册资本是500万元,现有资产800万元,甲公司对乙企业负有1 000万元的合同债务。甲公司董事长对乙企业负责人说:“本公司仅以500万元注册资本为限对公司债务承担责任。”甲公司董事长的说法是错误的。( )

【2.2】【判断说明题】 某有限责任公司因经营不善,欠下大笔债务无力偿还,其股东对该公司的债务应承担连带清偿责任。( )

2.1.2 公司的种类

按照不同的划分标准,公司可分为不同的种类。一般来说,公司主要有以下分类:

1)根据股东对公司债务承担责任的形式不同为标准分类

公司可分为无限公司、有限公司、两合公司和股份有限公司。无限公司,是指由两个以上股东组成,股东对公司债务负连带无限责任的公司;有限责任公司,是指股东以其出资额为限对公司承担责任的公司;两合公司,是指由无限责任股东与有限责任股东组成,无限责任股东对公司债务负无限连带责任,有限责任股东以其出资额为限对公司承担责任的公司;股份有限公司,是指公司的全部资本划分为等额股份,股东以其所持有的股份为限对公司承担责任的公司。我国《公司法》只规定了两种公司形式,即有限责任公司和股份有限公司。

2)根据一公司对另一公司的控制与依附关系为标准来分类

公司可分为母公司与子公司。母公司,是指拥有其他公司一定数额的股份或根据协议,能够控制、支配其他公司营业活动的公司。子公司,是指虽然在法律上具有法人资格,但其经营活动受母公司实际控制的公司。在法律上,母公司与子公司均相互独立,均具有独立的法人资格。

3)根据公司内部的管辖系统来划分

公司可分为总公司与分公司。总公司是指依法设立并管辖公司的总机构;分公司是指在总公司管辖之下的法人的分支机构。总公司具有独立的法人资格,而分公司不具有独立的法人资格,不具有独立的财产,其权利义务由总公司承担。但分公司可以在总公司授权的范围内以自己的名义从事业务活动。

4)根据公司的国籍为标准来划分

公司可分为本国公司与外国公司。在我国,本国公司,是指依照我国《公司法》的规定在我国境内登记设立的公司;外国公司,是指依照外国法律在我国境外登记设立的公司。

【做一做】

【2.3】【判断说明题】　分公司可以独立从事生产经营活动,但其民事责任由总公司承担。(　　)

【2.4】【单项选择题】　甲公司的分公司在其经营范围内以自己的名义对外签订一份货物买卖合同。根据我国《公司法》的规定,下列关于该合同的效力及其责任承担的表述中,正确的是(　　)。

A. 该合同有效,其民事责任由甲公司承担

B. 该合同有效,其民事责任由分公司独立承担

C. 该合同有效,其民事责任由分公司承担,甲公司负补充责任

D. 该合同无效,甲公司和分公司均不承担民事责任

2.1.3 公司法的概念与调整范围

1)公司法的概念

公司法是指调整公司在设立、变更、终止及经营管理过程中所发生的经济关系的法律规范的总称。

《中华人民共和国公司法》(以下简称《公司法》),于1993年12月29日第八届全国人大常委会第五次会议通过。1999年12月25日进行了第一次修正,2004年8月28日进行了第二次修正,2005年10月27日进行了第三次修正,自2006年1月1日起施行。《公司法》对于确立公司的市场主体法律地位,规范公司的组织和行为,保护公司、股东和债权人的合法权益,维护社会经济秩序,促进社会主义市场经济的发展,具有重要的意义。

2)公司法的调整范围

我国《公司法》第二条规定:"本法所称公司是指依照本法在中国境内设立的有限责任公司和股份有限公司。"即该法只规定两种公司形式,有限责任公司和股份有限公司。外商投资的公司也适用《公司法》,但有关外商投资的法律另有规定的,适用其规定,即特别法优于一般法。

【情景导入】

三年前,吕志新同学就读于某市知名的商业学校市场营销专业,毕业后受聘于该市一家销售电子消防成套设备的公司做销售人员。在积累了一定的市场营销经验后,他一心想自己设立一家销售消防成套设备的公司,实现自己的创业梦想。有人说办公司不是一件容易的事情,没有几十万元的资本,就别做梦了;也有人说办公司一个人出资就可以了,钱也不成问题,找朋友借一笔打到自己申请办公司的账户上,等注册完了,再还回去不就成了。

【问一问】

上述对于办公司的说法对不对?办公司需要具备哪些条件,履行什么样的程序?

【想一想】

设立有限责任公司需要多少人作为股东,多少资金作为注册资本?这种公司是如何运作的?

【学一学】

2.2 有限责任公司

2.2.1 有限责任公司的概念和特征

1)有限责任公司的概念

有限责任公司,简称有限公司,是指股东以其认缴的出资额为限对公司承担责任,公司以其全部资产对公司债务承担责任的企业法人。

2)有限责任公司的特征

(1)公司资本的不等额性

有限责任公司的全部资本不必划分为等额的股份,股东按照协议确定的出资比例,享受权利、承担义务和风险,股东的股权表现形式是公司签发的出资证明书。

(2)股东人数有最高数额限制

有限责任公司股东最多不得超过 50 人,最少可以为 1 人。股东可以是自然人,也可以是法人,还可以是国家以及国家授权投资的主体。

(3)股东对外转让出资受到较为严格的限制

根据我国《公司法》第 72 条规定,有限责任公司股东向股东以外的人转让出资时,必须经其他股东过半数同意;不同意转让的股东应当购买该股东转让的出资,如果不购买该转让的出资,则视为同意转让;经股东同意转让的出资,在同等条件下,其他股东对该出资有优先购买权。

(4)公司的封闭性

有限责任公司一般属于中小规模的公司,与股份有限公司相比,在组织与经营上具有封闭性或非公开性,公司的设立程序和经营状况也不需要向社会公开。

(5)设立手续的简便性

有限责任公司的设立手续与股份有限公司的设立手续相比,较为简单。一般由全体设立人制定公司章程,各自认缴出资额,即可在公司登记机关登记设立。

(6)公司机构的简易化

有限责任公司的公司机构也较为简单,不一定都要设董事会和监事会。根据我国《公司法》第51条和第52条的规定：股东人数较少和规模较小的有限责任公司可以不设董事会，只设1名执行董事即可；也可以不设监事会，只设1～2名监事；一人有限责任公司和国有独资公司则不需要设立股东会。

表2.1 有限责任公司与股份有限公司的不同点

公司种类 设立或要求	有限责任公司	股份有限公司
设立方式	只能以发起方式设立	既可以发起设立，又可以募集设立
股东或发起人人数	50人以下	2人以上200人以下（发起人）
出资证明形式	出资证明书，必须采取记名方式	股票既可以采取记名方式，又可以采取无记名方式
股权转让方式	向股东以外的人转让股权，应当经过其他股东过半数同意	以自由转让为原则，以法律限制为例外
注册资本最低限额	最低限额为人民币3万元	最低限额为人民币500万元
组织机构设置	可以不设董事会、监事会	必须设置股东大会、董事会、监事会
公司所有权与经营权分离程度	分离程度较低	分离程度较高
信息披露义务	可以不公开披露财务状况	财务状况和经营情况等要依法进行公开披露

2.2.2 有限责任公司的设立

【案例引入】

甲、乙、丙拟共同出资设立一家有限责任公司，在三方共同制定的公司章程中有关股东出资的内容要点为：公司注册资本为500万元。其中，甲以货币资金出资80万元，以机器设备作价出资70万元，首次出资为货币资金50万元，其余部分的出资自公司成立之日起18个月内缴清；乙以货币资金出资30万元，以土地使用权作价出资100万元，首次出资为土地使用权作价100万元，货币资金出资自公司成立之日起24个月内缴清；丙以货币资金出资100万元，以专利权作价出资120万元，首次出资为80万元的货币资金，专利权作价出资自公司成立之日起36个月内缴清。

【问一问】

设立有限公司需要有出资人出资，那么，出资人的出资除货币资金以外，还包括哪些形式？这些出资是不是一定要一步到位？设立公司除了有出资人出资以外，还需要具备什么条件，办理哪些相关的手续呢？

1）有限责任公司的设立条件

（1）股东符合法定人数

我国《公司法》第24条规定："有限责任公司由50个以下股东出资设立。"即设立有限责任公司，股东最多不能超过50个，最少则可为1个，此种情形下为一人有限责任公司。

有限责任公司的股东可以是自然人，也可以是法人，但国有独资公司除外。

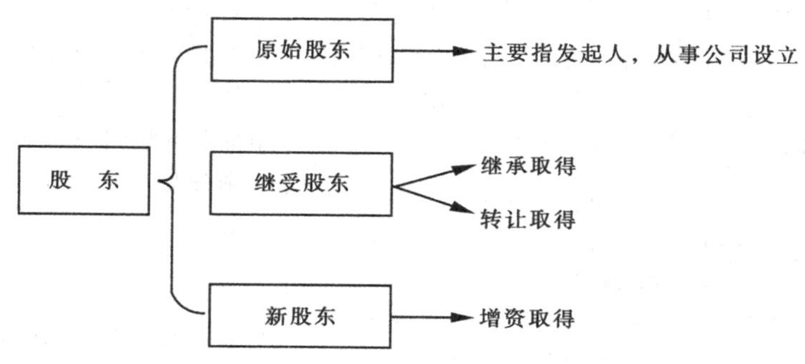

图2.2　有限责任公司股东分类示意图

（2）股东出资达到法定资本最低限额

我国《公司法》第26条规定："有限责任公司的注册资本为在公司登记机关登记的全体股东认缴的出资额。"同时，《公司法》根据公司的性质和类型不同，分别规定了注册资本的最低限额和缴纳出资的期限和方式。

表2.2　有限责任公司注册资本的规定

项　目	出资要求
出资数额	①有限公司的注册资本最低限额为人民币3万元。特定行业的有限公司注册资本最低限额须高于上述最低限额的，由法律、行政法规另行规定。 ②首期出资不得少于注册资本的20%，且不得少于法定注册资本最低限额3万元。 ③全体股东的货币出资额不得低于注册资本的30%。

续表

<table>
<tr><th>项　目</th><th>出资要求</th></tr>
<tr><td>出资期限</td><td>①首期出资不得少于注册资本的20%，其余部分在公司成立后2年内缴足。
②其中投资公司可以在5年内缴足。</td></tr>
<tr><td>出资方式</td><td>出资方式：
货币
实物
无形资产：知识产权、土地使用权
可用货币估价的财产权利
限制性规定：股东不得以劳务、信用、自然人姓名、商誉、特许经营权或者设定担保的财产等作价出资。</td></tr>
</table>

(3)股东共同制定公司章程

我国《公司法》第11条规定："设立公司必须依法制定公司章程。公司章程对公司、股东、董事、监事、高级管理人员具有约束力。"公司章程的效力只限于公司自身。

(4)有公司名称，建立符合有限责任公司要求的组织机构

公司的名称是公司的标志。有限责任公司必须在公司名称中标明"有限"或"有限责任"的字样。同时，有限责任公司还必须建立与法律规定相一致的组织机构，即设立股东会、董事会或执行董事、监事会或监事。

(5)有公司住所

我国《公司法》第10条规定："公司以其主要办事机构所在地为住所。"即在申请注册时，应提交公司住所证明。

【做一做】

【2.5】【单项选择题】　某商贸有限责任公司注册资本为3万元。公司股东的下列出资方案中，符合规定的是(　　)。

A. 首次出资额为0.6万元，其中，货币出资额为0.18万元

B. 首次出资额为2万元，其中，货币出资额为0.6万元

C. 一次缴足3万元，其中，货币出资额为0.8万元

D. 一次缴足3万元，其中，货币出资额为1万元

2）有限责任公司的设立程序

（1）股东共同制定公司章程

我国《公司法》第25条规定，有限责任公司的章程应当载明下列事项：

①公司名称和住所；

②公司的经营范围；

③公司的注册资本；

④公司股东的姓名或名称；

⑤股东的出资方式、出资额和出资时间；

⑥公司的机构及其产生办法、职权、议事规则；

⑦公司法定代表人；

⑧股东会会议认为需要规定的其他事项。

公司章程必须采取书面形式，经全体股东同意并在章程上签名盖章，公司章程才能生效。

（2）申请名称预先核准

有限责任公司名称应当由行政区划、字号、行业、组织形式依次组成。设立有限责任公司，应当由全体股东指定的代表或者共同委托的代理人向公司登记机关申请名称预先核准，并提交下列文件：

①全体股东签署的公司名称预先核准申请书；

②股东的法人资格证明或身份证明；

③公司登记机关要求提交的其他文件。

公司登记机关决定核准的，发给《企业名称预先核准通知书》。

（3）依法办理公司设立前置审批

这一程序并非所有有限责任公司的设立都要经过。一般公司直接注册登记即可，仅对于法律、行政法规规定必须报经批准的，必须办理批准手续。须审批的有两类：

①法律法规规定必须经审批的，如证券公司；

②公司营业项目必须报经审批的公司，如烟草买卖方面的公司。

此外，国企改造过程中改组为有限责任公司的也必须经过审批。

（4）股东缴纳出资并验资

股东可以用货币出资，也可以用实物、知识产权、土地使用权等可以用货币估价并可以依法转让的非货币财产作价出资。但是，法律、行政法规规定不得作为出资的财产除外。

股东以货币出资的，应当将货币足额存入有限责任公司在银行开设的账户。股东以非货币财产出资的，应当评估作价，核实财产，不得高估或者低估作价。缴纳出资时应当依法办理财产权的转移手续。

股东不按公司章程规定缴纳所认缴的出资，除应当向公司足额缴纳外，还应当向已足额缴纳出资的股东承担违约责任。当股东缴纳出资后，必须经法定的验资机构验资并出具证明。

(5)申请设立登记

股东的首次出资经依法设立的验资机构验资后，由全体股东指定的代表或者共同委托的代理人向公司登记机关报送公司登记申请书、公司章程、验资证明等文件，申请设立登记。

(6)颁发营业执照

依法设立的公司，由公司登记机关发给公司营业执照。公司营业执照签发日期为公司成立日期。公司营业执照应当载明公司的名称、住所、注册资本、实收资本、经营范围、法定代表人姓名等事项。公司营业执照记载的事项发生变更的，公司应当依法办理变更登记，由公司登记机关换发营业执照。

知识链接2.2

申请公司登记时应向登记机关提交的文件

申请人为全体股东指定的代表或共同委托的代理人；国有独资公司有国有资产监督管理委员会代表国家作为申请人。成立公司需要批准的，应在批准后90日内申请登记。申请时应向公司登记机关提交以下文件：

①公司董事长签署的设立登记申请书；②全体股东指定代表人或共同委托代理人的证明；③公司章程；④具有验资资格的验资机构出具的验资证明；⑤股东的法人资格证明或自然人身份证明；⑥载明公司董事、监事、经理的姓名、住所的文件以及有关委派、选举、聘用的文件；⑦公司法定代表人任职文件和身份证明；⑧企业名称预先核准通知书；⑨公司住所证明；⑩公司必须报经批准的，还应提交有关的批准文件。

公司成立后，股东不得抽逃出资。公司成立后，发现作为设立公司出资的非货币财产的实际价额显著低于公司章程所定价额的，应当由交付该出资的股东补足其差额，公司设立时的其他股东承担连带责任。

有限责任公司成立后，应当向股东签发出资证明书。出资证明书是证明股东出资份额的书面凭证。出资证明书应当载明下列事项：①公司名称；②公司成立日期;③公司注册资本;④股东的姓名或者名称、缴纳的出资额和出资日期;⑤出资证明书的编号和核发日期。出资证明书由公司盖章。

有限责任公司应当置备股东名册,记载下列事项:①股东的姓名或者名称及住所;②股东的出资额;③出资证明书编号。记载于股东名册的股东,可以依股东名册主张行使股东权利。

公司应当将股东的姓名或者名称及其出资额向公司登记机关登记。登记事项发生变更的,应当办理变更登记。未经登记或者变更登记的,不得对抗第三人,即通过受让出资等方式成为公司股东并记载于公司名册后,如果没有在公司登记机关办理相关登记的,对公司以外的第三人,其股东资格无效。

【做一做】

【2.6】【案例分析题】 2009 年 5 月 1 日,甲、乙、丙、丁四个公司经协商签订了一份协议,该协议约定:四方共同出资改造甲所属的电视机厂,并把厂名定为荣和有限公司。公司注册资本为 4 200 万元,其中,甲以厂房作价 1 000 万元,并以红星牌电视机商标作价 200 万元作为出资;乙以现金 550 万元,并以电视机生产技术作价 450 万元作为出资;丙、丁各以现金 1 000 万元作为出资。在协议生效后 10 日内四方资金必须到位,由甲负责办理公司登记手续。

2009 年 5 月 5 日,甲、丙、丁都按照协议约定办理了出资手续和财产转移手续,但乙提出,因资金困难,要求退出。甲、丙、丁均表示同意,并重新签订了一份协议,将公司的注册资本改为 3 200 万元。2009 年 6 月 1 日,经公司登记机关登记,荣和有限公司正式成立。

2009 年 8 月 6 日,丙提出自己的公司因技术改造缺少资金,要求抽回自己的出资,同时愿意赔偿其他股东的经济损失各 50 万元,荣和公司的股东会经研究后没有同意丙的要求。2009 年 11 月 12 日,甲提出将自己所有股权的 1/3 转让给戊公司。

根据以上事实,回答下列问题:

①甲、乙、丙、丁四公司协议约定的出资是否符合规定?并说明理由。

②对乙退出行为,甲、丙、丁是否应当接受?并说明理由。

③对丙的要求,荣和公司股东会的决议是否正确?并说明理由。

④对甲的要求,应如何处理?

知识链接 2.3

公司名称不得含有的内容和文字

①有损国家或社会利益的;②可能给公众造成欺骗或者误解的;③外国国家

(地区)名称、国际组织名称;④政党名称、党政机关名称、群众组织名称、社会团体名称以及部队番号;⑤汉语拼音字母(外文名称中使用的除外)、数字;⑥其他法律法规禁止使用的内容。此外,只有全国性公司、大型进出口公司、大型企业集团才可以使用“中国”“中华”“全国”“国际”等文字;只有私营企业、外商投资企业才可以使用投资者姓名作为商号;只有具有三个分支机构的公司才可以使用“总”字;分支机构的名称应冠以所属总公司的名称,并缀以分公司字样,同时标明分公司的行业名称和行政区划地名。

2.2.3 有限责任公司的组织结构

我国《公司法》对有限责任公司组织机构的设置作了多元制的规定,即一般的有限责任公司,其组织机构为股东会、董事会和监事会;股东人数较少和规模较小的有限责任公司,其组织机构为股东会、执行董事和监事;一人有限责任公司不设股东会。国有独资公司,其组织机构为唯一股东、董事会和监事会。

1)有限责任公司的股东会

(1)股东会的组成和性质

有限责任公司的股东会由全体股东组成。有限责任公司的股东会是公司的权力机关,是公司的最高决策机关,对公司的重大问题进行决策。除法律另有规定外,有限责任公司必须设立股东会,但股东会不是公司的常设机构。

(2)股东会的职权

有限责任公司的股东会行使下列职权:

①决定公司的经营方针和投资计划;

②选举和更换由非职工代表担任的董事、监事,决定有关董事的报酬事项;

③审议批准董事会的报告;

④审议批准监事会或者监事的报告;

⑤审议批准公司的年度财务预算方案、决算方案;

⑥审议批准公司的利润分配方案和弥补亏损方案;

⑦对公司增加或者减少注册资本作出决议;

⑧对发行公司债券作出决议;

⑨对公司的合并、分立、解散、清算或变更公司形式作出决议;

⑩修改公司章程;

⑪公司章程规定的其他职权。

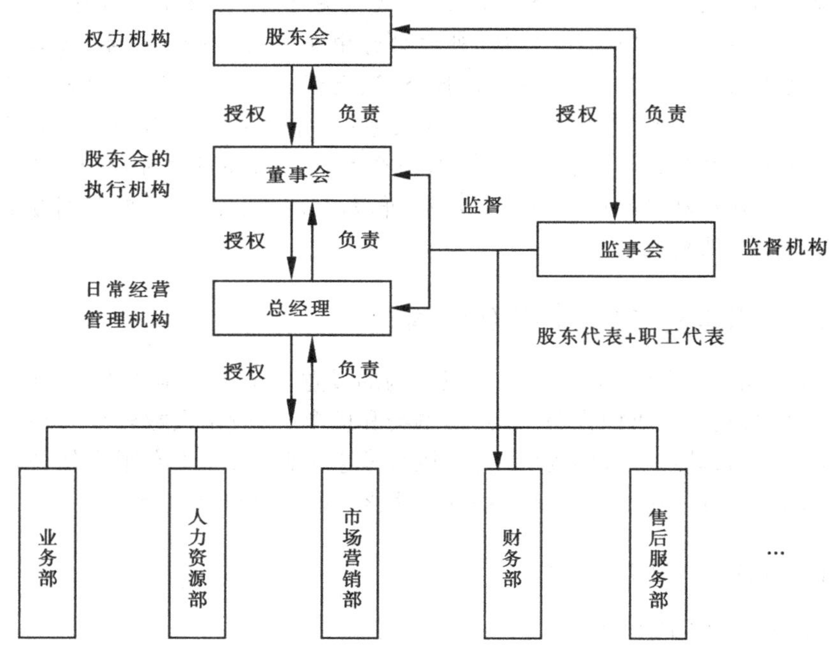

图 2.3　有限责任公司组织机构及相互关系示意图

(3)股东会的召集

股东会的首次会议由出资最多的股东召集和主持。

股东会分为定期会议和临时会议。

定期会议应当依照公司章程的规定按期召开。代表 1/10 以上表决权的股东、1/3 以上的董事、监事会或不设监事会的公司监事提议而召开临时会议的,应当召开临时会议。

召开股东会会议,应当于会议召开前 15 日通知全体股东。该通知应写明股东会会议召开的日期、时间、地点和目的,以使股东对拟召开的股东会有最基本的了解。

设立董事会的,股东会会议由董事会召集,由董事长主持。董事长不能履行职务或者不履行职务的,由副董事长主持;副董事长不能履行职务或者不履行职务的,由半数以上董事共同推举一名董事主持。有限责任公司不设董事会的,股东会会议由执行董事召集和主持。董事会或者执行董事不能履行或者不履行召集股东会会议职责的,由监事会或者不设监事会的公司监事召集和主持;监事会或者监事不召集和主持的,代表 1/10 以上表决权的股东可以自行召集和主持。

(4)股东会决议

有限责任公司股东会可依职权对所议事项作出决议。一般情况下,股东按照出资比例行使表决权。但公司章程可以对股东会决议的作出方式另行予以规定,而不按出资比例行使表决权。

股东会的议事方式和表决程序,除《公司法》有规定外,由公司章程规定。但下列事项必须经代表2/3以上表决权的股东通过:

①修改公司章程;

②公司增加或者减少注册资本;

③公司分立、合并、解散或者变更公司形式。

全体股东对股东会决议事项以书面形式一致表示同意的,可以不召开股东会会议,而可以直接作出决定,并由全体股东在决定文件上签名、盖章。

【做一做】

【2.7】【多项选择题】　根据我国《公司法》的规定,下列选项中,属于有限责任公司股东会职权的有(　　)。

A.决定公司的经营方针和投资计划　　B.审议批准董事会的报告

C.选举全部董事　　D.检查公司财务

【2.8】【判断说明题】　有限责任公司股东会作出增加公司注册资本的决议时,必须经出席会议的全体股东一致通过。(　　)

2)有限责任公司的董事会

(1)董事会的性质及设立

董事会,是有限责任公司的业务执行机关,享有业务执行权和日常经营的决策权。董事会是一般有限责任公司的必设机关和常设机关。董事会对股东会负责。

董事会由董事组成,其成员为3~13人。董事的任期由公司章程规定,各个公司可有所不同,但每届任期不得超过3年。董事在任期届满前,股东会不得无故解除其职务。

有限责任公司董事会设董事长一人,可以设副董事长。董事长、副董事长的产生办法由公司章程规定。董事长可以是公司的法定代表人。

根据我国《公司法》规定,股东人数较少和规模较小的有限责任公司,可不设董事会,设一名执行董事。执行董事兼具了相当于一般有限责任公司董事会、董事长的身份,可以是公司的法定代表人。

一般有限责任公司董事会的董事由股东会选举产生。两个以上的国有企业或者两个以上的其他国有投资主体投资设立的有限责任公司,其董事会成员中应当有公司职工代表;其他有限责任公司董事会成员中可以有公司职工代表。

应当注意的是:公司法定代表人可以是董事长,也可以是总经理,具体由公司章程规定;涉及两个以上国有的“必须”有职工代表,其他有限责任公司“可以”有(也可以没有)职工代表。

(2)董事会的职权

①召集股东会,并向股东会报告工作;

②执行股东会的决议;

③决定公司的经营计划和投资方案;

④制订公司的年度财务预算方案、决算方案;

⑤制订公司的利润分配方案和弥补亏损方案;

⑥制订公司增加或者减少注册资本以及发行公司债券的方案;

⑦制订公司合并、分立、变更公司形式、解散的方案;

⑧决定公司内部管理机构的设置;

⑨决定聘任或者解聘公司经理及其报酬事项,并根据经理的提名,决定聘任或者解聘公司副经理、财务负责人及其报酬事项;

⑩制定公司的基本管理制度;

⑪公司章程规定的其他职权。

(3)董事会的召开与决议

董事会会议由董事长召集和主持。董事长不能履行职务或者不履行职务的,由副董事长召集和主持;副董事长不能履行职务或者不履行职务的,由半数以上董事共同推举一名董事召集和主持。

董事会的议事方式和表决程序,除我国《公司法》另有规定外,由公司章程规定。董事会应当对所议事项的决定作成会议记录,出席会议的董事应当在会议记录上签名。董事会决议的表决,实行一人一票。

【做一做】

【2.9】【单项选择题】 下列各项中,不属于有限责任公司董事会行使职权的是(　　)。

A. 决定公司的经营计划　　B. 制订公司的年度财务预算方案

C. 修改公司章程　　D. 决定聘任公司经理

3)经理

有限责任公司的经理,是负责公司日常经营管理工作的高级管理人员。我国《公司法》规定,有限责任公司可以设经理,由董事会聘任或者解聘,经理对董事会负责。经理可以作为公司的法定代表人。

应当注意的是,可以设经理,也可以不设经理。例如,可以设总裁、首席执行官等,所以经理不是必设机构。不设董事会的公司,其执行董事可以兼任公司经理。

经理行使下列职权:

①主持公司的生产经营管理工作,组织实施董事会决议;

②组织实施公司年度经营计划和投资方案;

③拟订公司内部管理机构设置方案;

④拟订公司的基本管理制度;

⑤制定公司的具体规章;

⑥提请聘任或者解聘公司副经理、财务负责人;

⑦决定聘任或者解聘除应由董事会决定聘任或者解聘以外的其他负责管理人员;

⑧董事会授予的其他职权。

公司章程如果对经理职权有规定的,依其规定。

知识链接2.4

什么叫CEO?

CEO(Chief Executive Officer),即首席执行官,是美国人在20世纪60年代进行公司治理结构改革创新时的产物。

传统的"董事会决策、经理层执行"的公司体制难以满足市场风云变幻以及需要迅速决策的需要。解决这一问题的首要一点,就是让经理人拥有更多自主决策的权力,让经理人更多地为自己的决策奋斗、对自己的行为负责。CEO就是这种变革的产物。CEO在某种意义上代表着将原来董事会手中的一些决策权过渡到经营层手中。

CEO与总经理,形式上都是企业的"一把手",CEO既是行政一把手,又是股东权益代言人。大多数情况下,CEO是作为董事会成员,总经理则不一定是董事会成员。从这个意义上讲,CEO代表着企业,并对企业经营负责。CEO的权威比国内的总经理们更大,但他们并不像总经理那样过多介入公司的具体事务。CEO作出决策后,具体执行权力就会下放。所以有人说,CEO就像我国50%的董事长加上

50%的总经理。

CEO的主要职责有三个方面:①对公司所有重大事务和人事任免进行决策,决策后,权力就下放给具体主管,CEO具体干预得较少;②营造一种促使员工愿意为公司服务的企业文化;③把公司的整体形象推销出去。

(摘自 http://invest.eefoo.com/cyjj/it/200902/25-1240555.html)

4)监事会

(1)监事会的性质及其组成

监事会为经营规模较大的有限责任公司的常设监督机关,专门负责监督职能,对股东会负责,并向其报告工作。

监事会由监事组成,其成员不得少于3人。监事会应当包括股东代表和适当比例的公司职工代表,其中职工代表的比例不得低于1/3,具体比例由公司章程规定。监事会中的股东代表,由股东会选举产生;监事会中的职工代表由职工民主选举产生。

监事会设主席1人,由全体监事过半数选举产生。监事会主席召集和主持监事会会议;监事会主席不能履行职务或者不履行职务的,由半数以上监事共同推举1名监事召集和主持监事会会议。

监事的任期是法定的,每届为3年。监事任期届满,连选可以连任。

股东人数较少和规模较小的有限责任公司,不设立监事会,可以设1~2名监事,行使监事会的职权。

公司董事、高级管理人员不得兼任监事。

(2)监事会的职权

①检查公司财务;

②对董事、高级管理人员执行公司职务时的行为进行监督,对违反法律、行政法规、公司章程或者股东会决议的董事、高级管理人员提出罢免的建议;

③当董事和高级管理人员的行为损害公司的利益时,要求董事和高级管理人员予以纠正;

④提议召开临时股东会会议,在董事会不履行《公司法》规定的召集和主持股东会会议职责时,召集和主持股东会会议;

⑤向股东会会议提出提案;

⑥依照《公司法》第152条的规定对董事、高级管理人员提起诉讼;

⑦公司章程规定的其他职权。

(3)监事会的召开与决议

监事会每年度至少召开一次会议,监事可以提议召开临时监事会会议。监事会的议事方式和表决程序,除另有规定的外,由公司章程规定。

监事会决议应当经半数以上监事通过。

监事会应当将所议事项的决定作成会议记录,出席会议的监事应当在会议记录上签名。

【做一做】

【2.10】【单项选择题】 新成立的甲有限公司内部就成立公司监事会发生争议,下列说法不符合法律规定的是(　　)。

A. 甲公司若经营规模较大,则应当设立监事会,且其成员不得少于3人

B. 甲公司的监事会应当由股东代表和适当比例的公司职工代表组成

C. 监事的任期每届为4年,任期届满,连选可以连任

D. 甲公司的董事、经理和财务负责人不得兼任公司的监事

【议一议】

【2.11】【案例分析】 有限公司设立、组织机构

甲、乙、丙拟共同出资设立一家有限公司(以下简称公司),并共同制定了公司章程草案。该公司章程草案有关要点如下:

公司注册资本总额为600万元。各方出资数额、出资方式以及缴付出资的时间分别为:甲出资180万元,其中,货币出资70万元,计算机软件作价出资110万元,首次货币出资20万元,其余货币出资和计算机软件出资自公司成立之日起1年内缴足;乙出资150万元,其中,机器设备作价出资100万元,特许经营权出资50万元,自公司成立之日起6个月内一次缴足;丙以货币270万元出资,首次货币出资90万元,其余出资自公司成立之日起2年内缴付100万元,第3年缴付剩余的80万元。

公司的董事长由甲委派,副董事长由乙委派,经理由丙提名并经董事会聘任,经理作为公司的法定代表人。在公司召开股东会会议时,出资各方行使表决权的比例为:甲按照注册资本30%的比例行使表决权;乙、丙分别按照注册资本35%的比例行使表决权。

(1)要求:根据以上材料,结合法律规定,回答下列问题。

①公司成立前,出资人的首次出资总额是否符合《公司法》的有关规定?并说明理由。

②公司出资人的货币出资总额是否符合《公司法》的有关规定？并说明理由。

③甲以计算机软件和乙以特许经营权出资的方式是否符合有关规定。说明理由。

④甲、乙、丙分期缴纳出资的时间是否符合《公司法》的有关规定？并分别说明理由。

(2)公司的法定代表人由经理担任是否符合《公司法》的有关规定？并说明理由。公司章程规定的出资各方在公司股东会会议上行使表决权的比例是否符合《公司法》的有关规定？并说明理由。

(3)公司章程规定的公司股东滥用股东权利给公司造成损失的，由该股东承担赔偿责任是否符合《公司法》的有关规定？并说明理由。

2.2.4 公司董事、监事、高级管理人员的资格和义务

有下列情形之一的，不得担任公司的董事、监事、高级管理人员：

①无民事行为能力或者限制民事行为能力；

②因贪污、贿赂、侵占财产、挪用财产或者破坏社会主义市场经济秩序，被判处刑罚，执行期满未逾5年，或者因犯罪被剥夺政治权利，执行期满未逾5年；

③担任破产清算的公司、企业的董事或者厂长、经理，对该公司、企业的破产负有个人责任的，自该公司、企业破产清算完结之日起未逾3年；

④担任因违法被吊销营业执照、责令关闭的公司、企业的法定代表人，并负有个人责任的，自该公司、企业被吊销营业执照之日起未逾3年；

⑤个人所负数额较大的债务到期未清偿。

公司违反上述规定选举、委派董事、监事或者聘任高级管理人员的，该选举、委派或者聘任无效。在任职期间出现上述五种情形的，公司应当解除其职务。

董事、监事、高级管理人员应当遵守法律、行政法规和公司章程，对公司负有忠实义务和勤勉义务，不得利用职权收受贿赂或者其他非法收入，不得侵占公司的财产。

【做一做】

【2.12】【单项选择题】 某有限公司于2009年4月18日召开股东会，选举公司的监事。下列人员中，可以担任公司监事的是(　　)。

A. 在某国家机关任处长的王某

B. 曾因挪用公款罪被判处有期徒刑，2008年2月13日刑满释放的李某

C. 曾担任某公司的法定代表人，该公司于2007年7月被宣告破产，对公司破

产负有个人责任的赵某

D. 该公司业务员王某

2.2.5 董事、高级管理人员禁止行为

董事、高级管理人员不得有下列行为：

①挪用公司资金。

②将公司资金以其个人名义或者以其他个人名义开立账户存储。

③违反公司章程的规定，未经股东会、股东大会或者董事会同意，将公司资金借贷给他人或者以公司财产为他人提供担保。

④违反公司章程的规定或者未经股东会、股东大会同意，与本公司订立合同或者进行交易。

⑤未经股东会或者股东大会同意，利用职务便利为自己或者他人谋取属于公司的商业机会，自营或者为他人经营与所任职公司同类的业务。

⑥接受他人与公司交易的佣金归为己有。

⑦擅自披露公司秘密。另外，根据《证券法》规定，证券内幕信息的知情人和非法获取内幕信息的人，在内幕信息公开前，不得买卖该公司的股票。也不得建议他人买卖该股票。

⑧违反对公司忠实义务的其他行为。

董事、高级管理人员违反上述规定所得的收入应当归公司所有。

公司董事、监事、高级管理人员执行公司职务时违反法律、行政法规或者公司章程的规定，给公司造成损失的，应当承担赔偿责任。

【做一做】

【2.13】【单项选择题】 甲公司主要经营服装销售业务，方某系该公司的董事兼总经理。任职期间，方某利用职务便利代理乙公司与丙公司签订服装销售合同，将乙公司的一批服装卖给丙公司，方某从中获得一笔报酬。甲公司得知后提出异议。对此，下列表述正确的是（　　）。

A. 与甲公司无关，甲公司无权提出异议

B. 违反法定义务，其代理乙公司与丙公司签订的销售合同无效，该批服装应由甲公司优先购买

C. 违反法定义务，方某获得的报酬应当归甲公司所有

D. 违反法定义务，甲公司可依法定程序罢免方某，但方某获得的报酬归自己所有

【情景导入】

一个人投资搞经营的,有的是个体户小老板,有的是私营独资业主,还有的是有限公司(个人独资)老板。从投资的人来讲,都是一个人,他们也都需要通过创办一种实体来从事生产经营活动,目的也都是为了营利。很多创业者往往都是从小事做起,辛勤经营,在不断积累财富的同时,也不断地把自己的事业做大。

【问一问】

上述三种叫法有没有区别?如果有,他们的区别在哪里?

【想一想】

你要是有一笔钱作为投资来创办实体,你准备通过什么方式投资?你觉得一人有限责任公司这种形式如何?

2.3 一人有限公司和国有独资公司

2.3.1 一人有限责任公司的特别规定

1)一人有限责任公司的概念

一人有限责任公司,是指只有一个自然人股东或者一个法人股东的有限责任公司。

2)我国《公司法》对一人有限公司的规制

①一人有限责任公司的注册资本最低限额为人民币10万元,高于普通有限公司,并且股东应当一次足额缴纳公司章程规定的出资额,而不允许分期缴纳。

②一个自然人只能投资设立一个一人有限责任公司,该一人有限责任公司不能投资设立新的一人有限责任公司。

③一人有限责任公司应当在公司登记中注明自然人独资或者法人独资,并在公司营业执照中载明。

④一人有限责任公司不设股东会。股东作出应由股东会作出的决定时,应当采用书面形式,并由股东签名后置备于公司。

⑤一人有限责任公司应当在每一会计年度终了时编制财务会计报告,并经会计师事务所审计。

⑥一人有限责任公司的股东不能证明公司财产独立于股东自己财产的，应当对公司债务承担连带责任。

【做一做】

【2.14】【单项选择题】　王某听说新《公司法》允许设立一人有限公司，便一个人独自琢磨，打算成立一个一人有限公司。他对一人有限公司的理解中，错误的是(　　)。

A. 一人有限公司注册资本最低限额为人民币10万元，并应当一次足额缴纳

B. 王某只能成立一个一人有限公司，且不可以再投资设立其他的公司

C. 一人有限公司不设立股东会

D. 王某如果不能证明公司财产独立于股东自己的财产时，应当对公司债务承担连带责任

【议一议】

【2.15】【案例分析】　甲和乙是亲兄弟，他们共同投资设立A有限责任公司和B有限责任公司，并分别担任两个公司的董事长。在日常经营中，他们主要以A公司的名义对外从事经营活动，接到预付款后又通过A公司和B公司签订合同的方式，将A公司的资金转移到B公司的账户上，当A公司被债权人追讨时，发现A公司账户上根本没有钱。你认为甲乙两兄弟能达到逃避债务的目的吗？

知识链接 2.5

公司法人人格否认

公司法人人格否认，又称“揭开公司的面纱”，是指为阻止公司法人独立地位的滥用和保护公司债权人利益及社会公共利益，就具体法律关系中的特定事实，否认公司与其背后的股东各自独立的人格及股东的有限责任，责令公司的股东（包括自然人股东和法人股东）对公司债权人或公共利益直接负责，以实现公平、正义目标之要求而设置的一种法律措施。公司法人人格否认是司法判例中维系公司法人独立地位制度的一项重要原则。

2.3.2 国有独资公司的特别规定

1）国有独资公司的概念

国有独资公司，是指国家单独出资，由国务院或者地方人民政府授权本级人民政府国有资产监督管理机构履行出资人职责的有限责任公司。

我国《公司法》上的国有独资公司，其性质也是一人有限公司，但由于其特殊性，即设立人既非自然人，又非法人，而是由国家单独出资、由国务院或者地方人民政府委托本级人民政府国有资产监督管理机构履行出资人职责的有限责任公司，所以将其单独作为一种特殊类型的有限责任公司。

2）国有独资公司的特别规定

（1）国有独资公司章程

由国有资产监督管理机构制定，或者由董事会制订报国有资产监督管理机构批准。

（2）国有独资公司的组织机构

①国有独资公司不设股东会，由国有资产监督管理机构行使股东会职权。国有资产监督管理机构可以授权公司董事会行使股东会的部分职权，决定公司的重大事项，但公司的合并、分立、解散、增加或者减少注册资本和发行公司债券，必须由国有资产监督管理机构决定；其中，重要的国有独资公司合并、分立、解散、申请破产的，应当由国有资产监督管理机构审核后，报本级人民政府批准。

有关重要的国有独资公司，按照国务院的规定确定。

②国有独资公司设董事会，依照《公司法》第 47 条、第 67 条的规定行使职权。

董事每届任期不得超过3年。董事会成员中应当有公司职工代表。

董事会成员由国有资产监督管理机构委派。但是,董事会成员中的职工代表由公司职工代表大会选举产生。

董事会设董事长1人,可以设副董事长。董事长、副董事长由国有资产监督管理机构从董事会成员中指定。

国有独资公司的董事长、副董事长、董事、高级管理人员,未经国有资产监督管理机构同意,不得在其他有限责任公司、股份有限公司或者其他经济组织兼职。

③国有独资公司监事会成员不得少于5人,其中职工代表的比例不得低于1/3,具体比例由公司章程规定。监事会成员由国有资产监督管理机构委派。但是,监事会成员中的职工代表由公司职工代表大会选举产生。监事会主席由国有资产监督管理机构从监事会成员中指定。

国有独资公司监事会的职权范围小于一般有限责任公司监事会,包括下列权利:检查公司财务;对董事、高级管理人员执行公司职务时的行为进行监督,对违反法律、行政法规、公司章程或者股东会决议的董事、高级管理人员提出罢免的建议;当董事和高级管理人员的行为损害公司的利益时,要求董事和高级管理人员予以纠正;国务院规定的其他职权。

【做一做】

【2.16】【单项选择题】　根据我国《公司法》的规定,国有独资公司董事长的产生方式是(　　)。

A. 由董事会选举　　B. 由监事会选举

C. 由国家授权投资的机构或部门指定　　D. 由公司职工代表大会选举

知识链接2.6

个人独资企业与一人有限责任公司的区别

相同点:两者都是由一人投资设立的企业。

不同点:①它们的设立所依据的法律不同。个人独资企业是依据《个人独资企业法》的规定设立的;而一人有限责任公司则是依据《公司法》的规定设立的。②两者的法律地位不同。个人独资企业不具有独立的法人资格;而一人有限责任公司具有独立的法人资格。③出资者承担的财产责任不同。个人独资企业的出资者对企业的债务承担无限责任;一人有限公司的股东以自己的出资额为限对公司承担责任。一人有限责任公司的股东不能证明公司财产独立于股东自己的财产的，应当对公司债务承担连带责任。

【情景引入】

在学习《公司法》时，对于有关股份有限公司的理解，甲乙两个同学有一段对话。

甲说："股份有限公司一定跟股票有关系，就是通过公开发行股票成立的公司，不发行股票的公司的就不能叫股份有限公司。"

乙说："我知道，股份有限公司就是上市公司。听我家的亲戚讲，他们要发财了。好像是通过一个神秘人物的介绍，购买一家还没有上市的公司原始股票，据说等这个公司的股票一旦上市，他们的股票价格就会翻好多倍。要介绍我们家里买的，我父母怕其中有假，不敢买。"

【问一问】

你是否同意甲和乙对股份有限公司的理解所表述的内容？你觉得乙的亲戚购买原始股的事情到底是"馅饼"还是"陷阱"？

【想一想】

股份有限公司是不是一定要通过发行股票设立？而股份的发行是不是一定要公开进行？

2.4 股份有限公司

2.4.1 股份有限公司的概念和特征

1）股份有限公司的概念

股份有限公司，简称股份公司，是指其全部资本分为等额股份，股东以其所持股份为限对公司承担责任，公司以其全部资产对公司的债务承担责任的企业法人。

2）股份有限公司的特征

①公司的全部资本分为等额股份。

②股东人数没有最高数额限制。

③股东负有限责任。

④设立手续较有限公司复杂,公司机构更健全。

⑤股份依法自由转让。

⑥公司具有开放性与社会性。

2.4.2 股份有限公司的设立

1)股份有限公司的设立方式

股份有限公司的设立方式有两种:一是发起设立;二是募集设立。

①发起设立,是指由发起人认购公司应发行的全部股份,不向发起人之外的任何人募集而设立公司。

②募集设立,是指由发起人认购公司应发行股份的一部分,其余部分向社会公开募集或者向特定对象募集而设立公司。以募集设立方式设立股份有限公司的,发起人认购的股份不得少于公司股份总数的35%。但是,法律、行政法规另有规定的,从其规定。

2)股份有限公司的设立条件

①发起人符合法定人数。我国《公司法》第79条规定,设立股份有限公司,应当有2人以上200人以下为发起人,其中须有半数以上的发起人在中国境内有住所。发起人可以是自然人,可以是法人或其他经济组织。

②发起人认购和募集的股本达到法定资本最低限额。

③股份发行、筹办事项符合法律规定。发起人向社会公开募集股份,必须公告招股说明书;发起人的出资方式应当符合《公司法》的规定;公开募集股份时,应当报国务院证券监督管理机构核准,并应当同依法设立的证券公司签订承销协议,通过证券公司承销其发行的股份。

④发起人制定公司章程,采用募集方式设立的,经创立大会通过。对于以发起设立方式设立股份有限公司的,由全体发起人共同制定公司章程;对于以募集设立方式设立股份有限公司的,发起人制定的公司章程,还应当经有其他认股人参加的创立大会,以出席会议的认股人所持表决权的半数以上通过,方为有效。

⑤有公司名称,建立符合股份有限公司要求的组织机构。

⑥有公司住所。

表 2.3　股份有限公司注册资本的规定

<table>
<tr><th>项　目</th><th colspan="2">发起人认缴和募集股本的要求</th></tr>
<tr><td rowspan="3">出资数额</td><td colspan="2">发起人认缴和募集的股本达到法定资本最低限额。股份有限公司的注册资本最低限额为人民币 500 万元。法律、行政法规对股份有限公司的注册资本最低限额有较高规定的,从其规定。
全体发起人货币出资额不得低于股份有限公司注册资本的 30%。</td></tr>
<tr><td>发起设立</td><td>公司全体发起人的首次出资额不得低于注册资本的 20%。</td></tr>
<tr><td>募集设立</td><td>发起人认购的股份不得少于公司应发行股份总数的 35%。法律、行政法规对此另有规定的,从其规定。</td></tr>
<tr><td rowspan="2">出资期限</td><td>发起设立</td><td>注册资本为在公司登记机关登记的全体发起人认购的股本总额。
公司全体发起人首次出资额不得低于注册资本的 20%,其余部分由发起人自公司成立之日起 2 年内缴足。其中,投资公司可以在 5 年内缴足。</td></tr>
<tr><td>募集设立</td><td>注册资本为在公司登记机关登记的实收股本总额,即不允许分期缴纳。</td></tr>
<tr><td>出资方式</td><td colspan="2">出资方式:
货币
实物
无形资产:知识产权、土地使用权
可用货币估价的财产权利
限制性规定:股东不得以劳务、信用、自然人姓名、商誉、特许经营权或者设定担保的财产等作价出资。</td></tr>
</table>

3)股份有限公司的设立程序

表 2.4　股份有限公司发起设立与公开募集设立的基本程序

<table>
<tr><td>发起设立</td><td>①发起人书面认定公司章程规定其认购的股份。
②缴纳出资。发起人不是以货币出资,应当依法进行评估作价,核实财产,办理其财产权的转移手续。发起人不按照规定缴纳出资的,应当按照发起人协议的约定承担违约责任。
③选举董事会和监事会。
④申请设立登记。</td></tr>
<tr><td>公开募集设立</td><td>①发起人认购股份
②向社会公开募集股份:公告招股说明书,制作认股书;签订承销协议,签订代收股款协议
③召开创立大会
④申请设立登记</td></tr>
</table>

【做一做】

【2.17】【单项选择题】 某国有企业拟改制为股份有限公司,其改制方案的下列事项中,不符合《公司法》的是(　　)。

A. 发起人为2人　　B. 公司股本总额为人民币400万元

C. 采取募集设立方式　　D. 发起人认购的股份为公司股份总数的40%

【2.18】【多项选择题】 甲、乙、丙准备注册成立一家股份有限公司,拟定的注册资本为5 000万元,下列情形中,符合《公司法》的有(　　)。

A. 采取发起设立方式,首次出资1 500万元

B. 采取发起设立方式,首次出资1 750万元

C. 采取募集方式设立,发起人认购1 500万元

D. 采取募集方式设立,发起人认购1 750万元

知识链接2.7

关于创立大会的有关规定

①发行股份的股款缴足后,必须经依法设立的验资机构验资并出具证明。发起人应当在股款缴足之日起30日内主持召开公司创立大会,创立大会由发起人、认股人组成。发行的股份超过招股说明书规定的截止期限尚未募足的,或者发行股份的股款缴足后,发起人在30日内未召开创立大会的,认股人可以按照所缴股款并加算银行同期存款利息,要求发起人返还。

②发起人应当在创立大会召开15日前将会议日期通知各认股人或者予以公告。创立大会应有代表股份总数过半数的发起人、认股人出席,方可举行。

③创立大会行使下列职权:审议发起人关于公司筹办情况的报告;通过公司章程;选举董事会成员;选举监事会成员;对公司的设立费用进行审核;对发起人用于抵作股款的财产的作价进行审核;发生不可抗力或者经营条件发生重大变化直接影响公司设立的,可以作出不设立公司的决议。创立大会对上述所列事项作出决议,必须经出席会议的认股人所持表决权过半数通过。

2.4.3　发起人应当承担的责任

股份有限公司的发起人应当承担下列责任:

①公司不能成立时,对设立行为所产生的债务和费用负连带责任;

②公司不能成立时,对认股人已缴纳的股款,负返还股款并加算银行同期存款

利息的连带责任；

③在公司设立过程中，由于发起人的过失致使公司利益受到损害的，应当对公司承担赔偿责任。

【做一做】

【2.19】【单项选择题】 甲、乙、丙、丁等八家企业筹划建立股份有限公司，发起人甲企业作为出资的厂房需要装修。于是，由乙企业负责成立股份有限公司筹建处，专门订做了一批装饰材料，价值140万元。如果公司无法成立，承担140万元装饰材料费的方案正确的是（ ）。

A. 甲企业承担 B. 乙企业承担

C. 全体发起人连带承担 D. 全体发起人按出资比例承担

2.4.4 股份责任公司的组织结构

1）股东大会

（1）股东会的性质和组成

股份有限公司股东大会由全体股东组成。股东大会是公司的权力机构。

（2）股东大会的职权

股份有限公司股东大会职权范围与有限责任公司股东会相同。

（3）股东大会的形式

股东大会分为年会与临时大会。股东大会应当每年召开1次年会。有下列情形之一的，应当在两个月内召开临时股东大会：

①董事人数不足《公司法》规定人数或者公司章程所定人数的2/3时；

②公司未弥补的亏损达实收股本总额的1/3时；

③单独或者合计持有公司10%以上股份的股东请求时；

④董事会认为必要时；

⑤监事会提议召开时；

⑥公司章程规定的其他情形。

（4）股东大会的召开

①股东大会会议由董事会召集，由董事长主持。董事长不能履行职务或者不履行职务的，由副董事长主持。副董事长不能履行职务或者不履行职务的，由半数以上董事共同推举一名董事主持。

②董事会不能履行或者不履行召集股东大会会议职责的,监事会应当及时召集和主持。监事会不召集和主持的,连续90日以上单独或者合计持有公司10%以上股份的股东可以自行召集和主持。

应当注意"连续90日以上单独或者合计持有公司10%以上股份"的含义:连续90日的含义是90日中不能出现间断;单独或者合计的含义是一个股东持有或是几个股东合并计算。

③召开股东大会会议,应当将会议召开的时间、地点和审议的事项于会议召开20日前通知各股东;临时股东大会应当于会议召开15日前通知各股东;发行无记名股票的,应当于会议召开30日前公告会议召开的时间、地点和审议事项。

④单独或者合计持有公司3%以上股份的股东,可以在股东大会召开10日前提出临时提案并书面提交董事会;董事会应当在收到提案后2日内通知其他股东,并将该临时提案提交股东大会审议。临时提案的内容应当属于股东大会职权范围,并有明确议题和具体决议事项。

应当注意的是:股东大会不得对召开会议的通知中未列明的事项作出决议。

【做一做】

【2.20】【多项选择题】　甲公司是一家以募集方式设立的股份有限公司,其注册资本为人民币6 000万元。董事会有7名成员。最大股东李某持有公司12%的股份。根据《公司法》的规定,下列各项中,属于甲公司应当在两个月内召开临时股东大会的情形有(　　)。

A. 董事人数减至4人　　　　B. 监事陈某提议召开

C. 最大股东李某请求召开　　　　D. 公司未弥补亏损达人民币1 600万元

【2.21】【单项选择题】　下列有关股份有限公司股东大会会议议事规则的表述正确的是(　　)。

A. 根据持有公司股份10%以上股东请求,应当在1个月内召开临时股东大会

B. 股东大会会议由董事长负责召集并主持

C. 股东可以委托代理人出席股东大会,代理人应当向公司提交股东授权委托书,并在授权范围内行使表决权

D. 召开股东大会,应当将会议审议的事项于会议召开30日以前通知各股东,股东大会不得对通知中未列明的事项作出决议

(5)股东大会的决议

①股东大会的表决权,包括普通表决权和特别表决权。其中,普通表决权是指股东大会对普通事项作出决议,必须经出席会议的股东所持表决权过半数通过。

特别表决权是指下列事项必须经出席会议的股东所持表决权的2/3以上通过:修改公司章程;增加或减少注册资本;公司合并、分立、解散或者变更公司形式。

②《公司法》和公司章程规定公司转让、受让重大资产或者对外提供担保等事项必须经股东大会作出决议的,董事会应当及时召集股东大会,由股东大会就上述事项进行表决。

③股东出席股东大会会议,所持每一股份有一表决权。股东可以委托代理人出席股东大会会议,代理人应当向公司提交股东授权委托书,并在授权范围内行使表决权。但是,公司持有的本公司股份没有表决权。

④股东大会选举董事、监事。可以根据公司章程的规定或者股东大会的决议,实行累积投票制,其目的在于保护小股东的利益。

股东大会应当将所议事项的决定做成会议记录,主持人、出席会议的董事应当在会议记录上签名。会议记录应当与出席股东的签名册及代理出席的委托书一并保存,供股东查阅。

【做一做】

【2.22】【单项选择题】 某股份有限公司共发行股份3 000万股,每股享有平等的表决权。公司拟召开股东大会对与另一公司合并的事项作出决议。在股东大会表决时可能出现的下列情形中,能使决议得以通过的是( )。

A. 出席大会的股东共持有2 700万股,其中持有1 600万股的股东同意

B. 出席大会的股东共持有2 400万股,其中持有1 200万股的股东同意

C. 出席大会的股东共持有1 800万股,其中持有1 300万股的股东同意

D. 出席大会的股东共持有1 500万股,其中持有800万股的股东同意

知识链接2.8

什么是累积投票制?

累积投票制仅用于选举董事、监事,其他选举不适用。

普通投票制与累积投票制的区别是:普通投票制每一股份有一表决权;累积投票制每一股份拥有与应选董事或者监事人数相同的表决权,股东拥有的表决权可以集中使用。即股份数乘以应选董事或者监事人数。如某股份有限公司的股份共有100股,股东甲拥有60股,股东乙拥有30股,其他股东拥有其余10股。如果公司选举3名董事,股东甲和股东乙各提出3名候选人,比较普通投票制与累积投票制的区别:

①普通投票制的情况下，每一股份有一表决权。股东甲可以投给其提出的3名候选人的表决权是每人60，股东乙投给自己提出的3个候选人每人的表决权最多是30，此时股东乙不可能选出自己提名的董事。即便股东乙和其他股东联手投票，投给自己提出的3个候选人每人的表决权最多是40，仍然小于股东甲提名的候选人。

②如果实行累积投票制，股东甲的表决权是$60 \times 3 = 180$，股东乙的表决权是$30 \times 3 = 90$。股东乙可以集中将他拥有的90个表决权投给自己提名的一名董事；而股东甲可以投给其提出的3名候选人的表决权仍然是每人60。这样，股东乙提出的3名候选人中，可以有1名必然当选。

2）董事会

（1）董事会的性质及其组成

董事会是股份有限公司必设的业务执行机构和经营决策机构，对股东大会负责。

董事会由全体董事组成。董事会成员为5～19人。董事的产生有两种情况：在公司设立时，采取发起方式设立的公司，董事由发起人选举产生；采取募集方式设立的公司，董事由创立大会选举产生。在公司成立后，董事由股东大会选举产生。董事会成员中可以有公司职工代表。董事会中的职工代表由公司职工通过职工代表大会、职工大会或者其他形式民主选举产生。

董事会设董事长1人，可以设副董事长。董事长和副董事长由董事会以全体董事的过半数选举产生。董事长可以为公司的法定代表人。董事长主持股份有限公司股东大会会议和董事会会议，为其会议主席。

董事的任期由公司章程规定，但每届任期不得超过3年。董事任期届满，连选可以连任。董事在任期届满前，股东大会不得无故解除其职务。

（2）董事会的职权

股份有限公司董事会的职权与有限责任公司相同。

（3）董事会的召开

董事长召集和主持董事会会议，检查董事会决议的实施情况。副董事长协助董事长工作，董事长不能或者不履行职务的，由副董事长履行职务。副董事长不能或者不履行职务的，由半数以上董事共同推举一名董事履行职务。

①董事会每年度至少召开两次会议，每次会议应当于会议召开10日前通知全体董事和监事。

②董事会临时会议。下列情形可以提议召开董事会临时会议:代表1/10以上表决权的股东提议;1/3以上董事提议;监事会提议。

(4)董事会决议

①董事会会议应有过半数的董事出席方可举行。董事会作出决议,必须经全体董事过半数通过。董事会决议的表决,实行一人一票。

②董事会会议,应由董事本人出席;董事因故不能出席,可以书面委托其他董事代为出席,委托书中应载明授权范围。

③董事会应当将会议所议事项的决定做成会议记录,出席会议的董事应当在会议记录上签名。

注意:股份公司董事会决议与有限公司的规定不同。对有限公司,董事会的议事方式和表决程序,除《公司法》有规定的以外,由公司章程规定。

④董事应当对董事会的决议承担责任。董事会的决议违反法律、行政法规或者公司章程、股东大会决议,致使公司遭受严重损失的,参与决议的董事对公司负赔偿责任。但经证明在表决时曾表明异议并记载于会议记录的,该董事可以免除责任。

【做一做】

【2.23】【判断说明题】 对于股份有限公司,有1/3以上的监事提议,应当召开董事会临时会议。

【2.24】【多项选择题】 某股份有限公司董事会由9名董事组成,下列情形中,能使董事会决议得以顺利通过的有( )。

A.5名董事出席会议,一致同意　　B.7名董事出席会议,4名同意

C.5名董事出席会议,4名同意　　D.9名董事出席会议,5名同意

(5)经理

股份有限公司设经理,由董事会决定聘任或者解聘。公司董事会可以决定由董事会成员兼任经理。

股份有限公司经理的职权与有限责任公司经理相同。

3)监事会

(1)监事会的性质及其组成

监事会是股份有限公司必设的监督机构,对公司的财务及业务执行情况进行监督。

监事会由监事组成，其人数不得少于3人。监事的人选由股东代表和公司职工代表构成，其中职工代表的比例不得低于1/3。股东代表由股东大会选举产生；职工代表由公司职工民主选举产生。监事会设主席1人，可以设副主席。监事会主席、副主席由全体监事过半数选举产生。监事的任期每届为3年，监事任期届满，连选可以连任。

董事、高级管理人员不得兼任监事。

【做一做】

【2.25】【单项选择题】 下列有关股份有限公司监事会组成的表述中，符合《公司法》规定的是（　　）。

A. 监事会成员必须全部由股东大会选举产生

B. 监事会中必须有职工代表

C. 未担任公司行政管理职务的公司董事可以兼任监事

D. 监事会成员任期为3年，不得连选连任

（2）监事会的职权

监事会的职权与有限责任公司监事会职权相同。

（3）监事会的召开与决议

监事会每6个月至少召开一次会议。监事可以提议召开临时监事会会议。

股份有限公司监事会由监事会主席召集和主持监事会会议；监事会主席不能履行职务或者不履行职务的，由监事会副主席召集和主持监事会会议；监事会副主席不能履行职务或者不履行职务的，由半数以上监事共同推举一名监事召集和主持监事会会议。（注意：与有限责任公司的不同。）

监事会的议事方式和表决程序，除法律有规定的以外，由公司章程规定。监事会决议应当经半数以上监事通过。

监事会应当将所议事项的决定作成会议记录，出席会议的监事应当在会议记录上签名。

【做一做】

【2.26】【案例分析题】 甲、乙、丙、丁、戊拟发起设立一股份有限公司，初步拟订的公司章程包括以下内容：

①注册资本2 000万元。其中，甲、乙共以货币600万元出资；丙以实物作价出资，经评估机构评估为800万元；丁以其专利技术出资，作价600万元。因为资金

问题,各股东在成立之时首次出资都只缴纳30%,其余部分在5年内缴足。

问题:股东的出资是否符合规定?请说明理由。

②公司不设董事会,由甲任执行董事;乙担任经理;公司不设监事会,由乙兼任公司的监事。

问题:公司的组织机构设置是否符合规定?并说明理由。

③股东大会应当每年召开1次年会。股东大会会议由董事会召集,董事会不能履行或者不履行召集股东大会会议职责的,经理应当负责召集和主持。

问题:股东大会会议救济制度是否符合规定?并说明理由。

【情景导入】

我们知道,创办公司都是以营利为目的的。同时,公司享有充分的自主经营权。公司赚了钱,在分配上也应该享有充分的自主权,这应该是不言而喻的。但事实上,这些都有一个前提,那就是都要符合《公司法》的规定。

【想一想】

公司在财务会计方面有没有什么法律规定和要求?公司实现的利润在分配上能不能完全按照股东们自己的意愿来分配?

2.5 公司财务会计

2.5.1 公司财务会计报告基本要求

①公司应当依照法律、行政法规和国务院财政部门的规定建立本公司的财务、会计报告制度。

②公司应当在每一会计年度终了时依法编制财务会计报告,并依法经会计师事务所审计。财务会计报告应当依照法律、行政法规和国务院财政部门的规定制作。

③有限责任公司应当按照公司章程规定的期限将财务会计报告送交各股东。股份有限公司的财务会计报告应当在召开股东大会年会的20日前置备于本公司,供股东查阅;公开发行股票的股份有限公司必须公告其财务会计报告。

④公司除法定的会计账簿外,不得另立会计账簿。对公司资产,不得以任何个人名义开立账户存储。

⑤公司聘用、解聘承办公司审计业务的会计师事务所,依照公司章程的规定,由股东会、股东大会或者董事会决定。

【做一做】

【2.27】【多项选择题】　某有限责任公司的下列行为中,违反我国《公司法》规定的有(　　)。

A. 在法定会计账簿之外另设会计账簿

B. 将公司资金以个人名义开立账户存储

C. 股东会以财务负责人熟悉财务为由指定其兼任监事

D. 公司章程规定其董事每届任期不得超过 3 年

2.5.2　公司利润分配

1)公司利润分配的顺序

公司利润,是指企业在一定时期内生产经营的财务成果,包括营业利润、投资收益和营业外收支净额。

公司的营业利润,是指营业收入减去营业成本和费用(包括生产成本、管理费用、销售费用及财务费用),再减去营业收入应负担的税金后的数额。

根据我国《公司法》的规定,公司利润分配应当按照下列顺序进行:

①弥补以前年度的亏损,但不得超过税法规定的弥补期限(5 年);

②缴纳所得税;

③弥补在税前利润弥补亏损之后仍存在的亏损;

④提取法定公积金;

⑤提取任意公积金;

⑥向股东分配利润。有限责任公司股东按照实缴的出资比例分取红利;但是,全体股东约定不按照出资比例分取红利的除外。股份有限公司按照股东持有的股份比例分配,公司章程另有规定的除外。

公司股东会、股东大会或者董事会违反规定,在公司弥补亏损和提取法定公积金之前向股东分配利润的,股东必须将违反规定分配的利润退还公司。公司持有的本公司股份不得分配利润。

2)公积金的提取和使用

(1)公积金的概念

公积金,是公司在资本之外所保留的资金金额,又称为附加资本或准备金。

(2)公积金的种类

公积金分为盈余公积金和资本公积金两类。

表 2.5　公积金的相关规定

盈余公积金是从公司税后利润中提取的公积金	法定公积金	按照公司税后利润的10%提取,当公司法定公积金累计额为公司注册资本的50%以上时可以不再提取。公司的法定公积金不足以弥补以前年度亏损的,在依照规定提取法定公积金之前,应当先用当年利润弥补亏损。
	任意公积金	按照公司股东会或者股东大会决议,从公司税后利润中提取。
资本公积金是直接由资本原因形成的公积金	股份有限公司以超过股票票面金额的发行价格发行股份所得的溢价款以及国务院财政部门规定列入资本公积金的其他收入(如法定财产重估增值、接受捐赠的资产价值等),应当列为公司资本公积金。	

(3)公积金用途

①弥补公司亏损。公司的亏损按照国家税法规定可以用缴纳所得税前的利润弥补。按现行规定,公司发生亏损时,可以用以后5年内实现的税前利润弥补,即税前利润弥补亏损的期限为5年。公司发生的亏损经过5年未弥补足额的,未弥补亏损应用所得税后的利润弥补;发生特大亏损,税后利润仍不足弥补的,可以用公司的公积金弥补。但是,资本公积金不得用于弥补公司的亏损。

②扩大公司生产经营。

③转增公司资本。公司为了实现增加资本的目的,可以将公积金的一部分转为资本。对用任意公积金转增资本的,法律没有限制,但用法定公积金转增资本时,《公司法》规定,转增后所留存的该项公积金不得少于转增前公司注册资本的25%。

【做一做】

【2.28】【单项选择题】　甲公司是股份有限公司,注册资本2亿元,累计提取法定公积金余额5 000万元。2009年度税后利润为3 000万元,该公司当年应当提取的法定公积金数额是(　)。

A. 150万元　　B. 200万元　　C. 300万元　　D. 500万元

2.6 公司合并、分立、解散和清算

2.6.1 公司合并与分立

1)公司合并

(1)公司合并的形式

公司合并,是指两个以上的公司依照法定程序变为一个公司的行为。其形式有两种:一是吸收合并;二是新设合并。

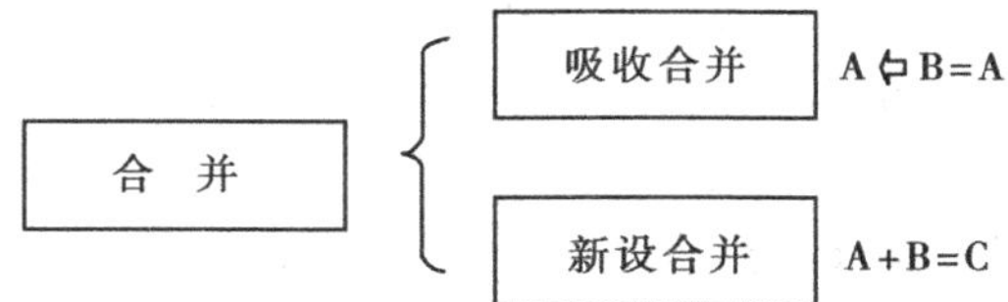

(2)公司合并的程序

公司应当自作出合并决议之日起10日内通知债权人,并于30日内在报纸上公告。债权人自接到通知书之日起30日内,未接到通知书的自公告之日起45日内,可以要求公司清偿债务或者提供相应的担保。

(3)公司合并各方的债权、债务

公司合并时,合并各方的债权、债务,应当由合并后存续的公司或者新设的公司承继。

2)公司分立

(1)公司分立的形式

公司分立,是指一个公司依法分为两个以上的公司。公司分立的形式有两种:一是公司以其部分财产另设一个或数个新的公司,原公司存续;二是公司以其全部财产分别归入两个以上的新设公司,原公司解散。

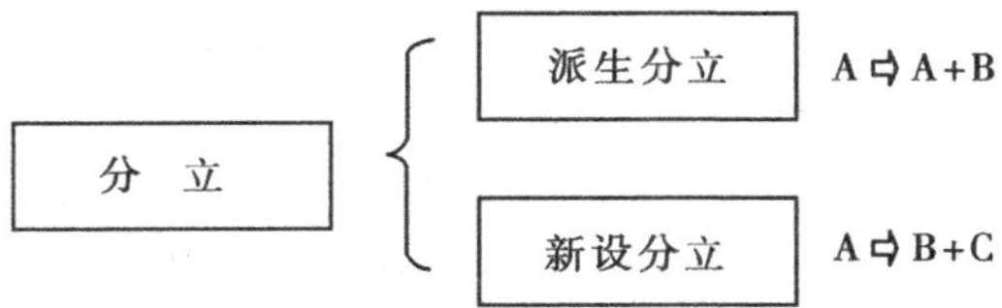

(2)公司分立的程序

公司分立的程序与公司合并的程序基本相同,要签订分立协议,编制资产负债表及财产清单,作出分立决议,通知债权人,办理工商变更登记等。

(3)公司分立前的债务

公司分立前的债务由分立后的公司承担连带责任。但是,公司在分立前与债权人就债务清偿达成的书面协议另有约定的除外。

【做一做】

【2.29】【多项选择题】 A 公司于 2008 年 6 月注册成立。2008 年 10 月,A 公司分立为 B 公司和 C 公司,分立前与债权人就债务清偿达成的书面协议约定各承担 50% 的债务。2009 年 3 月,C 公司与 D 公司合并为 E 公司。如果 2009 年 5 月 A 公司和 D 公司的债权人要求清偿债务,下列说法正确的有(　　)。

A. A 公司的债务由 B 公司和 C 公司承担

B. A 公司的债务由 B 公司和 E 公司承担

C. D 公司的债务由 D 公司承担

D. D 公司的债务由 E 公司承担

2.6.2　公司解散与清算

1)公司解散的原因

①公司章程规定的营业期限届满或者公司章程规定的其他解散事由出现;

②股东会或者股东大会决议解散;

③因公司合并或者分立需要解散;

④依法被吊销营业执照、责令关闭或者被撤销;

⑤人民法院依照《公司法》的规定予以解散。

注意:对于上述第①项情形,可以通过修改公司章程而存续。这里修改公司章程,有限责任公司须经持有 2/3 以上表决权的股东通过,股份有限公司须经出席股东大会会议的股东所持表决权的 2/3 以上通过。

公司经营管理发生严重困难,继续存续会使股东利益受到重大损失,通过其他途径不能解决的,持有公司全部股东表决权 10% 以上的股东,可以请求人民法院解散公司。

公司被依法宣告破产的,依照有关企业破产的法律实施破产清算。

【做一做】

【2.30】【多项选择题】 甲公司为有限责任公司，根据《公司法》的规定，下列各项中，属于甲公司解散事由的有（　　）。

A. 甲公司章程规定的营业期限届满

B. 甲公司被丁公司吸收合并

C. 经代表2/3以上表决权的股东同意，甲公司股东会通过了解散公司的决议

D. 甲公司成立后自行停业连续6个月以上

2）公司解散时的清算

公司解散时，除因合并或者分立者外，应当在解散事由出现之日起15日内成立清算组，开始清算。清算组应当在成立之日起10日内通知债权人，并在60日内在报纸上公告。债权人应当自接到通知书之日起30日内，未接到通知书的自公告之日起45日内，向清算组申报债权。

有限责任公司的清算组由股东组成，股份有限公司的清算组由董事或者股东大会确定的人员组成。逾期不成立清算组进行清算的，债权人可以申请人民法院指定有关人员组成清算组进行清算。人民法院应当受理该申请，并及时组织清算组进行清算。

债务清偿顺序：公司财产在分别支付清算费用、职工的工资、社会保险费和法定补偿金，缴纳所欠税款，清偿公司债务后的剩余财产，有限责任公司按照股东的出资比例分配，股份有限公司按照股东持有的股份比例分配。

【做一做】

【2.31】【单选选择题】 某有限责任公司的股东会通过了解散公司的决议，并决定在15日内成立清算组。下列有关该公司清算组的组成中，符合《公司法》规定的是（　　）。

A. 由人民法院指定股东、有关机关及有关专业人员组成

B. 由公司的股东组成

C. 由公司股东会确定的人员组成

D. 由主管部门指定股东、有关机关及有关专业人员组成

2.7 违反《公司法》的法律责任

2.7.1 虚报注册资本和虚假出资的法律责任

违反《公司法》规定，虚报注册资本、提交虚假材料或者采取其他欺诈手段隐瞒重要事实取得公司登记的，由公司登记机关责令改正，对虚报注册资本的公司，处以虚报注册资本金额百分之五以上百分之十五以下的罚款；对提交虚假材料或者采取其他欺诈手段隐瞒重要事实的公司，处以五万元以上五十万元以下的罚款；情节严重的，撤销公司登记或者吊销营业执照。

公司的发起人、股东虚假出资，未交付或者未按期交付作为出资的货币或者非货币财产的，由公司登记机关责令改正，处以虚假出资金额百分之五以上百分之十五以下的罚款。

【议一议】

【2.32】【案例分析题】 甲运输公司与其他6家企业共同发起设立一股份有限公司，并以其部分运输工具作为出资认购了相应的发起人股份，同时依法办理了财产权转移手续。股份有限公司成立后，甲将已作为出资的运输工具转回本公司使用。

要求：根据上述事实及《公司法》的规定，简要回答甲将运输工具转回本公司使用的行为属于何种性质的违法行为？甲应当承担什么法律责任？

2.7.2 提供虚假财务报告的法律责任

公司在依法向有关主管部门提供的财务会计报告等材料上作虚假记载或者隐瞒重要事实的，由有关主管部门对直接负责的主管人员和其他直接责任人员处以三万元以上三十万元以下的罚款。

2.7.3 承担资产评估、验资或者验证的机构提供虚假材料的法律责任

承担资产评估、验资或者验证的机构提供虚假材料的，由公司登记机关没收违法所得，处以违法所得一倍以上五倍以下的罚款，并可以由有关主管部门依法责令该机构停业，吊销直接责任人员的资格证书，吊销营业执照。

承担资产评估、验资或者验证的机构因过失提供有重大遗漏的报告的，由公司登记机关责令改正，情节较重的，处以所得收入一倍以上五倍以下的罚款，并可以

由有关主管部门依法责令该机构停业,吊销直接责任人员的资格证书,吊销营业执照。

承担资产评估、验资或者验证的机构因其出具的评估结果、验资或者验证证明不实,给公司债权人造成损失的,除能够证明自己没有过错的外,在其评估或者证明不实的金额范围内承担赔偿责任。

2.7.4 公司在合并、分立、减少注册资本或者进行清算中违法行为的法律责任

公司在合并、分立、减少注册资本或者进行清算时,不依照《公司法》的规定通知或者公告债权人的,由公司登记机关责令改正,对公司处以一万元以上十万元以下的罚款。

公司在进行清算时,隐匿财产,对资产负债表或者财产清单作虚假记载或者在未清偿债务前分配公司财产的,由公司登记机关责令改正,对公司处以隐匿财产或者未清偿债务前分配公司财产金额百分之五以上百分之十以下的罚款;对直接负责的主管人员和其他直接责任人员处以一万元以上十万元以下的罚款。

应当注意的是:公司应当承担民事赔偿责任和缴纳罚款、罚金的,其财产不足以支付时,先承担民事赔偿责任。构成犯罪的,依法追究刑事责任。

知识链接2.9

几个关键词的含义

高级管理人员,是指公司的经理、副经理、财务负责人,上市公司董事会秘书等人员。

控股股东,是指其出资额占有限责任公司资本总额50%以上或者其持有的股份占股份有限公司股本总额50%以上的股东。出资额或者持有股份的比例虽然不足50%,但依其出资额或者持有的股份所享有的表决权已足以对股东会、股东大会的决议产生重大影响的股东。

实际控制人,是指虽不是公司的股东,但通过投资关系、协议或者其他安排,能够实际支配公司行为的人。

关联关系,是指公司控股股东、实际控制人、董事、监事、高级管理人员与其直接或者间接控制的企业之间的关系,以及可能导致公司利益转移的其他关系。但是,国家控股的企业之间不因为同受国家控股而具有关联关系。

【本章小结】

《公司法》是一部对公司内外法律关系进行全面调整的市场主体调控法。具体规定了有限责任公司和股份有限公司的设立、变更和终止以及公司运行、内部管理的规范。通过学习，使我们知道了公司内部股东之间、股东与公司之间、公司组织机构之间的关系，知道了公司与第三人（包括债权人和债务人）、公司与社会之间的关系。同时，还简要介绍了一人有限责任公司制度及“法人人格否认”制度。这对于一个即将就业、进入公司谋职，或者在不久的将来通过创业设立公司的有志者来讲，都有重要的法律指导意义。

【任务检测】

一、单项选择题

1. 在公司设立分公司和子公司方面，下列说法正确的是（　　）。

A. 分公司和子公司都不具备法人资格

B. 分公司具备法人资格，子公司不具备法人资格

C. 分公司不具备法人资格，子公司具备法人资格

D. 分公司和子公司都具备法人资格

2. 甲、乙、丙共同出资设立了一有限公司，其中甲以机器设备作价出资 20 万元。公司成立 6 个月后，吸收丁入股。1 年后，该公司因拖欠巨额债务被诉至法院。法院查明，甲作为出资的机器设备出资时仅值 10 万元，甲现有可执行的个人财产 8 万元。下列处理方式中，符合我国《公司法》规定的是（　　）。

A. 甲以现有财产补交差额，不足部分待有财产时再行补足

B. 甲以现有财产补交差额，不足部分由乙、丙补足

C. 甲以现有财产补交差额，不足部分由乙、丙、丁补足

D. 甲无须补交差额，其他股东也不负补交差额的责任

3. 甲、乙、丙三人欲设立一家有限公司，拟定的注册资本为 50 万元。现他们就设立公司的有关事项有以下设想，下列说法符合《公司法》规定的是（　　）。

A. 可以在公司章程中规定，由董事会对公司为他人提供担保的事项作出决议

B. 公司的注册资本可以分期缴付，但公司全体股东的首次出资额不得低于 3 万元

C. 股东在认缴出资并经法定验资机构验资后不得抽回出资

D. 甲、乙、丙三人共同研究开发的一项专利技术，评估作价 50 万元，他们可仅以该项专利出资

4. 根据《公司法》的规定，有限公司下列人员中，可以提议召开股东会临时会议的是（ ）。

A. 总经理 B. 过半数的股东 C. 监事会主席 D. 过半数的董事

5. 下列关于一人有限公司的表述中，不符合《公司法》对其所作特别规定的是（ ）。

A. 一人有限公司的注册资本最低限额为人民币 10 万元

B. 一人有限公司的股东可以分期缴纳公司章程规定的出资额

C. 一个自然人只能投资设立一个一人有限责任公司

D. 一人有限公司的股东不能证明公司财产独立于股东自己财产的，应当对公司债务承担连带责任

6. 关于股份有限公司的监事会，下列表述中正确的是（ ）。

A. 监事会成员必须全部由股东大会选举产生

B. 监事会每 6 个月至少召开一次会议

C. 公司高级管理人员可以兼任监事

D. 监事会成员任期 3 年，不得连任

二、多项选择题

1. 对有限公司和股份公司股东责任的表述，下列各选项中正确的有（ ）。

A. 有限公司股东以出资额为限对公司承担责任

B. 有限公司股东以其认缴的出资额为限对公司承担责任

C. 股份公司股东以其认购的股份为限对公司承担责任

D. 股份公司股东以其所持股份为限对公司承担责任

2. 根据《公司法》规定，规模较小、不设董事会的有限公司，其法定代表人可以是（ ）。

A. 总经理 B. 执行董事 C. 监事 D. 财务负责人

3. 有限公司的下列事项中，根据《公司法》规定，必须经代表 2/3 以上表决权的股东通过才能作出决议的有（ ）。

A. 与其他公司合并 B. 变更公司形式

C. 以公司的资产对外担保 D. 修改公司章程

4. 自然人刘某拟出资设立一家一人有限公司，在其有关出资的表述中，符合《公司法》规定的是（ ）。

A. 出资额不得少于 3 万元

B. 出资额不得少于 10 万元

C. 首期出资不得少于注册资本的 20%

D. 应当一次足额缴纳出资额

5. 甲、乙、丙共同出资设立了一有限公司，一年后，甲拟将其在公司的全部出资转让给丁，乙、丙不同意，下列解决方案中，符合《公司法》规定的有（　　）。

A. 由乙或丙购买甲拟转让给丁的出资

B. 乙和丙共同购买甲拟转让给丁的出资

C. 乙和丙均不愿意购买，甲无权将出资转让给丁

D. 乙和丙均不愿意购买，甲有权将出资转让给丁

6. 根据《公司法》的规定，股份有限公司股东大会所作的下列决议中，必须经出席会议的股东所持表决权的2/3 以上通过的有（　　）。

A. 公司合并决议　　B. 公司分立决议

C. 修改公司章程决议　　D. 批准公司年度预算方案决议

三、判断说明题

1. 有限公司股东会的决议内容违反法律、行政法规或者公司章程的无效。（　　）

2. 甲、乙、丙共同拥有一种新型的电子技术专利权，经评估这项技术的价值为70 万元人民币。如果甲、乙、丙以该项技术出资设立有限公司，注册资本的其他部分以货币出资，那么公司的注册资本至少为 100 万元。（　　）

3. 股份公司的董事、监事、高级管理人员在任职期间不得转让其持有的本公司股份，待离职后半年方可转让。（　　）

4. 公司董事从事与其所任职公司同类的业务或者损害公司利益的活动，所得收入应当归公司所有。（　　）

5. A 公司经营电脑销售业务，该公司的总经理张某在任职期间代理 B 公司从国外进口一批电脑销售给 C 公司，获利 10 万元。A 公司得知上述情形后，除将张某获得的 10 万元收归公司所有外，还撤销了张某的职务。A 公司的上述做法不符合《公司法》的有关规定。（　　）

6. 公司分立前的债务由分立后的公司承担连带责任，但公司在分立前与债权人就债务清偿达成的书面协议另有约定的除外。（　　）

四、案例分析题

1. A 公司是一家股份公司，该公司于 2007 年 6 月发行股票并上市交易。2008 年一季度发生下列事项：

（1）公司召开董事会，通过以下决议：①根据经理丙的提名解聘财务负责人甲；②决定发行公司债券，责成董事乙准备有关发行文件报送有关部门审批；③增选戊为公司董事，1 年前戊曾因挪用公司财产被判刑 6 个月。

问题:A 公司董事会通过的三项决议是否符合规定?说明理由。

(2)该公司注册资本为15 000万元人民币,2007年度经审计净资产为20 000万元人民币。公司自成立以来没有发生亏损,已提取法定公积金累计额为8 000万元,公司决定2008年不再提取法定公积金。

问题:A 公司不提取法定公积金的做法是否符合规定?并说明理由。

(3)公司董事丁决定将其持有的A公司股份转让给B公司。

问题:公司董事丁将其持有的A公司股份转让给B公司是否符合规定?说明理由。

2. 甲公司是一家上市公司,其中乙公司持有55%的股份,丙公司持有15%的股份,丁公司持有10%的股份。截至2005年底,甲公司注册资本为8 000万元,经审计的净资产额为12 000万元。甲公司董事会由11名董事组成,其中董事A、董事B、董事C同时为乙公司董事,董事D同时为丙公司董事,董事E同时为丁公司董事。

2009年1月20日甲公司召开董事会会议,出席本次董事会会议的董事有包括董事A、董事B、董事C和董事D在内的7名董事。该次会议的召开情况以及讨论的有关问题如下:

(1)2008年12月公司总经理张某因犯贪污罪被刑事拘留,董事A提议由王某接替总经理职务。在会议就此事表决时,董事D、董事E明确表示异议并记载于会议记录,但该提议最终仍由出席本次董事会会议的其他5名董事表决通过。

问题:甲公司董事会通过的变更总经理的决议是否合法?说明理由。

(2)董事会审议并一致通过了吸收合并丁公司的决议。决议要点包括:①自作出合并决议之日起30日内通知有关债权人,并于45日内在报纸上公告;②丁公司原有的债权和债务均由甲公司承继。

问题:甲公司董事会通过的吸收合并丁公司的决议是否合法?逐点说明理由。

附:公司章程范本

第一章 总 则

第一条 为规范公司的行为,保障公司股东的合法权益,根据《中华人民共和国公司法》和有关法律、行政法规规定,结合公司的实际情况,特制定本章程。

第二条 公司名称:×××××××

公司住所:×××××××

第三条 公司由××××××××、××××××××、××××××××共同投资组建。

第四条　公司依法在××××××工商行政管理局登记注册，取得企业法人资格。公司经营期限为×年(以登记机关核定为准)。

第五条　公司为有限责任公司，实行独立核算，自主经营，自负盈亏。股东以其出资额为限对公司承担责任，公司以其全部资产对公司的债务承担责任。

第六条　公司应遵守国家法律、行政法规及本章程规定，维护国家利益和社会公共利益，接受政府有关部门监督。

第七条　公司的宗旨：××××××。

第二章　经营范围

第八条　经营范围：×××××××(以登记机关核定为准)。

第三章　注册资本及出资方式

第九条　公司注册资本为人民币××××万元。

第十条　公司各股东的出资方式和出资额为：

(一)××××××××以××出资，为人民币××元，占××%；

(二)××××××××以××出资，为人民币××元，占××%；

(三)××××××××以××出资，为人民币××元，占××%。

第十一条　股东应当足额缴纳各自所认缴的出资，股东全部缴纳出资后，必须经法定的验资机构验资并出具证明。以非货币方式出资的，应由法定的评估机构对其进行评估，并由股东会确认其出资额价值，并依据《公司注册资本登记管理暂行规定》，在公司注册后×个月内办理产权过户手续，同时报公司登记机关备案。

第四章　股东和股东会

第十二条　股东是公司出资人，股东享有以下权利：

(一)根据其出资份额享有表决权；

(二)有选举和被选举董事、监事权；

(三)有查阅股东会记录和财务会计报告权；

(四)依照法律、行政法规和公司章程规定分取红利；

(五)依法转让出资，优先购买公司其他股东转让的出资；

(六)优先认购公司新增的注册资本；

(七)公司终止后，依法分得公司的剩余财产。

第十三条　股东负有下列义务：

(一)缴纳所认缴的出资；

(二)依其所认缴的出资额承担公司债务；

(三)公司办理工商登记后，不得抽回出资；

(四)遵守公司章程规定。

第十四条　公司股东会由全体股东组成，是公司的权力机构。

第十五条　股东会行使下列职权:

(一)决定公司的经营方针和投资计划;

(二)选举和更换董事,决定有关董事的报酬事项;

(三)选举和更换由股东代表出任的监事,决定有关监事的报酬事项;

(四)审议批准董事会的报告;

(五)审议批准监事会或者监事的报告;

(六)审议批准公司的年度财务预、决算方案;

(七)审议批准公司的利润分配方案和弥补亏损方案;

(八)对公司增加或者减少注册资本作出决议;

(九)对发行公司债券作出决议;

(十)对股东向股东以外的人转让出资作出决议;

(十一)对公司合并、分立、变更公司形式,解散和清算等事项作出决议;

(十二)修改公司章程。

第十六条　股东会会议一年召开一次。当公司出现重大问题时,代表四分之一以上表决权的股东,三分之一以上的董事或者监事,可提议召开临时会议。

第十七条　股东会会议由董事会召集,董事长主持。董事长因特殊原因不能履行职务时,由董事长指定的副董事长或者其他董事主持。

第十八条　股东会会议由股东按照出资比例行使表决权。一般决议必须经代表过半数表决权的股东通过。对公司增加或者减少注册资本,分立、合并、解散或变更公司形式以及修改章程的决议,必须经代表三分之二以上表决权的股东通过。

第十九条　召开股东会会议,应当于会议召开十五日以前通知全体股东。股东会对所议事项的决定作出会议记录,出席会议的股东在会议记录上签名。

第五章　董事会

第二十条　本公司设董事会,是公司经营机构。董事会由股东会选举产生,其成员为×人(三至十三人,单数)。

第二十一条　董事会设董事长一人,副董事长×人,董事长和副董事长由董事会全体董事选举产生。董事长为公司的法定代表人。

第二十二条　董事会行使下列职权:

(一)负责召集股东会,并向股东会报告工作;

(二)执行股东会的决议;

(三)决定公司的经营计划和投资方案;

(四)制订公司的年度财务预、决算方案;

(五)制订公司的利润分配方案和弥补亏损方案;

(六)制订公司增加或者减少注册资本的方案;

（七）制订公司合并、分立、变更公司形式、解散的方案；

（八）决定公司内部管理机构的设置；

（九）聘任或者解聘公司经理，根据经理的提名，聘任或者解聘公司副经理、财务负责人，决定其报酬事项；

（十）制定公司的基本管理制度。

第二十三条　董事任期×年（每届最长不超过三年）。董事任期届满，连选可以连任。董事在任期届满前，股东会不得无故解除其职务。

第二十四条　董事会会议每半年召开一次，全体董事参加。召开董事会会议，应当于会议召开十日以前通知全体董事。董事因故不能参加，可由董事或股东出具委托书委托他人参加。三分之一以上的董事可以提议召开临时董事会会议。

第二十五条　董事会会议由董事长召集和主持，董事长因特殊原因不能履行职务时，由董事长指定副董事长或者其他董事召集主持。

第二十六条　董事会议定事项须经过半数董事同意方可作出，但对本章程第二十二条第（三）、第（八）、第（九）项作出决定，须经三分之二以上董事同意。

第二十七条　董事会对所议事项作成会议记录，出席会议的董事或代理人应在会议记录上签名。

第二十八条　公司设经理，对董事会负责，行使下列职权：

（一）主持公司的生产经营管理工作，组织实施董事会决议；

（二）组织实施公司年度经营计划和投资方案；

（三）拟订公司内部管理机构设置方案；

（四）拟订公司的基本管理制度；

（五）制定公司的具体规章；

（六）提请聘任或者解聘公司副经理、财务负责人；

（七）聘任或者解聘除应由董事会聘任或者解聘以外的负责管理人员；

（八）公司章程和董事会授予的其他职权。经理列席董事会会议。

第六章　监事会

第二十九条　公司设监事会，是公司内部监督机构，由股东代表和适当比例的公司职工代表组成。

第三十条　监事会由三名监事组成（不得少于三人，单数），其中职工代表×名。监事任期为三年。监事会中股东代表由股东会选举产生，职工代表由公司职工民主选举产生。监事任期届满，连选可以连任。

第三十一条　监事会设召集人一人，由全部监事三分之二以上选举和罢免。

第三十二条　监事会行使下列职权：

（一）检查公司财务；

（二）对执行董事、经理执行公司职务时违反法律、行政法规或者公司章程的行为进行监督；

（三）当董事和经理的行为损害公司的利益时，要求董事和经理予以纠正；

（四）提议召开临时股东会，监事列席董事会会议。

第三十三条　监事会所作出的议定事项须经三分之二以上监事同意。

第七章　股东转让出资的条件

第三十四条　股东之间可以相互转让其全部出资或者部分出资，不需要股东会表决同意，但应告知。

第三十五条　股东向股东以外的人转让出资的条件：

（一）必须要有半数以上（出资额）的股东同意；

（二）不同意转让的股东应当购买该转让的出资，若不购买该转让的出资，视为同意转让；

（三）在同等条件下，其他股东有优先购买权。

第八章　财务会计制度

第三十六条　公司应当依照法律、行政法规和国务院财政主管部门的规定建立本公司的财务、会计制度。

第三十七条　公司应当在每一会计年度终了时制作财务会计报告，依法经审查验证，并在制成后十五日内，报送公司全体股东。

第三十八条　公司分配当年税后利润时，应当提取利润的百分之十列入公司法定公积金。当公司法定公积金累计为公司注册资本的百分之五十以上的，可不再提取。但法定公积金转为资本时，所留存的该项公积金不得少于注册资本的百分之二十五。

第三十九条　公司法定公积金不足以弥补上一年度公司亏损的，在依照前条规定提取法定公积金之前，先用当年利润弥补亏损。

第四十条　公司弥补亏损和提取法定公积金后所余利润，按照股东出资比例分配。

第九章　公司的解散和清算办法

第四十一条　公司有下列情况之一的，应予解散：

（一）营业期限届满；

（二）股东会决议解散；

（三）因公司合并和分立需要解散的；

（四）违反国家法律、行政法规，被依法责令关闭的；

（五）其他法定事由需要解散的。

第四十二条　公司依照前条第（一）、第（二）项规定解散的，应在十五日内成立清算组,清算组人选由股东确定;依照前条第(四)、第(五)项规定解散的,由有关主管机关组织有关人员成立清算组,进行清算。

第四十三条　清算组应按国家法律、行政法规清算,对公司财产、债权、债务进行全面清算,编制资产负债表和财产清单,制定清算方案,报股东会或者有关主管机关确认。

第四十四条　清算结束后,清算组应当制作清算报告并造具清算期内收支报表和各种财务账册,经注册会计师或执业审计师验证,报股东会或者有关主管部门确认后,向原工商登记机关申请注销登记,经核准后,公告公司终止。

第十章　附　则

第四十五条　本章程经股东签名、盖章,在公司注册后生效。

第四十六条　本章程修改时,应提交章程修正案或章程修订本,经股东签名,在公司办理变更登记后生效。

第四十七条　本章程由全体股东于××市 ××××年×月×日签订。

×××(盖章) 代表签字

×××(盖章) 代表签字

×××(盖章) 代表签字

第3章 合同法律制度

任务目标

1. 能够依法认定合同的效力和依法履行合同。

2. 能够按照《合同法》规定和合同示范文本订立合同。

3. 理解合同担保的法律后果并能够运用担保的规则。

4. 能够识别无效合同及可撤销的合同。

5. 能概括合同的变更、转让和终止的法律规定。

6. 能够依法追究违约责任并处理合同争议。

学时建议

1. 知识性学习14课时。

2. 案例学习讨论4课时。

【情景导入】

武汉市麦得福超市连锁有限公司与广州市美佳食品有限公司谈成了一笔业务，由美佳食品向麦得福供应美佳牌的香脆薯条等小食品一批。为此，双方就该批小食品的品种、数量、质量、单价、总价、交货的时间、地点和方式以及违约责任和解决争议的方法等内容，签订了一份买卖合同，并由各方授权的经办人签了名，各方都加盖了自己公司的公章。此合同一式两份，双方各自保管一份。

【问一问】

你知道什么是合同吗？为什么要签订这份合同？如果有一方不按照这个合同办事的话，会有什么样的后果？

图 3.1　对话

【想一想】

在现实经济和社会生活中，有很多活动都是通过合同这种法律形式实现的。请大家想一想，还有哪些方面要用到合同？

其实，每个人在日常生活中都离不开合同，无论是书面的还是口头的。对此，可能我们还不太清楚。当我们了解了什么是合同，合同包括哪些形式，也就自然地会知道上述问题的答案。

【学一学】

3.1　合同与合同法的基本知识

3.1.1　合同的概念和特征

1）合同的概念

合同是平等主体的自然人、法人、其他组织之间设立、变更、终止民事权利义务关系的协议。

2）合同的特征

①合同是两个以上当事人意思表示一致的协议。合同必须有两个以上当事人，并且当事人之间就合同内容进行协商，意思表示达到一致，才能形成合同关系，单方意思不能形成协议。

②合同必须是合法行为。合同是一种民事法律行为，根据我国《民法通则》的规定，民事法律行为是民事主体设立、变更或者终止民事权利和民事义务的合法行为。依法成立的合同具有法律约束力，受法律保护，违法的合同是不能得到法律保护的。

③合同的主体是民事主体，包括平等主体的自然人、法人和其他组织。合同的当事人在法律地位上是平等的，任何一方都不得将自己的意志强加给对方，真正体现自愿协商、平等互利。

④合同的内容是有关设立、变更、终止债权债务关系的约定。债权债务关系，是指合同当事人之间因债权债务而发生的社会关系，其主体是合同当事人，客体是合同的标的，内容是合同标的的给付和给付请求。《合同法》上的合同是当事人之间就债权债务关系方面的一些约定，根据《合同法》规定，“婚姻、收养、监护等有关身份关系的协议，适用其他法律的规定。”

【议一议】

【3.1】【判断说明题】　犯罪分子们在走私枪支弹药或者贩卖毒品时是否也要订立合同？如果需要订立合同的话，那么，这种合同能否受到法律的保护？

【3.2】【多项选择题】　《合同法》规定的合同的当事人包括（　　）。

A. 自然人　B. 法人　C. 其他组织　D. 法定代表人　E. 厂长
F. 董事长　G. 总经理

3)合同法的概念

合同法,是指调整合同关系的法律规范的总称,它是规范市场交易的基本法律,是我国民商法的重要组成部分。《中华人民共和国合同法》(以下简称《合同法》)于 1999 年 3 月 15 日第九届全国人民代表大会第二次会议通过,自 1999 年 10 月 1 日起施行。该法共 23 章、428 条,包括总则、分则和附则三个部分。其中,总则部分包括一般规定、合同的订立、合同效力、合同履行、合同的变更和转让、合同的权利义务终止、违约责任和其他规定。分则部分是对买卖合同等 15 种合同的具体法律规定。

3.1.2　合同的分类

合同的分类包括理论上的分类和法律上的分类。

1)合同的理论分类

①根据法律是否对合同赋予特定的名称,合同可分为有名合同和无名合同。有名合同是指法律上作了明确规定并赋予一个特定名称的合同,如《合同法》分则列出的买卖合同等 15 种合同。除了有名合同以外的合同都应属于无名合同。

②根据法律是否要求合同的订立必须具备一定的形式和手续,合同可分为要式合同和不要式合同。要式合同是指当事人订立的合同必须依法采取特定的方式,否则,合同不成立或者不生效,如城市的房屋买卖合同;不要式合同是指当事人订立的合同依法并不需要采取特定的方式。

③根据当事人的权利义务,合同可分为双务合同和单务合同。单务合同是指仅有一方负担给付义务的合同,如借用合同;双务合同是指当事人双方互负给付义务,即一方当事人所享有的权利就是对方当事人所负担的义务,如买卖合同。

④根据当事人是否因给付而取得利益,合同可分为有偿合同和无偿合同。有偿合同是指一方通过履行合同规定的义务而给对方某种利益,对方要得到该利益必须为此付出相应代价的合同;无偿合同是指一方给付对方某种利益,对方取得该利益并不需要支付任何报酬的合同。

⑤根据合同之间的关系,合同可分为主合同和从合同。主合同是指不需要其他合同的存在即可独立存在的合同;从合同是指以其他合同的存在为存在前提的合同,如房屋买卖认购阶段的定金合同与正式订立的买卖合同。

【议一议】

【3.3】【判断说明题】 在城市购买新的商品房，如果不到房产管理部门和土地管理部门办理房屋产权证和土地使用权证，或者购买二手房不办理过户手续可不可以？

2)《合同法》规定的合同种类

(1)买卖合同

买卖合同，是出卖人转移标的物的所有权于买受人，买受人支付价款的合同。

(2)供用电、水、气、热力合同

供用电、水、气、热力合同是供电(水、气、热力)人向用电(水、气、热力)人供电(水、气、热力)，用电(水、气、热力)人支付电(水、气、热力)费的合同。它是一种特殊的买卖合同，体现在合同标的物的特殊性、合同相对人的广泛性以及供应时间的连续性。

(3)赠与合同

赠与合同，是赠与人将自己的财产无偿给予受赠人，受赠人表示接受赠与的合同。

(4)借款合同

借款合同，是借款人向贷款人借款，到期返还借款并支付利息的合同。

(5)租赁合同

租赁合同，是出租人将租赁物交付承租人使用、收益，承租人支付租金的合同。

(6)融资租赁合同

融资租赁合同，是出租人根据承租人对出卖人、租赁物的选择，向出卖人购买租赁物，提供给承租人使用，承租人支付租金的合同。

(7)承揽合同

承揽合同，是承揽人按照定做人的要求完成工作，交付工作成果，定做人给付报酬的合同。承揽包括加工、定作、修理、复制、测试、检验等工作。

(8)建设工程合同

建设工程合同，是承包人进行工程建设，发包人支付价款的合同。建设工程合同包括工程勘察、设计、施工合同。

(9)运输合同

运输合同,是承运人将旅客或者货物从起运地点运输到约定地点,旅客、托运人或者收货人支付票款或者运输费用的合同。运输合同包括客运合同和货运合同。

(10)技术合同

技术合同,是当事人就技术开发、转让、咨询或者服务订立的确立相互之间权利和义务的合同。技术合同包括技术开发合同、技术转让合同、技术咨询合同和技术服务合同。

(11)保管合同

保管合同,是保管人保管寄存人交付的保管物,并返还该物的合同。保管合同自保管物交付时成立,但当事人另有约定的除外。

(12)仓储合同

仓储合同,是保管人储存存货人交付的仓储物,存货人支付仓储费的合同。仓储合同自成立时生效。

(13)委托合同

委托合同,是委托人和受托人约定,由受托人处理委托人事务的合同。

(14)行纪合同

行纪合同,是行纪人以自己的名义为委托人从事贸易活动,由委托人支付报酬的合同。

(15)居间合同

居间合同,是居间人向委托人报告订立合同的机会或者提供订立合同的媒介服务,由委托人支付报酬的合同。

3.1.3　合同法的原则

合同法的原则,是制定和执行合同法的总的指导思想,也是当事人订立、履行以及解决合同纠纷方面都应当遵循的基本法律准则。

1)平等原则

合同法的平等原则,是指当事人的民事法律地位平等,一方不得将自己的意志强加给另一方。“民事法律地位平等”是指合同当事人在法律上处于平等地位,即享有民事权利和承担民事义务的资格是平等的。任何一方当事人在订立合同和履行合同中都要普遍地受到法律约束，不得享有特权。“一方不得将自己的意志强加给另一方。”

2）自愿原则

自愿原则，是指当事人依法享有自愿订立合同的权利，任何单位和个人不得非法干预。合同当事人有订立或不订立合同的自由；当事人有选择合同相对人、合同内容和合同形式的自由。自愿原则是在法律规定范围内当事人订立合同的自由，同时，当事人订立合同还必须遵守法律、行政法规，尊重社会公德，并不得损害他人的合法权益。

3）公平原则

公平原则，是指当事人在合同的订立和履行过程中，应当以公平的观念来确定各方的权利和义务。合同当事人要以利益是否均衡作为价值判断标准来确定当事人之间的利益关系，追求公正与合理的目标。在双务合同中，双方的权利和义务要对应，利益要均衡，取得与付出要相适应。显失公平的合同以及在情势变更的情况下，当事人有权变更或者撤销合同。对合同的解释、风险责任和违约责任的承担上，也应当公平合理。

4）诚实信用原则

诚实信用原则，是指合同当事人在订立合同时要讲诚信，不得有欺诈行为；在履行合同时要守信用，自觉履行合同。当事人在订立合同时，要真实地陈述与合同有关的情况；合同订立后，要认真做好合同履行的准备工作；在合同履行过程中，要积极履行法律和合同规定的义务；在合同履行完毕后，在某些情况下，当事人还要履行某些附随义务；在当事人就合同条款发生纠纷时，解释合同要兼顾双方的利益。

5）遵守法律、尊重社会公德原则

合同依法成立，才能受到法律的保护。当事人无论订立合同还是履行合同都要符合法律、行政法规的规定，尊重社会公德。不得扰乱社会经济秩序，损害社会公共利益。

【做一做】

【3.4】【案例分析】　某地农民贾某的父亲收藏了画家齐白石的一幅画，一直

秘而不宣。其父去世后，贾某在整理遗物时发现了该画。由于贾某文化水平不高，并不知道齐白石的画的价值。一日，某市机关干部刘某下乡检查工作，住在贾某家，发现了这幅画。于是，刘某以极低的价格买下了这幅画。后来，贾某通过电视上的《寻宝》节目知道了齐白石画的价值，便通过十分曲折的途径找到刘某，要求退还该画。刘某以双方自愿买卖，不存在威胁、欺骗为由拒绝退回。于是，贾某向人民法院起诉，要求刘某退回该画。

问题：

①双方在这一幅画的买卖上，有没有合同？如果有合同的话，属于什么形式的合同？

②双方在这一幅画的买卖上，有没有违背《合同法》上的什么原则？如果有的话，你认为违背了什么原则？

③你认为作为法院应不应该支持贾某的诉讼请求？根据和理由是什么？

知识链接 3.1

我国《合同法》立法简介

《合同法》是我国的一部完整的、统一的合同法典。对国内和涉外的合同作出了统一规定，《合同法》出台后，经济合同法、涉外经济合同法和技术合同法同时废止。

《合同法》第 126 条规定："涉外合同的当事人可以选择处理合同争议所适用的法律，但法律另有规定的除外。涉外合同的当事人没有选择的，适用与合同有最密切联系的国家的法律。在中华人民共和国境内履行的中外合资经营企业合同、中外合作经营企业合同、中外合作勘探开发自然资源合同，适用中华人民共和国法律。"

《合同法》规定了 15 种合同，与其他法律关于合同方面的规定是普通法与特别法的关系。《合同法》没有规定的，如保险合同、铁路运输、海上货物运输、航空运输等合同，而在其他法律规定的，适用其他法律。其他法律未作规定的，可以适用《合同法》总则的规定。

【案例引入】

广西永昌有色金属贸易有限公司与湖北汉达钢铁有限公司于 2008 年 4 月 20 日达成口头协议，由汉达公司在 2008 年 11 月供应给永昌公司 600 吨某种型号的螺纹钢，单价 3 650 元/吨。2008 年 8 月，汉达公司以原定价格过低为由要求加价，并提出:如果永昌公司同意,双方立即订立书面合同,否则,汉达公司将不会供货。永昌公司表示反对,并声称:如果汉达公司到期不履行协议,双方将在法庭上见。

【想一想】

永昌公司与汉达公司订立的关于买卖钢材的口头合同成立了没有?为了避免发生不必要的纠纷,双方最好应该通过什么方式订立合同?合同的内容一般包括哪些方面?合同在什么时间开始生效?

【学一学】

3.2 合同的订立

3.2.1 合同的形式和内容

1)合同的形式

(1)书面形式

书面形式,是指合同书、信件和数据电文(包括电报、电传、传真、电子数据交换和电子邮件)等可以有形地表现所载内容的形式。法律、行政法规规定采用书面形式的,应当采用书面形式;当事人约定采用书面形式的,应当采用书面形式。

(2)口头形式

口头形式,是指双方当事人通过面议或者电话的形式达成协议。因其发生纠纷后难以举证,所以,仅适用于即时清结的合同。

(3)其他形式

其他形式,一般是指在书面合同的基础上,依法或者按照约定还要办理的一些其他手续,如公证、鉴证、批准、登记等。

2)合同的内容

合同的内容,是指合同的权利义务。根据合同的性质及当事人双方的要求不同,其具体内容也不是相同的。

(1)合同的一般条款

我国《合同法》规定,合同的内容由当事人约定,一般包括以下条款:

①当事人的名称或者姓名和住所;

②标的；

③数量；

④质量；

⑤价款或者报酬；

⑥履行期限、地点和方式；

⑦违约责任；

⑧解决争议的方法。

同时，《合同法》还规定，当事人可以参照各类合同的示范文本订立合同。

(2)合同示范文本

合同示范文本，是由工商行政管理部门制定或工商行政管理部门与其他有关主管部门联合制定的，有主要条款和式样的规范性、指导性的合同文本。下面是有关工业品买卖合同的示范文本(GF—2000—0101)。

工业品买卖合同

合同编号:____________________

出 卖 人:____________________　　签订地点____________________

买 受 人:____________________　　签订时间:______年____月____日

第一条　标的、数量、价款及交(提)货时间

标的名称	牌号商标	规格型号	生产厂家	计量单位	数量	单价	金额	交(提)货时间及数量										
								合计										
合计人民币金额(大写)																		

(注:空格如不够用，可以另接)

第二条　质量标准:____

____

第三条　出卖人对质量负责的条件及期限:______________________

____

第四条　包装标准、包装物的供应与回收：________________________

____

第五条　随机的必备品、配件、工具数量及供应办法：________________

____

第六条　合理损耗标准及计算方法：____________________________

____

第七条　标的物所有权自________时起转移，但买受人未履行支付价款义务的，标的物属于____________所有。

第八条　交（提）货的方式、地点：____________________________

____

第九条　运输方式及到达站（港）和费用负担：____________________

____

第十条　检验标准、方法、地点及期限：________________________

____

第十一条　成套设备的安装与调试：____________________________

____

第十二条　结算方式、时间及地点：____________________________

____

第十三条　担保方式（也可另立担保合同）：______________________

____

第十四条　本合同解除的条件：________________________________

____

第十五条　违约责任：____

____

第十六条　合同争议的解决方式：本合同在履行过程中发生的争议，由双方当事人协商解决；也可由当地工商行政管理部门调解；协商或调解不成的，按下列第____________种方式解决：

①提交__________仲裁委员会仲裁。

②依法向人民法院起诉。

第十七条　本合同自__________起生效。

第十八条　其他约定事项：____________________________________

____

出卖人	买受人	鉴(公)证意见
出卖人(章): 住所: 法定代表人: 委托代理人: 电话: 传真: 开户银行: 账号: 邮政编码:	出卖人(章): 住所: 法定代表人: 委托代理人: 电话: 传真: 开户银行: 账号: 邮政编码:	鉴(公)证机关(章) 经办人: 年 月 日

知识链接 3.2

制定合同示范文本的意义

一是可以把某种类型的商业交易所积累的商务经验、技术要求和法律安排规范化,为有关合同当事人提供指导;二是可以使合同的订立在参考合同示范文本的基础上进行,使合同条款尽量考虑到合同双方的权利和义务,有利于保证交易的公平进行。

国家工商行政管理总局从 1990 年起就与有关主管部门共同制定了各类合同示范文本,至今已有 7 大类 46 种。行业涉及房地产、旅游、装潢、物业管理等,从而有效地保护了广大消费者的合法权益。

(3)格式合同法律规定

在合同的订立过程中,还应注意关于格式条款的法律规定。

①格式条款又称格式合同,是指一方当事人为了重复使用而预先拟订,并在订立合同时未与对方协商的条款。

格式条款或称格式合同,在水、电、气、电信、保险、交通等行业广泛应用,如保险合同、通讯服务协议、拍卖成交确认书等,都是格式合同。使用格式条款的好处是:简捷、省时、方便、降低交易成本。但其弊端在于:提供商品或者服务的一方往往利用其优势地位,制订有利于自己而不利于交易对方的条款,这一点在消费者作为合同相对方时特别突出。

②《合同法》从维护公平、保护弱者出发,对格式条款的使用上从三个方面予以限制:

第一，公平确定权利义务，并有提示、说明义务。采用格式条款订立合同的，提供格式条款的一方应当遵循公平原则来确定当事人之间的权利和义务，并采取合理的方式提请对方注意免除或限制其责任的条款，按照对方的要求，对该条款予以说明。违反提请注意义务的，该格式条款不生效。

第二，免除提供格式条款一方当事人主要义务、排除对方当事人主要权利的格式条款无效。《合同法》规定了下列情形的格式条款无效：提供格式条款一方免除其责任、加重对方责任、排除对方主要权利的，该条款无效；造成对方人身伤害、因故意或者重大过失造成对方财产损失的，免责条款无效。

第三，对格式条款的理解发生争议的，应当作出不利于提供格式条款一方的解释。对格式条款的理解发生争议的，应当按照通常理解予以解释。对格式条款有两种以上解释的，应当作出不利于提供格式条款一方的解释。格式条款和非格式条款不一致的，应当采用非格式条款。

【议一议】

【3.5】【判断说明题】　合同订立之后，法律上还要求必须经过公证，否则合同不发生法律效力。这种理解对不对？

【3.6】【判断说明题】　买卖合同在口头协议达成后，卖方把货物送到，买方验收，此时，该买卖合同是否成立？

【3.7】【判断说明题】　《合同法》上规定的合同形式既然包括口头合同，那么，本节案例引入中的永昌公司与汉达公司达成的口头协议，就应该受到法律保护吗？

【做一做】

【3.8】　自己动手查找相应的合同示范文本，并根据合同示范文本学习拟订一份合同，可以是工业品或农产品买卖合同、房屋租赁合同或房屋买卖合同等。

要求：在教师的指导下，由学生在课外可以利用互联网进行检索，查找相应的合同示范文本。在此基础上，根据相应合同的内容和要求，模拟完成一份或几份合同的订立。最后，由教师进行评分和总结，并进一步指导学生在合同订立中应该注意的细节问题。

知识链接3.3

合同示范文本与格式合同的区别与联系

合同示范文本与格式条款都是为了重复使用而事先拟订的合同文本，但两者却有着根本的区别。

①制订者不同。合同示范文本是由合同管理机关联合业务部门通过一定程序制订并发布的文本;而格式条款一般是由具有垄断地位或交易优势的一方当事人或行业组织,在未与对方协商的情况下,预先制订的文本。

②内容不同。合同示范文本是对合同文本的构架和条款的完备性作出规定,不涉及双方协商谈判的具体内容和双方约定的权利义务,留给双方充分平等商谈的空间。所以合同示范文本不是包办代替当事人订立合同,而是在具体使用中需要双方充分协商。格式条款则是对具体交易内容的直接规定,对方只有接受或不接受的选择,如果签订合同的当事人一方处于弱势地位,就会发生明显违背协商一致和诚实信用原则的情况。

两者的联系:合同示范文本在一定条件下可以转化成格式合同。合同示范文本不涉及交易谈判的具体内容,基本上属于填空式的,也就比较容易被个别经营者所利用。例如在示范文本的空格处事先填写好有利于自己一方的具体内容,最终成为不利于另一方或损害对方利益的格式条款。在消费领域,特别是商品房买卖合同中,这些情况普遍存在。一般情况均是由售房处事先在"商品房买卖合同"示范文本上填写好未与消费者协商的协议内容,只等消费者签字盖章后,交房款即可。如果双方发生争议,消费者一般也难以举证。因为,事实上,合同示范文本中的部分条款已经构成格式条款。

【案例导入】

湖北尚文建筑工程有限公司因施工过程中急需水泥,遂向本省的新泰、武圣两家水泥厂发出函电称:"我公司急需标号为PO42.5号水泥100吨,如贵厂有货,请速来函电,我公司将派人前往购买。"

两厂家都先后回电,告知"有现货,送到价为340元(含税)/吨"。而新泰水泥厂与此同时,派车给尚文公司送去了50吨水泥。但在该批水泥尚未到达之前,尚文公司决定购买武圣水泥厂的水泥并发去函电,称:"我公司愿购买贵厂100吨PO42.5号水泥,盼速送货。"

在发出函电后的第二天上午,武圣水泥厂发函电称已准备发货。下午,新泰水泥厂将50吨水泥送到。此时,尚文建筑公司告知新泰水泥厂,已决定购买武圣水泥厂的货,故不能接受新泰水泥厂送来的货。于是发生纠纷,新泰水泥厂向法院起诉,状告尚文公司。

【问一问】

尚文公司能不能在同一时间分别向两家水泥厂发出函电,询问他们是否有现货？如果两厂家都向它回电了,它是不是应该与两家都签订合同？

【想一想】

如果尚文公司对两家的回电都不予理会,是不是违约的？还有,尚文公司向两家水泥厂发出的函电,两家水泥厂的回电,尚文公司决定购买武圣水泥厂的水泥并发去函电以及新泰水泥厂将50吨水泥送到尚文公司,这些事实行为在《合同法》上分别具有什么意义？

3.2.2 合同的订立过程

合同的订立过程,是指合同双方当事人意思表示一致的过程。《合同法》规定,合同的订立过程包括要约和承诺两个阶段。

1)要约

(1)要约的概念

要约是希望和他人订立合同的意思表示。

(2)要约应当具备的条件

①要约是特定的合同当事人所为的意思表示;

②要约必须具有与他人订立合同的目的;

③要约的内容必须具体确定;

④表明经受要约人承诺,要约人即受该意思表示的约束。

注意要约与要约邀请的区别。要约邀请是希望他人向自己发出要约的意思表示。寄送的价目表、拍卖公告、招标公告、招股说明书、商业广告等为要约邀请。商业广告的内容符合要约规定的,视为要约,如悬赏广告。

(3)要约的生效

我国《合同法》规定,要约到达受要约人时生效。

【议一议】

【3.9】【判断说明题】 某公司在某报纸上刊登了一则广告,意思是如果有人能够解决该公司的一项技术难题,将提供奖金人民币10万元。该公司的这则广告

是否构成要约?

仍以上述案例导入中的案情为例:

【3.10】【判断说明题】 尚文公司向两个水泥厂发出的函电是要约还是要约邀请?理由是什么?

【3.11】【单项选择题】 尚文公司决定购买武圣水泥厂的水泥并发去的函电,是(　　)。

A. 要约　　B. 要约邀请　　C. 承诺

2)承诺

(1)承诺的概念

承诺是受要约人同意要约的意思表示。

(2)承诺必须具备的条件

①承诺必须由受要约人向要约人作出;

②承诺的内容必须与要约的内容相一致;

③承诺应当在要约确定的期限内到达要约人。

《合同法》规定:承诺应当以通知的方式作出,但根据交易习惯或者要约表明可以通过行为作出承诺的除外。

承诺应当在要约确定的期限内到达要约人。要约没有确定承诺期限的,承诺应当依照下列规定到达:要约以对话方式作出的,应当即时作出承诺,但当事人另有约定的除外;要约以非对话方式作出的,承诺应当在合理期限内到达。

要约以信件或者电报作出的,承诺期限自信件载明的日期或者电报交发之日开始计算。信件未载明日期的,自投寄该信件的邮戳日期开始计算。要约以电话、传真等快速通讯方式作出的,承诺期限自要约到达受要约人时开始计算。

(3)承诺的效力

承诺生效时合同成立。

承诺通知到达要约人时生效。承诺不需要通知的,根据交易习惯或者要约的要求作出承诺的行为时生效。采用数据电文形式订立合同,收件人指定特定系统接收数据电文的,该数据电文进入该特定系统的时间,视为到达时间;未指定特定系统的,该数据电文进入收件人的任何系统的首次时间,视为到达时间。

3）要约与承诺应注意的问题

（1）要约的撤回与撤销的法律规定

①要约的撤回，是指要约在发生法律效力之前，要约人欲使其不发生法律效力而取消要约的意思表示。《合同法》规定，要约可以撤回，撤回要约的通知应当在要约到达受要约人之前或者与要约同时到达受要约人。

②要约的撤销，是指要约在发生法律效力之后，要约人欲使其丧失法律效力而取消该项要约的意思表示。《合同法》规定，要约可以撤销。撤销要约的通知应当在受要约人发出承诺通知之前到达受要约人。但有下列情形之一的，要约不得撤销：要约人确定了承诺期限或者以其他形式明示要约不可撤销；受要约人有理由认为要约是不可撤销的，并已经为履行合同作了准备工作。

（2）承诺撤回的法律规定

撤回承诺的通知应当在承诺通知到达要约人之前或者与承诺通知同时到达要约人。受要约人超过承诺期限发出承诺的，除要约人及时通知受要约人该承诺有效外，为新要约。

受要约人在承诺期限内发出承诺，按照通常情形能够及时到达要约人，但因其他原因承诺到达要约人时超过承诺期限的，除要约人及时通知受要约人因承诺超过期限不接受该承诺的以外，该承诺有效。

需要注意的是，要约有撤回和撤销两个方面的规定，而承诺只有撤回的规定。

（3）受要约人对要约进行变更的法律认定

承诺的内容应当与要约的内容相一致。受要约人对要约的内容作出实质性变更的，为新要约。《合同法》规定，有关合同标的、数量、质量、价款或者报酬、履行期限、履行地点和方式、违约责任和解决争议方法等变更，是对要约内容的实质性变更。承诺对要约的内容作出非实质性变更的，除要约人及时表示反对或者要约表明承诺不得对要约的内容作出任何变更外，该承诺有效，合同的内容以承诺的内容为准。

4）合同成立的时间

我国《合同法》规定，承诺生效时合同成立。但由于当事人订立合同的具体形式不同，《合同法》同时又规定了合同成立的时间标准：

①当事人采用合同书形式订立合同的，自双方当事人签字或者盖章时合同成立；

②当事人采用信件、数据电文等形式订立合同的，可以在合同成立之前要求签订确认书，签订确认书时合同成立；

③法律、行政法规规定或者当事人约定采用书面形式订立合同，当事人未采用书面形式但一方已经履行主要义务，对方接受的，该合同成立；

④采用合同书形式订立合同，在签字或者盖章之前，当事人一方已经履行主要义务，对方接受的，该合同成立。

【议一议】

仍以上述案例导入中的案情为例：

【3.12】【判断说明题】 尚文公司是否需要对新泰水泥厂承担责任？

【3.13】【单项选择题】 如果新泰水泥厂将货送到，尚文公司接受，那么，在法律上新泰水泥厂与尚文公司之间(　　)。

A. 并没有合同关系　　B. 买卖合同不成立

C. 买卖合同成立　　D. 买卖合同无效

【3.14】【案例分析】

5 月 1 日，乙收到甲邮寄的一份要约；5 月 2 日，乙邮寄一封拒绝要约的信件；5 月 3 日，乙改变主意，在上午 10 点打电话给甲，表示承诺该要约，并告诉甲不要考虑那封拒绝要约的信件；5 月 4 日，甲收到那封拒绝要约的信件。合同是否成立？如合同成立，于何时成立？

【情景导入】

①在现实生活中，公司或者个人在急需资金的情况下，都可以向银行申请贷款。但是，如果银行把钱贷给有关的公司或者个人以后，到了还款的时间借款人“要钱没有，要命一条”，银行能够怎么样呢？

②周兵是某电脑销售公司的销售主管，联系到一个单位客户，该单位需要购买某品牌特定配置的台式电脑 200 台。而该电脑公司并无现货，经联系相关厂商得到的答复是可以保证供应。如果该客户决定购买该批电脑，作为买卖的双方，在法律上应该通过什么措施来保证这笔交易的可靠性呢？

【想一想】

银行有没有什么办法来防范在贷出款项到期的情况下，能够保证收回贷款，或者尽量避免损失的发生？

电脑销售公司与对方签订了合同后，自己垫付资金把需要的电脑采购回来了，

而如果这家客户不要了，这样的损失如何预先防范？

等学习完了以下内容后，你就会知道可以采取哪些措施解决上述问题了。

【学一学】

3.3　合同担保

3.3.1　合同担保的概念和种类

1）合同担保的概念

合同担保，是指在订立合同时，为了保证合同当事人切实履行合同义务，依照法律规定或双方约定而采取一定的措施，保障当事人合法权益得以实现的法律形式。

2）合同担保的种类

根据我国《担保法》的规定，担保的形式包括定金、保证、抵押、质押、留置等。同时，《物权法》的颁布实施，在担保物权方面又有了一些新的规定，而且，该法第178条明确规定："担保法与本法的规定不一致的，适用本法。"本节涉及的抵押权、质权和留置权即属于《物权法》中的担保物权。

知识链接3.4

物权的含义及我国《物权法》立法简介

物权，即对物的权利，是指自然人、法人直接支配不动产或者动产的权利，包括所有权、用益物权和担保物权。

《物权法》是一部什么样的法律？

《物权法》是调整财产支配关系的法律，是对财产进行占有、使用、收益和处分的最基本准则，是我国民法的重要组成部分。《物权法》主要回答三个问题：①物属于谁，即谁是物的主人；②权利人对物享有哪些权利，他人负有怎样的义务；③怎样保护物权，即侵害物权要承担哪些民事责任。

《中华人民共和国物权法》于2007年3月16日十届全国人民代表大会第五次会议通过，2007年10月1日起施行。

3.3.2 定金

1)定金的概念

定金,是指当事人一方在合同履行前,为了保证合同履行,在合同中规定先行支付给对方一定数额的款项。

定金的法律特征:①它是一方当事人在合同履行前预先向对方当事人交付的款项;②其作用在于证明合同的成立,保证合同的履行。

2)定金的法律后果

"给付定金的一方不履行约定的债务的,无权要求返还定金;收受定金的一方不履行约定的债务的,应当双倍返还定金。"

当事人约定以交付定金作为订立主合同担保的,给付定金的一方拒绝订立主合同的,无权要求返还定金;收受定金的一方拒绝订立合同的,应当双倍返还定金。定金交付后,交付定金的一方可以按照合同的约定以丧失定金为代价而解除主合同,收受定金的一方可以双倍返还定金为代价而解除主合同。

当事人交付留置金、担保金、保证金、订约金、押金或者订金等,但没有约定定金性质的,当事人主张定金权利的,人民法院不予支持。

3)定金合同的成立

是否采用定金这一担保形式,法律未作硬性规定,可由双方当事人根据需要协商确定。如果采用了,则必须注意定金合同的成立在法律上的特别规定。根据《担保法》的规定:

①定金应当以书面形式约定。当事人应当在定金合同中约定交付定金的期限。

②定金必须实际交付,即定金合同的生效,以定金的交付为必要条件。定金合同从实际交付定金之日起生效。

③定金的数额由当事人约定,但不得超过主合同标的额的百分之二十。

需要注意的是:因当事人一方迟延履行或者其他违约行为,致使合同目的不能实现,可以适用定金罚则。但法律另有规定或者当事人另有约定的除外。当事人一方不完全履行合同的,应当按照未履行部分所占合同约定内容的比例,适用定金罚则。

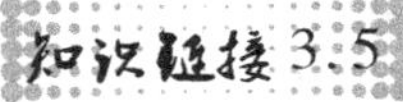

订金与定金是一回事吗?

定金和订金一字之差,读音相同,但在法律后果上有本质区别。

“定金”是指当事人约定由一方向对方给付的,作为债权担保的一定数额的货币。它属于法律上的一种担保方式,目的在于促使债务人履行债务,保障债权人的债权得以实现。给付定金的一方如果不履行债务,无权要求另一方返还定金;接受定金的一方如果不履行债务,须向另一方双倍返还定金。债务人履行债务后,依照约定,定金应抵作价款或者收回。

“订金”目前我国法律没有明确规定,它不具备定金所具有的担保性质,可视为“预付款”,当合同不能履行时,除不可抗力外,应根据双方当事人的过错承担违约责任。

但也不是所有的“定金”都不能退还。我国《商品房销售管理办法》第 22 条规定:不符合商品房销售条件的,开发商不得销售商品房也不得收取任何预订款性质的费用。因此,如果商品房不符合销售条件,而购房者已经交纳了“定金”,那么无论双方是否约定“定金”退还事项,开发商都应无条件退还定金给购房者。此外,根据《最高人民法院关于审理商品房买卖合同纠纷案件适用法律若干问题的解释》第 4 条的规定,因不能归责于当事人双方的事由,导致商品房买卖合同未能订立的,出卖方应当返还定金。

【议一议】

【3.15】【比较说明题】 定金与预付款在法律后果上有什么区别?

【案例分析示例】

2009 年 10 月,居民吴先生在某楼盘看中了一套商品房,该房屋的售价为 40 万元,当时他和妻子对房子都很满意,回家商量后决定购买该房给自己的儿子。当月底,他来到售楼部将该房子订下,并且双方签订了认购书,预付 1 万元作为定金,双方约定 1 周后交付余下的房款并签订正式的房屋买卖合同。

就在他们签订认购书后的第五天,吴先生的儿子被调往上海工作。这一下让吴先生觉得在本地买房,对儿子没有帮助,以后要是在上海长期工作,还得在那里购买房子,于是他就想退掉该住房。

根据要求回答以下问题:

①如果吴先生不愿购买该房屋了,那么,他是否有权要求收回这1万元?

②如果房地产开发商在吴先生前来缴款之前,将该房屋卖给了其他人,不能与吴先生订立该房屋的买卖合同了,那么,开发商应向吴先生返还多少钱?

③如果认购书订立后,吴先生并没有向开发商交付这1万元的定金,那么,定金合同(　　)。

A. 没有成立　　B. 没有生效　　C. 已经生效　　D. 无效

【答案】

①吴先生无权要求返还定金。

②开发商应该向吴先生返还2万元定金。

③B。

【解析】在商品房买卖过程中,常常会出现买卖双方其中的某一方因各种原因未能购买或出售预订房屋的现象。《最高人民法院关于审理商品房买卖合同纠纷案件适用法律若干问题的解释》第四条规定:"出卖人通过认购、订购、预订等方式向买受人收受定金作为订立商品房买卖合同担保的,如果因当事人一方原因未能订立商品房买卖合同,应当按照法律关于定金的规定处理;因不可归责于当事人双方的事由,导致商品房买卖合同未能订立的,出卖人应当将定金返还买受人。"

因此,本案中,如果吴先生签订了订购书并交纳了定金,未能签订商品房买卖合同,属于吴某个人的原因造成的,那么,开发商对于收取的定金就有权不予退还。

同时,根据我国《担保法》规定:"定金合同从实际交付定金之日起生效。"即定金合同的生效,以定金的交付为必要条件。定金合同的签订表明该合同已经正式成立,但如果定金没有实际交付,则定金合同还没有生效。

3.3.3　保证

1)保证的概念

保证,是指合同一方当事人应另一方的要求,请第三方向另一方当事人保证自己履行合同义务的一种担保形式(如图3.2)。

在采取保证担保措施时,要涉及两个合同关系:一是债务人与债权之间的主合同关系:另一个是债务人的保证人与债权人之间的保证合同关系。而被保证的债务人和保证人之间的法律关系,则由《合同法》来规定。

2)保证人的法律资格

①可以作为保证人的有:具有代为清偿能力的法人、其他组织和公民。

②禁止(或限制)作保证人的规定:国家机关不得为保证人,但经国务院批准

为使用外国政府或者国际经济组织贷款进行转贷的除外；学校、幼儿园、医院等以公益为目的的事业单位、社会团体不得为保证人；企业法人的分支机构、职能部门不得为保证人，企业法人的分支机构有法人书面授权的，可以在授权范围内提供保证。

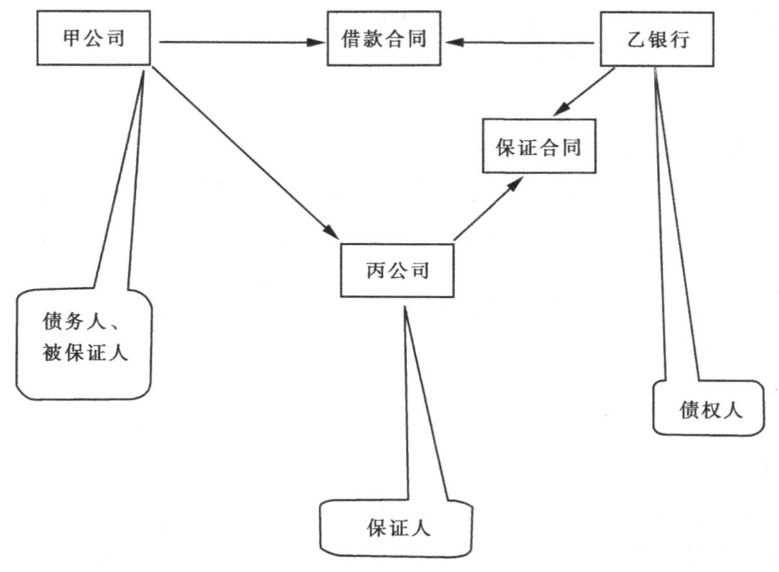

图 3.2 保证关系示意图

3）保证合同的形式和内容

保证合同应当以书面形式订立，其内容包括：

①被保证的主债权种类、数额；
②债务人履行债务的期限；
③保证的方式；
④保证担保的范围；
⑤保证的期间；
⑥双方认为需要约定的其他事项。

4）保证的方式

根据我国《担保法》的规定，保证的方式有一般保证和连带责任保证两种。

（1）一般保证

当事人在保证合同中约定，债务人不能履行债务时，由保证人承担保证责任的，为一般保证。一般保证的保证人在主合同纠纷未经审判或者仲裁，并就债务人财产依法强制执行仍不能履行债务前，对债权人可以拒绝承担保证责任。但有下列情形之一的，保证人不得行使前款规定的权利：

①债务人住所变更，致使债权人要求其履行债务发生重大困难的；

②人民法院受理债务人破产案件，中止执行程序的；

③保证人以书面形式放弃前款规定的权利的。

(2)连带责任保证

当事人在保证合同中约定保证人与债务人对债务承担连带责任的，为连带责任保证。连带责任保证的债务人在主合同规定的债务履行期届满没有履行债务的，债权人可以要求债务人履行债务，也可以要求保证人在其保证范围内承担保证责任。

需要注意的是，当事人对保证方式没有约定或者约定不明确的，按照连带责任保证承担保证责任。

5)保证期间

保证期间，是指保证人承担保证责任的时间界限，也是债权人主张债权的时限。超过保证期限的，保证人不再承担保证责任。

在保证期间内，如果债权人未对保证人行使相应的请求权，超过该期限后，保证人不再承担保证责任。根据我国《担保法》及有关法律和司法解释的规定，保证期间有两种：约定保证期间和法定保证期间。

约定的保证期间，是指债权人和保证人约定由保证人承担保证责任的期限。对于保证期间，保证人与债权人之间有约定的，按照约定。法定的保证期间，是指由法律法规直接规定的，只适用于保证期间没有规定或者规定不明确的情形。保证人与债权人未约定保证期间的，保证期间为主债务履行期届满之日起6个月；保证合同约定的保证期间不明确的，如保证人承担保证责任直至主债务本息还清时为止等内容，法定保证期间为主债务履行期届满之日起两年。

【案例分析示例】

2009年1月1日，甲向乙借款30万元，写借据“今借乙现金30万元，2009年7月1日前归还”。丙为其作担保，在借据上写下承诺“若甲到期不还，一次性还本付息”字样。2009年7月1日，乙开始向甲讨要借款未果，2009年11月1日将甲告上法庭，请求甲还本付息，同时请求丙承担保证责任。

问题:

①本案的保证方式如何认定?

《担保法》规定的保证方式有两种:一般保证和连带责任保证。当事人在保证合同中约定,债务人不能履行债务时,由保证人承担保证责任的,为一般保证;当事人在保证合同中约定保证人与债务人对债务承担连带责任的,为连带责任保证。本案中,丙作担保,明确承诺如甲到期不还时,一次性还本付息。据此可认定该保证属于一般保证。

②本案的保证期间应如何认定?

我国《担保法》第25条规定,一般保证的保证人与债权人未约定保证期间的,保证期间为主债务履行期届满之日起6个月。

本案的保证并未明确规定保证期间,因此应适用《担保法》第25条的规定,保证期间为主债务履行期届满之日起6个月。保证期间应从2009年7月1日算起6个月,即到2010年1月1日止。

知识链接3.6

关于期限计算的法律规定

《民法通则》第一百五十四条:民法所称的期间按照公历年、月、日、小时计算。

规定按照小时计算期间的,从规定时开始计算。规定按照日、月、年计算期间的,开始的当天不算入,从下一天开始计算。

期间的最后一天是星期日或者其他法定休假日的,以休假日的次日为期间的最后一天。

期间的最后一天的截止时间为二十四点。有业务时间的,到停止业务活动的时间截止。

第一百五十五条:民法所称的"以上""以下""以内""届满",包括本数;所称的"不满""以外",不包括本数。

6)保证责任

保证责任,是指保证人在担保事项出现时应承担的法律责任。保证责任的范围包括:主债权及利息、违约金、损害赔偿金和实现债权的费用。

(1)保证责任的免除

我国《担保法》规定,有下列情形之一的,保证人不承担民事责任:

①主合同当事人双方串通,骗取保证人提供保证的;

②主合同债权人采取欺诈、胁迫等手段,使保证人在违背真实意思的情况下提供保证的。

(2)两个以上保证人保证责任的承担

同一债务有两个以上保证人的,保证人应当按照保证合同约定的保证份额承担保证责任;未约定保证份额的,保证人承担连带保证责任。

(3)主合同变更对保证责任的影响

除保证合同另有约定外,债权人与债务人协议变更主合同的,应当取得保证人的书面同意;未经保证人书面同意的,保证人不再对变更后的主合同承担保证责任。

(4)债权债务转让对保证责任的影响

债权人依法将主债权转让给第三人,除保证合同另有约定外,保证人在原保证担保的范围内继续承担保证责任。在保证期间内债权人许可债务人转让债务的,应当取得保证人的书面同意,保证人对未经其同意转让的债务部分,不再承担保证责任。

(5)人的保证与物的保证并存时的规定

同一债权既有人的保证,又有物的担保时,保证人对物的担保以外的债权承担保证责任。如果债权人放弃物的担保的,保证人在债权人放弃的范围内免除保证责任。

(6)保证人的追偿权

保证人承担保证责任后,享有追偿权,即有权向债务人追偿其代为清偿的部分。保证人自行履行保证责任时,其实际清偿额大于主债权范围的,保证人只能在主债权范围内对债务人行使追偿权。

【做一做】

【3.16】【案例分析】

甲公司与A银行订立了借款合同一份,具体内容依法均作了详细的规定。并由乙公司作甲公司的保证人,乙公司就保证事项也与A银行依法订立了书面的保证合同,并在保证合同中明确了保证的方式。

问题:

①在借款合同到期的情况下,如果甲公司不能向银行还本付息,作为保证人的乙公司是否有责任代为偿还?

②在借款合同到期的情况下,如果A银行直接要求保证人乙公司偿还这一笔

债务,乙公司是否应该首先承担责任呢?

③请简要说明,法律规定的两种保证方式,保证人的责任有什么区别?

④如果保证合同对保证方式未作规定,那么,乙公司应该如何承担责任?

【案例引入】

一栋楼房多次抵押,谁的抵押权设立有效?

李莉萍的朋友刘远征资金紧张,向她借款一百万元,并提出以自己某市区在建的一栋私房作抵押。李女士考虑到目前房地产市场不断上涨的行情,就与刘远征约定:刘远征以该在建的房屋作为抵押向李女士借款一百万元,三个月内还款。双方订立了抵押合同,但没有到相关部门对抵押财产进行登记。三个月过后,刘远征的生意并无起色。李女士想到还有抵押的楼房,又是朋友,就宽限了一段时间。

年关将近,李女士听到消息:刘远征长期拖欠农民工工资,被农民工起诉并申请财产保全后,法院依法查封了刘远征抵押给李女士的那栋楼房,而且案件审理已结束,判决生效,已进入拍卖该楼房阶段了。虽然可以拍卖二百万元左右,但需要支付农民工的工资和建筑材料款就有一百多万元,而且该房屋已登记抵押给三个债权人。李女士连忙找到执行法官,书面申请以拍卖款优先受偿。法官审查了她和刘远征签订的合同后,告诉她:你不具有优先受偿资格,因为你对刘远征楼房的抵押权并没有有效设立。

【想一想】

同一房屋抵押给几个人,到底谁的抵押权有效呢?是按抵押的先后?还是按是否办理了抵押登记呢?

3.3.4 抵押

1)抵押的概念

抵押,是指债务人或第三人不转移财产的占有权,而将该财产作为债权的担保,当债务人不履行债务时,债权人有权依法以抵押财产折价或以拍卖、变卖抵押财产的价款优先受偿的一种担保方式。

在抵押法律关系中,债务人或者第三人为抵押人,债权人为抵押权人,提供担保的财产为抵押财产。

2）抵押财产的范围

我国《物权法》规定，债务人或者第三人有权处分的下列财产可以抵押：

①建筑物和其他土地附着物；

②建设用地使用权；

③以招标、拍卖、公开协商等方式取得的荒地等土地承包经营权；

④生产设备、原材料、半成品、产品；

⑤正在建造的建筑物、船舶、航空器；

⑥交通运输工具；

⑦法律、行政法规未禁止抵押的其他财产。

抵押人可以将上述所列财产一并抵押。

同时，《物权法》还规定：经当事人书面协议，企业、个体工商户、农业生产经营者可以将现有的以及将有的生产设备、原材料、半成品、产品抵押，债务人不履行到期债务或者发生当事人约定的实现抵押权的情形，债权人有权就实现抵押权时的动产优先受偿。

以建筑物抵押的，该建筑物占用范围内的建设用地使用权一并抵押。以建设用地使用权抵押的，该土地上的建筑物一并抵押。抵押人未依照前款规定一并抵押的，未抵押的财产视为一并抵押。

乡镇、村企业的建设用地使用权不得单独抵押。以乡镇、村企业的厂房等建筑物抵押的，其占用范围内的建设用地使用权一并抵押。

3）禁止抵押的财产

我国《物权法》规定，下列财产不得抵押：

①土地所有权；

②耕地、宅基地、自留地、自留山等集体所有的土地使用权，但法律规定可以抵押的除外；

③学校、幼儿园、医院等以公益为目的的事业单位、社会团体的教育设施、医疗卫生设施和其他社会公益设施；

④所有权、使用权不明或者有争议的财产；

⑤依法被查封、扣押、监管的财产；

⑥法律、行政法规规定不得抵押的其他财产。

4)抵押合同及抵押权的设立

(1)抵押合同

设立抵押权,当事人应当采取书面形式订立抵押合同。

抵押合同一般包括下列条款:

①被担保债权的种类和数额;

②债务人履行债务的期限;

③抵押财产的名称、数量、质量、状况、所在地、所有权归属或者使用权归属;

④担保的范围。

抵押权人在债务履行期届满前,不得与抵押人约定债务人不履行到期债务时抵押财产归债权人所有。

(2)抵押权的设立

①以不动产抵押的,应当办理抵押权登记,抵押权自登记时设立。法律规定的不动产包括:建筑物和其他土地附着物;以招标、拍卖、公开协商等方式取得的荒地等土地承包经营权;正在建造的建筑物等。

②动产抵押的,抵押权自抵押合同生效时设立;未经登记,不得对抗善意第三人。这类财产包括:生产设备、原材料、半成品、产品;交通运输工具;正在建造的船舶、航空器等。

③动产浮动抵押的,应当向抵押人住所地的工商行政管理部门办理登记。抵押权自抵押合同生效时设立;未经登记,不得对抗善意第三人。即企业、个体工商户、农业生产经营者以现有的以及将有的生产设备、原材料、半成品、产品抵押的情形。此种抵押,不得对抗正常经营活动中已支付合理价款并取得抵押财产的买受人。

5)抵押的法律效力

根据我国《物权法》第174条规定:"担保期间,担保财产毁损、灭失或者被征收等,担保物权人可以就获得的保险金、赔偿金或者补偿金等优先受偿。被担保债权的履行期未届满的,也可以提存该保险金、赔偿金或者补偿金等。"抵押权属于担保物权的一种,应当适用这一规定。同时,抵押人对特定财产设定抵押后并不丧失对该财产的所有权,但对其处分权受到了一定的限制,主要表现在:

①订立抵押合同前抵押财产已出租的,原租赁关系不受该抵押权的影响。抵押权设立后抵押财产出租的,该租赁关系不得对抗已登记的抵押权。

②抵押期间,抵押人经抵押权人同意转让抵押财产的,应当将转让所得的价款

向抵押权人提前清偿债务或者提存。转让的价款超过债权数额的部分归抵押人所有,不足部分由债务人清偿。抵押期间,抵押人未经抵押权人同意,不得转让抵押财产,但受让人代为清偿债务消灭抵押权的除外。

6)抵押担保债权的实现

债务人不履行到期债务或者发生当事人约定的实现抵押权的情形,抵押权人可以与抵押人协议以抵押财产折价或者以拍卖、变卖该抵押财产所得的价款优先受偿。协议损害其他债权人利益的,其他债权人可以在知道或者应当知道撤销事由之日起一年内请求人民法院撤销该协议。

抵押权人与抵押人未就抵押权实现方式达成协议的,抵押权人可以请求人民法院拍卖、变卖抵押财产。抵押财产折价或者变卖的,应当参照市场价格。抵押财产折价或者拍卖、变卖后,其价款超过债权数额的部分归抵押人所有,不足部分由债务人清偿。

如果同一财产向两个以上债权人抵押的,拍卖、变卖抵押财产所得的价款依照下列规定清偿:

①抵押权已登记的,按照登记的先后顺序清偿;顺序相同的,按照债权比例清偿。

②抵押权已登记的先于未登记的受偿。

③抵押权未登记的,按照债权比例清偿。

【议一议】

【3.17】【案例分析】

甲是一个体经营者,因急需一笔资金,向乙借款4万元,期限为五个月。乙要求甲以自己的一辆汽车作抵押,甲同意,于是双方就借款及抵押事项订立了合同。

四个半月后,甲由于生意亏本在未经乙同意的情况下,将汽车出售给外地的丙,售价4万元,丙已经将汽车开走,约定半个月后付款。

借款期限届满乙要求甲还款,甲告知了出售汽车的情况,乙要求甲找丙收回售车款归还借款。甲到外地找到丙,丙如数将4万元支付给了甲。甲在回家途中售车款又被盗窃,所借款项还是不能偿还。

于是,乙向法院起诉,要求行使抵押权,请求法院追回汽车进行拍卖,并将拍卖价款用作甲归还所借款项。

问题:

①本案涉及几种性质的合同,它们分别是什么合同?

②汽车是否可以用来抵押？

③如果汽车可以抵押，双方当事人除了订立书面的抵押合同外，最好还应该办理什么手续？

④你认为法院应该保护乙的抵押权追回汽车还是保护甲与丙的买卖合同？理由是什么？

⑤如果甲与乙在订立抵押合同时，就汽车在有关管理部门办理了抵押权登记，那么法院到底应该保护乙的抵押权追回汽车，还是保护甲与丙的买卖合同？理由又是什么？

⑥如果甲同时欠丁2万元，甲与乙在订立抵押合同时，就汽车办理了抵押权登记，那么，法院在判决此案时是否应该考虑丁的债权？

知识链接3.7

抵押权登记的法律意义及登记效力

抵押权登记是抵押权获取公信力的必要途径。它对于维护市场经济条件下交易的安全，保护抵押财产关系人和第三人的利益，强化抵押担保的社会功能，避免纠纷的发生，具有重要的法律意义。

在理论上，对抵押权之登记效力的主张，有登记要件主义和登记对抗主义两种。登记要件主义是指抵押权的成立除当事人之间存在抵押合同外，还必须进行登记，否则，抵押权不产生；登记对抗主义是指抵押权的成立只需在当事人之间达成抵押合意即可，但对第三人不产生公信力，若要对抗善意第三人，可以进行抵押权登记。我国采取了以登记要件主义为主，登记对抗主义为辅的原则。

①以建筑物和其他土地附着物；建设用地使用权；以招标、拍卖、公开协商等方式取得的荒山、荒沟、荒丘、荒滩等土地承包经营权；正在建造的建筑物抵押的，应当办理抵押登记，抵押权自登记时发生效力。

②以生产设备、原材料、半成品、产品；交通运输工具或者正在建造的船舶、飞行器抵押的，抵押权自抵押合同生效时发生效力；未经登记，不得对抗善意第三人。

③企业、个体工商户、农业生产经营者以现有的以及将有的生产设备、原材料、半成品和产品进行动产抵押的，应当向动产所在地的工商行政管理部门办理登记。抵押权自抵押合同生效时发生效力；未经登记，不得对抗善意第三人，也不得对抗正常经营活动中已支付合理价款并取得抵押财产的买受人。

【案例分析示例】

甲因向乙借款而将自己的房屋抵押给乙,双方签订了抵押合同,并且甲将该房屋的产权证交付于乙,但因当地登记部门的原因而未登记。后甲又以该产权证的复印件与丙签订了抵押合同,并办理了抵押登记。后甲逾期未偿还债务。下列说法正确的是?( )

A. 乙对甲的房屋享有抵押权

B. 丙优先于乙对甲的房屋享有优先权

C. 乙优先于丙对甲的房屋行使抵押权

D. 丙对甲的房屋享有抵押权

【答案】ABD

【解析】本题涉及抵押登记问题。

分析甲乙的抵押关系:甲乙签订抵押合同,甲将房产证交付于乙,但因登记部门的原因未办理登记。依照《担保法解释》第59条的规定,当事人办理抵押物登记手续时,因登记部门的原因致使其无法办理抵押登记,抵押人向债权人交付权利凭证的,可以认定债权人对该财产有优先受偿权,但是,未办理抵押物登记的,不得对抗第三人。

甲丙的抵押关系:双方签订抵押合同,且在登记部门进行了登记,由于甲乙之间的抵押不得对抗第三人,甲与丙的抵押合同是有效的,抵押权成立。

我国《物权法》将抵押合同与抵押权进行了区分,抵押合同自依法成立之日起生效,抵押权未办理登记的,抵押权不成立。

本题还涉及抵押权的顺序问题。根据我国《物权法》第199条的规定,同一财产向两个以上债权人抵押的,拍卖、变卖抵押财产所得的价款依照下列规定清偿:

①抵押权已登记的,按照登记的先后顺序清偿;顺序相同的,按照债权比例清偿。

②抵押权已登记的先于未登记的受偿。

③抵押权未登记的,按照债权比例清偿。

3.3.5 质押

1)质押的概念和种类

(1)质押的概念

质押,是指债务人或者第三人将其动产或者权利转移给债权人占有,债务人不履行到期债务或者发生当事人约定的实现质权情形的，债权人有权就该财产优先受偿的一种担保方式。

在质押法律关系中，债务人或者第三人为出质人，债权人为质权人，交付的动产为质押财产。债权人享有的当债务人不履行债务时以变卖质押财产优先受偿的权利称为质权。

（2）质押的种类

根据《物权法》和《担保法》的有关规定，质押包括动产质押和权利质押两种。

2）动产质押

（1）动产质押的概念

动产质押，是指债务人或者第三人将其动产移交债权人占有，将该财产作为债权的担保。

（2）动产质权的设立

设立动产质押，出质人和质权人应当以书面形式订立质押合同，质权自出质人交付质押财产时设立。质权人在债务履行期届满前，不得与出质人约定债务人不履行到期债务时质押财产归债权人所有。法律、行政法规禁止转让的动产不得出质。

（3）质权人享有的权利

①留置质押财产的权利。质权人有权占有质押财产，并有权收取质押财产的孳息，但合同另有约定的除外。

②请求担保权。因不能归责于质权人的事由可能使质押财产毁损或者价值明显减少，足以危害质权人权利的，质权人有权要求出质人提供相应的担保。出质人不提供的，质权人可以拍卖、变卖质押财产，并与出质人通过协议将拍卖、变卖所得的价款提前清偿债务或者提存。

③优先受偿权。债务人不履行到期债务或者发生当事人约定的实现质权的情形，质权人可以与出质人协议以质押财产折价，也可以就拍卖、变卖质押财产所得的价款优先受偿。质押财产折价或者拍卖、变卖后，其价款超过债权数额的部分归出质人所有，不足部分由债务人清偿。

（4）质权人的义务

①妥善保管质押财产的义务。因保管不善致使质押财产毁损、灭失的，应当承担赔偿责任。未经出质人同意，擅自使用、处分质押财产，给出质人造成损害的，应当承担赔偿责任。

②返还质押财产的义务。债务人履行债务或者出质人提前清偿所担保的债权的,质权人应当返还质押财产。

3)权利质押

(1)权利质押的概念

权利质押,是指债务人或者第三人将其有关财产权利证书移交债权人占有,将财产权利作为债权的担保。

(2)可质押的权利

根据我国《物权法》规定,债务人或者第三人有权处分的下列权利可以出质:

①汇票、支票、本票;

②债券、存款单;

③仓单、提单;

④可以转让的基金份额、股权;

⑤可以转让的注册商标专用权、专利权、著作权等知识产权中的财产权;

⑥应收账款;

⑦法律、行政法规规定可以出质的其他财产权利。

(3)权利质押的设立

①以汇票、支票、本票、债券、存款单、仓单、提单出质的,当事人应当订立书面合同。质权自权利凭证交付质权人时设立;没有权利凭证的,质权自有关部门办理出质登记时设立。

②以基金份额、股权出质的,当事人应当订立书面合同。以基金份额、证券登记结算机构登记的股权出质的,质权自证券登记结算机构办理出质登记时设立。以其他股权出质的,质权自工商行政管理部门办理出质登记时设立。

③以注册商标专用权、专利权、著作权等知识产权中的财产权出质的,当事人应当订立书面合同。质权自有关主管部门办理出质登记时设立。

④以应收账款出质的,当事人应当订立书面合同。质权自信贷征信机构办理出质登记时设立。

【议一议】

【3.18】【分析说明题】 抵押和动产质押有什么异同?

3.3.6 留置

1)留置的概念

留置,是指合同的债权人按照合同约定占有债务人的动产,债务人不按照合同约定的期限履行债务的,债权人有权依法留置该财产,以该财产折价或者以拍卖、变卖该财产的价款优先受偿的一种债权担保方式。

2)成立留置权必须具备的条件

①债权人已经合法占有债务人的动产。
②债权人占有动产,应当与债权属于同一法律关系,但企业之间留置的除外。
③债务人不履行到期的债务。

3)留置权的实现

①留置权人与债务人应当约定留置财产后的债务履行期间。没有约定或者约定不明确的,留置权人应当给债务人两个月以上履行债务的期间,但鲜活易腐等不易保管的动产除外。债务人逾期未履行的,留置权人可以与债务人协议以留置财产折价,也可以就拍卖、变卖留置财产所得的价款优先受偿。留置财产折价或者变卖的,应当参照市场价格。

②债务人可以请求留置权人在债务履行期届满后行使留置权。留置权人不行使的,债务人可以请求人民法院拍卖、变卖留置财产。

③留置财产折价或者拍卖、变卖后,其价款超过债权数额的部分归债务人所有,不足部分由债务人清偿。

④同一动产上已设立抵押权或者质权,该动产又被留置的,留置权人优先受偿。

【情景导入】

在学习《合同法》的时候,有两位同学对相关问题的理解有一段对话:

甲说:“订合同可不是开玩笑的,合同从成立时起就生效了,受法律保护,违反合同约定是要承担法律责任的。”

乙说:“订合同当然要慎重,但也不是所有的合同都是从成立时起就一定生效,也不是违反所有的合同都应当承担法律责任。”

【想一想】

他们说的是不是正确的？合同的成立与合同的生效是不是一回事？是不是所有的合同都会受到法律的保护？

3.4 合同的效力

3.4.1 合同效力的概念

合同效力，即合同的法律效力，是指已经成立的合同在当事人之间产生的法律约束力。

合同的成立与合同的生效不同。合同的成立是指当事人就合同的主要条款达成合意，它只是表明当事人之间存在合意的事实，并不意味着已经成立的合同都具有法律效力；合同的生效则反映了法律对已经成立的合同的评价。只有依法成立的合同，即具备合同生效要件的合同才是一个有效的合同。有效合同在当事人之间产生法律效力，国家法律予以保护。如果已经成立的合同不符合法律规定的生效要件，仍然不能产生法律效力。这类合同依其效力状态不同，可分为无效合同、可撤销合同和效力待定合同三种类型。

3.4.2 合同的生效要件

已经成立的合同，必须具备一定的生效要件，才能产生法律约束力。有效合同必须具备以下生效要件：

1)行为人具有相应的民事行为能力

作为自然人订立合同一般应达到成年，即年满 18 周岁，并且智力和精神也应该是正常的。法人一般应在其核准登记的经营范围之内订立合同。当事人超越经营范围订立合同，人民法院不因此认定合同无效。但违反国家限制经营、特许经营以及法律、行政法规禁止经营规定的除外。

2)意思表示真实

意思表示是指行为人将其设立、变更、终止民事权利义务的内在意思通过某种形式表示于外部的行为。只有当事人内在的意思与外在的表示一致时，才能产生当事人所预期的法律效果。

3)不违反法律和社会公共利益

合同不违反法律，是指不得违反法律、行政法规的强制性规定。对于合法的合同，法律赋予其法律上的约束力；而不合法的合同是不能受到法律保护的，也不能产生当事人预期的法律效果。

合同不违反社会公共利益，是指对于那些虽未违反现行立法上的禁止性规定，但实质上损害了全体人民的共同利益，破坏社会经济秩序的合同行为，都应认为是违反了社会公共利益。也就是说，合同在内容上不得违反社会公共利益。

4)合同必须具备法律所要求的形式

合同不违反法律，包括当事人应当遵守法律对合同形式的强制性规定。《合同法》规定依法成立的合同，自成立时生效。法律、行政法规规定应当办理批准、登记等手续生效的，依照其规定。

法律、行政法规规定合同应当办理批准手续，或者办理批准、登记等手续才生效，在一审法庭辩论终结前当事人仍未办理批准手续的，或者仍未办理批准、登记等手续的，人民法院应当认定该合同未生效；法律、行政法规规定合同应当办理登记手续，但未规定登记后生效的，当事人未办理登记手续不影响合同的效力，合同标的物所有权及其他物权不能转移。

3.4.3　无效合同

1)无效合同的概念

无效合同，是指合同虽然已经成立，但因违反法律规定，而不具有法律效力的合同。

无效的合同或者被撤销的合同自始至终没有法律约束力。合同部分无效，不影响其他部分效力的，其他部分仍然有效。人民法院或者仲裁机构确认合同无效，应当以全国人大及其常委会制定的法律和国务院制定的行政法规为依据，不得以地方性法规、行政规章为依据。合同无效、被撤销或者终止的，不影响合同中独立存在的有关解决争议方法的条款的效力。

2)无效合同的种类

根据我国《合同法》规定，有下列情形之一的，合同无效：

①一方以欺诈、胁迫的手段订立合同，损害国家利益；

②恶意串通，损害国家、集体或者第三人利益；

③以合法形式掩盖非法目的;
④损害社会公共利益;
⑤违反法律、行政法规的强制性规定。

【议一议】

【3.19】【单项选择题】 合同无效是指合同(　　)。

A. 不成立　　B. 未生效　　C. 不生效　　D. 失效

【3.20】【单项选择题】 我国《合同法》第44条规定:“依法成立的合同,自(　　)生效。”

A. 成立时　　B. 签订时　　C. 盖章时　　D. 履行主要义务时

【做一做】

【3.21】【案例分析】

某开发有限公司与某商贸有限公司签订购销合同一份,规定由该开发公司供给商贸公司进口化肥一批。合同对化肥的具体数量、单价与总金额、交货期限、地点和方式、包装、付款方式、违约责任等均作了明确的规定。其中就违约责任的规定是:无货供应或中途退货,罚总货款的百分之三;逾期交货、每日罚逾期交货的货款的万分之五。后因开发公司货源落空,不能履行合同,发生纠纷。某商贸公司向人民法院起诉,要求开发公司履行合同,并支付逾期交货的违约金。

法院查明:①某商贸公司在订立该合同时,尚未经工商行政管理机关核准登记,正在办理营业执照的经营范围包括化肥;某开发公司具有法人资格,且化肥属于其经营范围。②合同主要条款齐全,并明确自签订之日起生效,双方代表人签字后,均加盖了法人合同章。

问题:该案应该如何处理?

3.4.4　可撤销的合同

1)可撤销合同的概念

可撤销合同,是指当事人在订立合同时,因意思表示不真实,法律允许撤销权人通过行使撤销权而使已经生效的合同归于无效的合同。

可撤销合同是可撤销、可变更合同的统称,其原因主要是意思表示不真实,它的效力以及最终是撤销还是变更都取决于当事人的意志。对此,《合同法》具体规定了当事人一方有权请求人民法院或者仲裁机构变更或者撤销合同的情形。

2)可撤销合同的种类

(1)因重大误解订立的合同

重大误解,是指行为人因对行为的性质、对方当事人、标的物的品种、质量、规格和数量等方面的错误认识,使行为的后果与自己的意思相悖,并造成较大损失的情形。

(2)显失公平的合同

显失公平的合同,是指一方在订立合同时因情况紧迫或缺乏经验而订立的明显对自己有重大不利的合同。例如,某人因资金严重短缺或经营上的迫切需要,而向他人借高利贷,此种借贷合同大多属于显失公平的合同。显失公平的合同往往是当事人双方的权利和义务极不对等,经济利益上不平衡,因而违反了公平原则。

(3)因欺诈、胁迫而订立的合同

因欺诈、胁迫而订立的合同应分为两种:一种是一方以欺诈、胁迫的手段订立的合同损害国家利益,应作为无效合同;另一种是一方以欺诈、胁迫的手段订立的合同并没有损害国家利益,只是损害了集体或第三人的利益,对这类合同应按可撤销合同处理。

①因欺诈而订立的合同。一方当事人故意告知对方虚假情况,或者故意隐瞒真实情况,诱使对方当事人作出错误意思表示的,可以认定为欺诈行为。

②因胁迫而订立的合同。这是指以将来要发生的损害或以直接施加损害相威胁,使对方产生恐惧并因此而订立合同。

(4)乘人之危的合同

乘人之危,是指行为人利用他人的为难处境或紧迫需要,强迫对方接受某种明显不公平的条件并作出违背其真实意志的意思表示。例如,出租车司机借抢救危重病人急需乘车之机,提高10倍的车价,这种即属于乘人之危的行为。

3)撤销权的行使

撤销权由因意思表示不真实而受损害的一方当事人享有,行使的方式主要是通过请求人民法院或者仲裁机构变更或者撤销合同。当事人请求变更的,人民法院或者仲裁机构不得撤销。当然,撤销权的行使也是有限制条件的。我国《合同法》规定,有下列情形之一的,撤销权消灭:

①具有撤销权的当事人自知道或者应当知道撤销事由之日起一年内没有行使撤销权。

②具有撤销权的当事人知道撤销事由后明确表示或者以自己的行为放弃撤销权。

被撤销的合同自始至终没有法律约束力。在被撤销前的合同效力归于消灭。被撤销的合同,产生同无效合同一样的法律后果。

3.4.5 效力待定的合同

1)效力待定合同的概念

效力待定合同,是指虽然已经成立,但因缔约一方当事人欠缺相应的缔约能力,其是否发生效力尚不能确定,有待于其他行为使之确定的合同。

效力待定合同虽然欠缺合同生效的要件,但与无效合同和可撤销合同不同。其行为人并未违反法律的禁止性规定及社会公共利益,也不是因意思表示不真实而应导致合同撤销,其主要原因是有关当事人缺乏缔约能力、代订合同的资格及处分能力造成的。法律允许根据情况对这类合同予以补救。

2)效力待定合同的种类

(1)限制民事行为能力人依法不能独立订立的合同

限制民事行为能力人订立的合同,经法定代理人追认后,该合同有效,但纯获利益的合同或者与其年龄、智力、精神健康状况相适应而订立的合同,不必经法定代理人追认。

为避免因限制行为能力人订立的合同效力长期处于不确定状态而影响相对人的权益,我国《合同法》规定了相对人的催告权。相对人可以催告法定代理人在一个月内予以追认。法定代理人未作表示的,视为拒绝追认。合同被追认之前,善意相对人有撤销的权利,撤销应当以通知的方式作出。

(2)行为人没有代理权、超越代理权或者代理权终止后以被代理人名义订立的合同

这类合同又被称为狭义的无权代理,该类合同经被代理人追认的,代理行为有效,合同对被代理人发生效力。未经被代理人追认,对被代理人不发生效力,由行为人承担责任。

相对人可以催告被代理人在一个月内予以追认。被代理人未作表示的,视为拒绝追认。合同被追认之前,善意相对人有撤销的权利,撤销应当以通知的方式作出。

需要指出的是:

①行为人没有代理权、超越代理权或者代理权终止后以被代理人名义订立合同,相对人有理由相信行为人有代理权的,该代理行为有效。这种情形称为表见代理,它是指无权代理的场合,如果善意相对人客观上有正当理由相信无权代理人具有代理权而与其为法律行为,该法律行为的效果直接由被代理人承担的一种法律制度。

②无权代理行为与越权代表行为不同,越权代表行为不适用无权代理的规定。《合同法》规定:法人或者其他组织的法定代表人、负责人超越权限订立的合同,除相对人知道或者应当知道其超越权限的以外,该代表行为有效。

(3)无处分权合同

无处分权合同,是指无处分权人处分他人财产,并与相对人订立转让财产的合同。无处分权的人处分他人财产,经权利人追认或者无处分权的人订立合同后取得处分权的,该合同有效。权利人拒绝追认无权处分行为,不得对抗善意第三人。

【做一做】

【3.22】【案例分析】

某炒货厂为便于联系业务,聘请某果品公司招待所干部马某当业务顾问并支付津贴。马某背着公司领导私自以公司的名义,与炒货厂签订了一份购销瓜子合同,并采取欺骗手段盖了公司的印章。合同签订后,马某又拿着合同到公司下属单位,要求各下属单位按合同接受炒货厂的货。其中有几家综合经营部在接受货物后,还直接向炒货厂付了款。不久,果品公司的领导知道了有关情况的真相,指令果品公司及下属单位拒绝收货。为此双方发生纠纷,炒货厂以对方不履行合同为由向法院起诉,要求对方履行合同义务并赔偿损失。

问题:

①本案中,马某是否有权代表果品公司与某炒货厂订立合同?请说明理由。

②法院是否应该支持某炒货厂的诉讼请求?请说明理由。

3.4.6　合同被确认无效或被撤销的后果

无效的合同或者被撤销的合同自始没有法律约束力。它虽然不能产生当事人预期的法律效果,也不是不产生任何法律后果。根据《合同法》第58条、第59条规定,合同被确认无效或者被撤销以后,对其造成的财产后果,根据合同当事人过错的大小,用返还财产、赔偿损失和收归国有三种方式来处理。

1)返还财产

合同被确认无效或者被撤销以后,双方当事人因合同取得的财产,应当予以返还,即恢复到当事人订立合同前的财产状况。如果不能返还或者没有必要返还的,应当折价补偿。

2)赔偿损失

合同被确认无效或者被撤销以后,有过错的一方应当赔偿对方因此所受到的损失,双方都有过错的,应当各自承担相应的责任。也就是双方或者一方的全部损失,适用过错相抵的原则,由双方根据自己过错的性质和程度,各自向对方承担相应的责任,而不是简单的各自承担自己的损失。

3)收归国有

当事人恶意串通,损害国家利益、集体利益或者第三人利益的,因此取得的财产收归国家所有或者返还给集体、第三人。也就是合同当事人知道或者应当知道其行为将会损害国家、集体或者第三人利益的情况下而故意共同实施该行为,在这种情况下,当事人存在共同的过错,而且是故意的,对当事人一方或者双方取得的财产都应当予以收缴而归入国库。这是对此类无效合同当事人的一种制裁。对因损害集体利益或者第三人利益的无效合同而取得的财产,应当返还给集体或者第三人。

恶意串通损害国家利益,对一方或者双方取得的财产收归国有。如果在订立合同时,只有一方是故意的,而另一方是非故意的,那么,故意的一方从对方取得的财产应当返还给对方,而非故意一方从故意一方取得的财产应当收归国有。

【做一做】

【3.23】【案例分析】

云南某商贸有限公司生意年年亏本,为弥补损失,便与香港一非法商人勾结走私毒品。他们先签订一份关于白砂糖买卖的合同,买方为香港商人仇某,卖方为云南的某商贸公司。商贸公司在供应港商的白砂糖中,每箱放入一包装有海洛因的白砂糖。在供应的10吨白砂糖中共藏有5千克海洛因。该批货物运至深圳被海关查获。双方有关人员落入法网。

问题:

①该合同是否有效?请说明理由。

②该案中涉及的白砂糖该如何处理?请说明理由。

3.5 合同的履行

3.5.1 合同履行的概念和规则

合同的履行,是指合同生效以后,合同当事人依照合同的约定实施属于合同标的的行为,从而使合同的目的得到实现。如交付货物、完成工作、提供劳务、交付价款等。

1)全面履行的原则

全面履行,要求当事人按照约定履行自己的义务,即按照合同规定的标的、数量、质量、履行期限、履行地点、履行方式等内容完成自己应尽的义务。任何未按照合同约定履行义务的现象,均属于违约行为。

2)适当履行的原则

适当履行,要求当事人在履行合同时,还要采取适当的方式来履行自己的义务。

3)诚实信用的原则

诚实信用,要求在合同履行中,当事人应当根据合同的性质、目的和交易习惯履行通知、协助、保密等义务。如发生不可抗力时要及时通知;相互提供必要的条件;因某种原因使当事人遭受损失,采取措施防止损失的扩大;保守商业秘密或者其他需要保密的信息和事项。

4)实际履行的原则

实际履行,就是在违约时,一方既有权要求对方承担支付违约金、赔偿损失和采取补救措施,又有权要求继续履行合同,即支付违约金、赔偿损失和采取补救措施不能代替合同的履行。

【议一议】

【3.24】【判断说明题】 一方在违约时,另一方有权要求对方支付违约金、赔偿损失和采取补救措施,或者要求对方继续履行合同。(　　)

【情景导入】

2009 年 8 月,武汉青化建筑混凝土有限公司与武汉东西湖黄龙建材有限公司订立黄砂买卖合同一份。合同规定:黄龙建材于 2009 年 12 月向青化混凝土公司供应 100 车黄砂,每车价格为 280 元,并由卖方负责送货到买方公司所在地。

在合同订立之后,市场上的黄砂价格一路上扬,等到合同规定的交货时间,每吨黄砂比订合同时上涨了 30 元。如果按原订价格供应,黄龙建材的老板就要亏本了。于是,公司老板便在合同条款上琢磨起来了。当他看到合同上“每车价格为 280 元”时,禁不住笑了起来。用什么车来装运,原来合同并没有规定明确。于是该老板决定,原来用八吨车装运,现在换成五吨车。等第一批砂子送到对方公司后,对方公司马上就提出了异议:“说好用八吨的车装运,怎么变成了五吨的车呢?这不符合合同要求。”双方对用什么车装运争执不下。

【想一想】

类似这样的合同条款不明确问题是有可能存在的,因此,订合同是需要细心的事情,我们可不要做这样的马虎人。事情既然发生了,应该如何解决?《合同法》对此类问题有没有相应的解决规则呢?答案就在下文中,请你找一找。

3.5.2 合同条款的补充

合同生效以后,部分常见的一般条款欠缺或者不明确,对此,我国《合同法》作了补充性规定,可以采取以下方式予以确定:

1)协议补充

如当事人就质量、价款或者报酬、履行地点等内容没有约定或者约定不明确的,可以通过协商的办法订立补充协议,该补充协议是原合同的组成部分。

2)按照合同有关条款或交易习惯确定

这是当事人不能达成补充协议的,《合同法》所规定的一般性处理原则。

3)按补充性的法律规定

①质量要求不明确的,按照国家标准、行业标准履行;没有国家标准、行业标准的,按照通常标准或者符合合同目的的特定标准履行。

②价款或者报酬不明确的,按照订立合同时履行地的市场价格履行;依法应当

执行政府定价或者政府指导价的，按照规定执行。

③履行地点不明确的，给付货币的，在接受货币的一方所在地；交付不动产的，在不动产所在地；其他标的，在履行义务一方所在地。

④履行期限不明确的，债务人可以随时履行，债权人也可以随时要求履行，但应当给对方必要的准备时间。

⑤履行方式不明确的，按照有利于实现合同目的的方式履行。

⑥履行费用的负担不明确的，由履行义务的一方负担。

【议一议】

【3.25】【判断说明题】 当事人就合同有关条款没有约定或者约定不明确，又不能达成协议，按合同有关条款或者交易习惯也无法确定时，按合同无效处理。（　　）

【案例引入】

一手交钱一手交货，有言在先；无钱想取货，对方拒绝谁之错

甲学校与乙服装厂签订加工承揽合同，为学生订做学生服1 000套。双方约定开学前5日钱货两清。服装厂如期完成加工任务后，甲学校以资金困难为由，请求乙服装厂先提供服装，待开学向学生收取服装费后再结清加工费。服装厂拒绝了学校的请求，双方发生纠纷。那么，到底是哪一方违约了？

【想一想】

事实上，该学校没有按合同规定付款，而服装厂也没有在规定的时间交货，结果是不是双方都违约了呢？或者说，乙服装厂在该学校没有付款的情况下是不是应该先履行交货义务，否则，它也面临违约的情形？你认为这个问题应该如何处理？

3.5.3 双务合同履行中的抗辩权

1）同时履行抗辩权

同时履行抗辩权，是指当事人互负债务且没有先后履行的顺序，一方当事人在他方未为对待给付以前，有拒绝履行自己的合同义务的权利。

对此，我国《合同法》规定："当事人互负债务，没有先后履行顺序的，应当同时履行。一方在对方履行之前有权拒绝其履行要求。一方在对方履行债务不符合约定时，有权拒绝其相应的履行要求。”

由此可知，同时履行抗辩权的适用是有条件的，包括：

①由同一双务合同产生的互负债务；

②在合同中未约定履行的顺序，即“没有履行的先后顺序”；

③对方当事人未履行债务或者未按照约定正确履行债务；

④对方当事人的对待给付是可能履行的义务。

2）先履行抗辩权

先履行抗辩权，是指在双务合同中应当先履行的一方当事人没有履行合同义务的，后履行一方当事人有拒绝履行自己的合同义务的权利。

我国《合同法》规定：“当事人互负债务，有先后履行顺序，先履行一方未履行的，后履行一方有权拒绝其履行要求。先履行一方履行债务不符合约定的，后履行一方有权拒绝其相应的履行要求。”

【做一做】

【3.26】【案例分析】

甲公司与乙公司签订一份买卖木材的合同，合同约定：买方甲公司应在合同生效后15日内向卖方乙公司支付40%的预付款，乙公司收到预付款后3日内发货至甲公司，甲公司收到货物验收后即结清余款。

后来，合同履行的实际情况是：乙公司收到甲公司40%预付款后第2日即发货至甲公司；甲公司收到货物后，经检验发现木材质量不符合合同约定，并及时通知乙公司，同时拒付余款。

问题：

①本案中甲公司是否有权拒付余款？

②如果甲公司有权拒付余款，这种权利是《合同法》所称的什么权利？

③合同法对上述的权利是如何规定的？

3）不安抗辩权

不安抗辩权，是指在双务合同中，应当先履行的当事人有确切的证据证明对方有丧失或可能丧失履行能力的情形时，有中止履行自己债务的权利。

我国《合同法》规定，在双务合同中，应当先履行的当事人，有确切的证据证明对方有下列情形之一的，可以中止履行：

①经营状况严重恶化；

②转移财产、抽逃资金，以逃避债务；

③丧失商业信誉；

④有丧失或者可能丧失履行债务能力的其他情形。

当事人没有确切证据中止履行的，应当承担违约责任。同时，《合同法》规定，债权人分立、合并或者变更住所没有通知债务人，致使履行债务发生困难的，债务人可以中止履行或者将标的物提存。

中止履行是暂时停止合同的履行或者延期履行合同，当事人中止履行的，应当及时通知对方。对方提供适当担保时，应当恢复履行。中止履行后，对方在合理期限内未恢复履行能力并且未提供适当担保的，中止履行的一方可以解除合同，也就是享有中止履行权的一方在行使这种权利时，应当承担两项义务：一是通知的义务；二是对方提供适当担保的应当恢复履行。所享有的权利是：对方在合理期限内未恢复履行能力并且未提供适当担保的，中止履行的一方可以解除合同。

需要明确是，《合同法》规定，合同生效后，当事人不得因姓名、名称的变更或者法定代表人、负责人、承办人的变动而不履行合同义务。

【做一做】

【3.27】【案例分析】

甲乙签订买卖合同，甲向乙购买钢材，价款500万元。合同约定：甲预先支付价款200万元。在付款期限截止前，甲有确切证据证明乙的经营状况严重恶化，极有使甲钱货两空的现实危险，便中止履行。为此，双方发生纠纷。

问题：

①甲是否有权中止履行合同？

②如果甲没有确切证据而中止履行合同，应承担什么责任？

③中止履行就是合同不再履行，对吗？

④当事人甲在行使这项权利时还应承担哪些方面的义务？

⑤《合同法》规定的中止履行的情形包括哪些方面？

【议一议】

【3.28】【案例分析】

A机械厂从2003年起为B汽车油箱厂加工零配件，至2006年，B厂共欠A厂28万余元。2006年7月，B汽车油箱厂更名为“某市汽车改装厂”。A厂向该汽车改装厂追索欠款时，该厂以“原厂撤销，厂长更换以及订立合同的经办人也不在本厂”等为理由,称油箱厂的债务与本厂无关。

问题:这种说法在法律上是否站得住脚?对此,《合同法》是如何规定的?

【情景导入】

乙方欠甲方200万元货款,丙方又欠乙方300万元工程款。丙方对乙的欠款已经到期,但乙方不积极讨要,而乙方对甲方的欠款也已经到期。

【想一想】

甲方可不可以直接起诉丙方,要求丙方直接向自己清偿200万元?免得甲起诉乙,乙再去起诉丙,既麻烦又需要时间。

3.5.4 合同的保全

1)合同保全的概念

合同保全,是指在合同履行过程中,为防止因债务人的财产不当减少或不增加而给债权人造成损害,允许债权人行使代位权或撤销权,以保护其债权的一种法律制度。合同保全包括代位权和撤销权两种形式。

2)代位权

(1)代位权的概念

代位权,是指因债务人怠于行使其到期的债权,对债权人造成损害的,债权人可以向人民法院请求以自己的名义代位行使债务人的债权的权利。

(2)代位权行使的条件

债权人依照《合同法》的规定提起代位权诉讼,应当符合下列条件:

①债权人对债务人的债权合法;

②债务人怠于行使其到期债权,对债权人造成损害;

③债务人的债权已到期;

④债务人的债权不是专属于债务人自身的债权。

《合同法》规定的专属于债务人自身的债权,是指基于扶养关系、抚养关系、赡养关系、继承关系产生的给付请求权和劳动报酬、退休金、养老金、抚恤金、安置费、人寿保险、人身伤害赔偿请求权等权利。债务人怠于行使其到期债权,对债权人造成损害的,是指债务人不履行其对债权人的到期债务,又不以诉讼方式或者仲裁方式向其债务人主张其享有的具有金钱给付内容的到期债权,致使债权人的到期债权未能实现。次债务人(即债务人的债务人)不认为债务人有怠于行使其到期债权情况的,应当承担举证责任。

代位权的行使范围以债权人的债权为限。债权人行使代位权的必要费用,由债务人负担。

3)撤销权

(1)撤销权的概念

撤销权,是指因债务人放弃到期的债权或者无偿转让财产,对债权人造成损害的,债权人可以请求人民法院撤销该行为的权利。

(2)撤销权行使的条件

根据《合同法》规定,债权人撤销权的行使须具备客观条件和主观条件,且因债务人所为的行为是否有偿而有所不同。

①客观要件。债务人实施了处分财产的行为,包括放弃到期的债权、无偿转让财产或者以明显不合理的低价转让财产的行为;债务人处分其财产的行为已经发生法律效力,对于尚未发生法律效力的行为不存在撤销问题,对于发生在债权人的债务成立之前的行为,债权人不能行使撤销权;债务人处分财产的行为已经或将要严重损害债权。

如果债务人能够举证明其在实施该行为以后,债务人仍有足够的财产清偿债务,则不能认为债务人的行为严重损害债权。

②主观要件。主观要件是指债务人与第三人具有恶意。这里的第三人仅指上述债务人的第三种处分财产的行为中的第三人,即以明显不合理的低价受让财产的第三人。对于第三人来说,只要其知道债务人以明显不合理的低价向其转让财产,即可认定其具有恶意。债权人撤销权的行使的效果是使债务人不当处分财产的行为被中止,恢复债务人的责任财产,以保障债权人债权的实现。

根据《合同法》规定,撤销权的行使范围以债权人的债权为限。债权人行使撤销权的必要费用,由债务人负担。撤销权自债权人知道或者应当知道撤销事由之日起一年内行使。自债务人的行为发生之日起五年内没有行使撤销权的,该撤销权消灭。

【案例分析示例】

甲向乙借款3 000元,借款偿还期已届满。乙多次要求甲还款,甲皆以无钱而拒绝。经查,甲尚欠丙等人大量借款,甲有一价值近4 000元的电脑。乙丙都要求甲将电脑出售以满足乙丙的债权,甲却将该电脑赠与丁。根据以上案情,下列说法正确的是(　　)。

A.乙丙都可通知甲丁,撤销甲丁之间的赠与

B.乙丙都可请求人民法院撤销甲的赠与

C.乙丙请求法院撤销甲的赠与所支付的费用,由甲承担

D.乙丙请求法院撤销甲的赠与所支付的费用,由乙丙承担

【答案】BC

【解析】本题的考点是撤销权的行使的程序和费用的承担。对此,我国《合同法》第74条有相应的规定。撤销权的行使程序是债权人直接向人民法院提起诉讼,客观条件是债务人实施了处分财产的行为,主观条件是债务人与第三人具有恶意。债权人行使撤销权的必要费用,由债务人负担。

3.6　合同的变更和终止

3.6.1　合同的变更

1)合同变更的概念

合同的变更,是指在合同成立以后至未履行或未完全履行之前,当事人经过协商对合同的内容进行修改和补充。

2)变更合同的条件

我国《合同法》规定:"当事人协商一致,可以变更合同。法律、行政法规规定变更合同应当办理批准、登记等手续的,依照其规定。"根据这一规定,变更合同必须具备以下要件:

①当事人之间存在有效的合同关系。

②合同的变更应根据法律的规定或当事人的约定;法律规定因重大误解或显失公平的合同可以变更;当事人协商一致,可以变更合同。

③必须有合同内容的变化。

④合同的变更必须遵守法定的形式。

需要注意的是,《合同法》同时规定了当事人对合同变更的内容不明确的推定为未变更。

3)当事人合并、分立债权债务的承担

①当事人订立合同后合并的。由合并后的法人或者其他组织行使合同权利,

履行合同义务。

②当事人订立合同后分立的。债权人和债务人有约定的,按约定;没有约定的,由分立后的法人或者其他组织对合同的权利和义务享有连带债权、承担连带债务。

【案例引入】

厂方迟交货,商家应该怎么做

A 商业大楼与 B 服装公司订立了一份买卖某类型冬装的合同,合同规定的交货期是 10 月 10 日前。到了交货期,B 发现该服装很俏销,于是暗自决定先自己销售。过了春节,该类型的服装明显滞销了,B 才把此类货物按合同规定的数量交给 A 商业大楼。

【想一想】

A 商业大楼应该怎么做?它能否拒绝接收该批货物?如果拒收,是否属于违约呢?

3.6.2 合同的终止

1)合同终止的概念

合同终止,是合同权利义务的终止或消灭,是因某种原因而引起的债权、债务客观上不复存在。

合同的终止与合同的解除不同,合同解除只是合同终止的原因之一,合同的终止除了包括合同的解除外,还有其他的原因。

2)合同终止的情形

《合同法》规定,有下列情形之一的,合同的权利义务终止:

①债务已经按照约定履行;

②合同解除;

③债务相互抵消;

④债务人依法将标的物提存;

⑤债权人免除债务;

⑥债权债务同归于一人;

⑦法律规定或者当事人约定终止的其他情形。

合同的权利义务终止后,当事人应当遵循诚实信用原则,根据交易习惯履行通知、协助、保密等义务。

【议一议】

【3.29】【判断说明题】 合同的终止就是合同的解除,合同的解除也就是合同的终止。这样说对吗?

3)合同解除

(1)合同解除的概念

合同解除,是在合同成立以后,因当事人一方的意思表示,或双方的协议,使基于合同而发生的债权债务归于消灭的行为。

合同的解除不同于撤销:

①解除的根据既有法律规定,又有约定;撤销只有法律规定。

②解除是对有效的合同,而撤销是对意思表示有瑕疵的合同。

(2)合同解除的种类

①约定解除。即当事人通过行使解除权或双方协商一致而进行的合同解除。约定解除又可分为:协商解除,即通过协商一致解除;约定解除权解除,即事先约定解除条件,一般是当事人有违约时,另一方有单方解除合同的权利。

②法定解除。即解除的条件由法律直接规定,当具体条件具备时,当事人可以将合同解除。

(3)法定解除合同的情形

《合同法》规定,有下列情形之一的,当事人可以解除合同:

①因不可抗力致使不能实现合同目的;

②在履行期限届满之前,当事人一方明确表示或者以自己的行为表明不履行主要债务;

③当事人一方迟延履行主要债务,经催告后在合理期限内仍未履行;

④当事人一方迟延履行债务或者有其他违约行为致使不能实现合同目的;

⑤法律规定的其他情形。

【议一议】

【3.30】【判断说明题】 合同解除即合同的撤销,撤销合同也就是解除合同,

这样说对吗？（ ）

【做一做】

【3.31】【案例分析】

甲乙双方订立了一份买卖合同，规定甲方应于10月交货，但是到9月2日，乙方接到了甲方的通知，称其不再履行合同。

问题：

①本案中甲方是否构成违约？如果是，应该属于哪一种类型的违约？

②此时，乙方是否有权解除合同？

③乙方由此造成的损失应由谁来承担？为什么？

（4）解除合同权利行使的期限、方式及其法律后果

①法律规定或者当事人约定解除权行使期限，期限届满当事人不行使的，该权利消灭。法律没有规定或者当事人没有约定解除权行使期限，经对方催告后在合理期限内不行使的，该权利消灭。

②行使方式。通知的方式，适用于约定解除权的解除、法定解除，自通知到达对方时解除。对方有异议的，可以请求人民法院或者仲裁机构确认解除合同的效力。批准登记形式，适用于法律、行政法规规定解除合同应当办理批准、登记等手续的，依照其规定。

③合同解除的法律后果。合同解除后，尚未履行的，终止履行；已经履行的，根据履行情况和合同性质，当事人可以要求恢复原状、采取其他补救措施，并有权要求赔偿损失。合同的权利义务终止，不影响合同中结算和清理条款的效力。

【做一做】

【3.32】【案例分析】

湖北第九建筑有限公司与新泰水泥厂签订购买水泥的合同。合同约定了水泥的具体型号、数量、价格及支付办法、每月交货的数量、违约责任等内容。合同生效后，在前三个月，双方当事人相互履行了各自的义务。后因长江发生百年不遇的特大洪水，按武汉市政府紧急动员令的要求，水泥厂的水泥首先得满足防洪的需要。这样，水泥厂从第四个月起就无法向建筑公司交付足够的水泥。于是，新泰水泥厂向湖北第九建筑公司提出解除合同。

问题：

①新泰水泥厂是否有权解除合同，其法律根据是什么？

②如果湖北第九建筑公司不同意解除合同是否可以？为什么？

③如果湖北第九建筑公司同意解除合同,那么由此给自己造成的损失,它是否有权要求水泥厂给予赔偿?

3.7 违约责任

3.7.1 违约责任的概念和特征

1)违约责任的概念

违约责任,是指合同当事人因违反合同,依照法律规定或者合同约定应当承担的民事责任。

2)法律特征

(1)违约责任以合同的有效存在为前提,以合同当事人不履行合同义务为条件

合同只有在已经成立并发生法律效力的前提下,才能受到法律保护。如果合同尚未正式成立,或者虽已正式成立但未开始生效以及合同无效,一方当事人没有履行依据诚实信用原则所负的义务,应承担的责任称为缔约过失责任。其责任形式只是赔偿损失,违约责任则不限于赔偿损失。

(2)违约责任具有相对性

一般来说,合同只对当事人具有约束力,违约责任也只能在特定的当事人之间,即合同当事人之间发生。合同关系以外的人,不负违约责任。

(3)违约责任主要具有补偿性

违约责任从其性质来讲,主要在于补偿因违约行为给对方造成的损失。

(4)违约责任可以由当事人约定

当事人可以约定一方违约时,应当根据违约情况向对方支付一定数额的违约金,也可以约定因违约产生的损失赔偿数额的计算方法,还可以约定设定免责条款来限制或免除在将来可能发生的责任。当然,这些约定都不能违反法律规定。

【议一议】

【3.33】【判断说明题】 违反合同,无论该合同是否有效,违约方都应该依法承担违约责任。这样说对吗?(　　)

3.7.2 违约责任的构成要件

违约责任的一般构成包括两个要件、一个排除条件。

1)违约行为存在

违约行为是指合同当事人违反合同义务的行为。包括合同当事人不履行合同义务或者履行合同义务不符合约定。

2)有损害后果

损害必须是实际发生的,尚未发生损害的不能赔偿。损害又必须是可以计算的,只有可以计算才能赔偿。即一方要求对方承担损害赔偿责任,仅仅证明对方有违约行为的存在是不够的,还必须证明由于对方的违约行为给自己造成了实际损害。

3)不存在法定的或约定的免责事由

根据《合同法》的规定,只要一方当事人能够举证证明另一方构成违约,另一方即应负违约责任,除非另一方能够证明其违反合同具有法定的或约定的免除责任的事由。

3.7.3 违约行为的形态

根据《合同法》规定,当事人一方不履行合同义务或者履行合同义务不符合约定的,应当承担继续履行、采取补救措施或者赔偿损失等违约责任。由此可知,《合同法》规定的违约行为分为不履行和不适当履行两大类。同时,结合《合同法》的其他规定,对违约行为作以下分类:

1)根本违约和非根本违约

按照违约行为是否致使合同目的不能实现,可分为根本违约和非根本违约。根本违约是指合同一方当事人违反合同的行为致使该合同的目的不能实现。否则,为非根本违约。《合同法》第94条规定的当事人可以解除合同的具体情形,除不可抗力外,其余项即为根本违约。即对于根本违约,当事人有权解除合同。对于非根本违约,一般不能解除合同。

2)合同的不履行和不适当履行

按照合同是否履行与履行状况,违约行为可分为合同的不履行和不适当履行。

①合同的不履行,是指合同当事人不能履行或者拒绝履行合同义务。不能履行是指债务人由于某种情形,事实上已经不可能再履行债务。拒绝履行,是指债务人能够履行而拒绝履行。包括实际违约和预期违约。实际违约是指在合同期限到

来以后，一方当事人无正当理由拒绝履行合同规定的全部义务。对此，另一方有权要求其继续履行合同，也有权要求其承担违约责任和损害赔偿责任，同时又有权要求解除合同。预期违约是指在合同履行期限到来之前一方无正当理由而明确表示或以自己的行为表示将不履行合同的违约行为。对于预期违约，对方可以在履行期限届满之前要求其承担违约责任。

②不适当履行，是指当事人履行合同义务不符合约定的条件。不适当履行又可分为一般瑕疵履行和加害履行。

3）一般瑕疵履行和加害履行

按照违约行为是否造成侵权损害，可分为一般瑕疵履行和加害履行。如数量不足、质量不符、履行方法不当、地点不当、迟延履行等，均属一般瑕疵履行。当事人履行合同除了有一般瑕疵外，还造成对方当事人的人身或者其他财产的损害，则构成加害履行。

4）债务人迟延履行和债权人受领迟延

迟延履行，是指合同当事人的履行违反了履行期限的规定。可分为债务人迟延履行和债权人受领迟延。债务人迟延履行是指合同期限到来时未履行债务。我国《合同法》规定：若债务人迟延履行，对于合同债权人无利益的，债权人可以拒绝接受履行，并由债务人承担不履行的违约责任。债权人受领迟延，也称债权人迟延，是指债权人对于债务人提出的正确给付应当及时受领而没有受领的事实。

3.7.4 承担违约责任的方式

我国《合同法》规定违约的当事人承担违约责任的方式主要有以下几种：继续履行、采取补救措施、支付违约金、赔偿损失等。

1）继续履行

继续履行，是指违反合同的当事人，不论是否已经承担赔偿金或者违约金责任，都必须根据对方的要求，在自己能够履行的条件下，对原合同未履行的部分继续履行。如果对方坚持不履行的，可以请求法院强制其履行。

对此，《合同法》规定：当事人一方未支付价款或者报酬的，对方可以要求其支付价款或者报酬。当事人一方不履行非金钱债务或者履行非金钱债务不符合约定的，对方可以要求其履行，但有下列情形之一的除外：法律上或者事实上不能履行；债务的标的不适于强制履行或者履行费用过高；债权人在合理期限内未要求履行。

需要注意的是，继续履行请求权只限于非违约方，同时，该权利的行使不受对

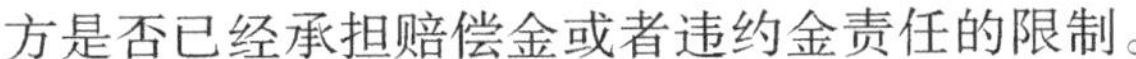

方是否已经承担赔偿金或者违约金责任的限制。

2）采取补救措施

采取补救措施，是指在违反合同的事实发生后，为了防止损失的发生或者损失的扩大，而由违反合同行为人采取的修理、重做、更换等措施。

《合同法》规定：质量不符合约定的，应当按照当事人的约定承担违约责任。对违约责任没有约定或者约定不明确，受损害方根据标的的性质以及损失的大小，可以合理选择要求对方承担修理、更换、重做、退货、减少价款或者报酬等违约责任。当事人一方不履行合同义务或者履行合同义务不符合约定的，在履行义务或者采取补救措施后，对方还有其他损失的，应当赔偿损失。

3）赔偿损失

赔偿损失，是指一方当事人违反合同造成对方损失时，依法或依据合同的规定应承担的损害赔偿责任。

《合同法》规定：当事人一方不履行合同义务或者履行合同义务不符合约定，给对方造成损失的，损失赔偿额应当相当于因违约所造成的损失，包括合同履行后可以获得的利益，但不得超过违反合同一方订立合同时预见到或者应当预见到的因违反合同可能造成的损失。

当事人一方违约后，对方应当采取适当措施防止损失的扩大；没有采取适当措施致使损失扩大的，不得就扩大的损失要求赔偿。当事人因防止损失扩大而支出的合理费用，由违约方承担。

【议一议】

【3.34】【案例分析】

某公司接到一客户在外地打来的电话，通知在一天内派人前去订立一份标的额达5 000万元的买卖合同，过时不候。该公司领导粗略计算，如果该合同签订成功，公司至少可获利500万元。于是迅速派人购买机票，按航空公司的航程，他们完全可以提前2小时到达签约地。就在飞机起前，航空公司发现飞机出了一点故障，经修理很快解决。但在飞机到达签约地时，已经过了对方客户等待的时间。

问题：

①该公司未能与其客户订立合同，责任是否在航空公司？

②如果责任属于航空公司，那么，由此给该公司造成的损失应该如果承担？

4）支付违约金

违约金，是指当事人在合同中预先确定的，一方当事人不履行合同义务或者履行合同义务不符合约定的，应当根据情况向另一方支付一定数额的货币。

我国《合同法》规定：当事人可以约定一方违约时应当根据违约情况向对方支付一定数额的违约金，也可以约定因违约产生的损失赔偿额的计算方法。约定的违约金低于造成的损失的，当事人可以请求人民法院或者仲裁机构予以增加；约定的违约金过分高于造成的损失的，当事人可以请求人民法院或者仲裁机构予以适当减少。当事人就迟延履行约定违约金的，违约方支付违约金后，还应当履行债务。

应当注意的是，当事人既约定违约金，又约定定金的，一方违约时，对方可以选择适用违约金或者定金条款。

【议一议】

【3.35】【单项选择题】 丙、丁两公司签订一份价值100万元的买卖合同，约定违约金为总价款的15%。后丙违约，丁虽及时采取措施，但仍发生20万元的实际损失。丙除了应该支付给丁违约金外，还应支付给丁赔偿金（　　）万元。

A.5　　B.15　　C.20　　D.35

3.7.5 违约责任的免除

如果当事人的违约是由于免责事由的出现而造成的，可根据情况免除违约方的违约责任。《合同法》规定了三种免责事由：不可抗力、免责条款、法律的特殊规定。

1）不可抗力

不可抗力，是指不能预见、不能避免并不能克服的客观情况。

不可抗力的范围主要包括自然因素和社会因素引起的客观情况。如自然灾害和战争等。但对于合同以外的第三人的原因造成的合同不能履行，不属于不可抗力的范畴。同时，不可抗力的范围当事人还可以通过合同加以约定。

《合同法》规定：因不可抗力不能履行合同的，根据不可抗力的影响，部分或者全部免除责任，但法律另有规定的除外。当事人迟延履行后发生不可抗力的，不能免除责任。当事人一方因不可抗力不能履行合同的，应当及时通知对方，以减轻可能给对方造成的损失，并应当在合理期限内提供证明。

2)免责条款

免责条款,是合同双方当事人在合同中约定的,当出现指定的事由或条件时,可免除违约方违约责任的规定。

3)法律的特殊规定

在法律有特殊规定时,可以免除违约方的违约责任。如《合同法》在分则中规定:承运人对运输过程中货物的毁损、灭失承担损害赔偿责任,但承运人证明货物的毁损、灭失是因不可抗力、货物本身的自然性质或者合理损耗以及托运人、收货人的过错造成的,不承担损害赔偿责任。

【议一议】

【3.36】【判断说明题】 只要违反合同的规定,违约方均应承担违约责任。这样说对吗?( )

【本章小结】

合同是平等主体的自然人、法人、其他组织之间设立、变更、终止民事权利义务关系的协议。我国《合同法》在总则中对于合同一般规定、合同订立、合同效力、合同履行、合同变更和转让、合同权利义务终止、违约责任和其他规定作出了规定。同时,在分则中,分别对包括买卖合同在内的15种合同作了具体的规定。在社会主义市场经济体制下,合同已经是最常见的一种法律形式,与我们的日常生活、职业活动有着密切的联系。

重要的是,通过学习《合同法》,能够树立起合同意识,能够依法订立合同,按照《合同法》的规定履行合同,学会依法处理合同纠纷。这就要求我们在学习中,对于合同订立的过程要注意要约与承诺的规则,明确要约与要约邀请的区别、缔约过失责任与违约责任的区别。在合同的形式和内容方面,懂得采用可靠的合同形式、确定明确的合同内容。又要懂得合同担保的各项法律措施,把可能的风险考虑充分。对于合同的效力,要能够依法识别合同的效力状态,辨别合同是有效还是无效,是可撤销还是效力待定。在合同履行过程中,要把握好“三种抗辩权”的运用,能够依法及时行使法定的合同解除权,用好法律赋予的自我保护的权利。

在解决合同纠纷方面,要能够通过案例分析,既学会运用《合同法》的规则,又学会一种分析问题的方法。就合同纠纷问题,首先要能够识别出合同是否成立。未成立的合同发生纠纷,主张合同成立的一方负举证责任,而要追究的责任是缔约过失责任。已经成立的合同发生纠纷,可以分为合同有效和无效两种常见的类型。对于有效的合同发生纠纷,一般是分清责任,追究违约责任的问题;对于无效合同发生的纠纷,也存在一个分清责任、追究过错方的缔约过失责任问题。

【任务检测】

一、单项选择题

1. 甲和乙共同开办了宏福汽车修理有限公司,丙将一辆小轿车开来修理,交给了经理甲,乙检查了车辆的问题并负责修理,约好第二天取车并交付修理费 1 000 元。该合同关系的主体是(　　) 和丙。

A. 甲　　B. 乙　　C. 甲、乙　　D. 宏福公司

2.《合同法》不适用于(　　) 合同。

A. 出版　　B. 土地使用权转让　　C. 质押　　D. 收养

3. 甲将自己在城市的一幢房屋抵押给乙,双方依法订立了抵押合同,如果未办理抵押权登记的,则抵押合同(　　)。

A. 成立,抵押权也同时设立　　B. 不成立,抵押权未设立

C. 成立,但抵押权未设立　　D. 可以撤销

4. 根据《担保法》的规定,下列财产可以用做抵押担保的是(　　)。

A. 汽车　　B. 学校的教学楼

C. 医院的门诊大楼　　D. 政府享有所有权的办公大楼

5. 甲乙两公司签订了买卖 10 辆汽车的合同,就在乙将汽车交付甲时,被有关行政管理部门查出该批汽车是走私品而予以查封。根据我国《合同法》关于合同效力的规定,该汽车买卖合同属于(　　)。

A. 有效合同　　B. 无效合同

C. 可撤销合同　　D. 效力待定合同

6. 在下列合同中,一般属于有效合同的是(　　)。

A. 法定代表人越权订立的合同,对方不知其越权

B. 限制民事行为能力人订立其无能力订立的合同,未经法定代理人追认

C. 代理人在代理权终止后代理订立的合同未经被代理人追认

D. 无处分权人处分他人财产的合同,既未经权利人追认,也未在合同成立后取得处分权

7. 甲、乙两公司签订一份总货款为 50 万元的买卖合同,约定甲如果不能交货,应向乙偿付不能交货部分货款 5% 的违约金。之后,甲收到乙 8 万元定金和 10 万元预付款。但在约定的期限内,甲未交货。经查明,甲根本无货可交,由此给乙造

成损失20万元。乙最多可以请求偿付(　　)万元。

A. 38　　B. 40.5　　C. 46　　D. 48.5

8. 甲商场与乙制衣厂订立了一份总货款为50万元的羽绒服买卖合同,合同约定任何一方违约均应向对方支付货款总额20%的违约金。现乙制衣厂因订货单过多而迟延10日交货,给甲商场造成了1万元的损失。下列有关乙制衣厂责任的说法,哪一项正确?(　　)。

A. 乙制衣厂应支付10万元违约金给甲商场

B. 乙制衣厂可以请求人民法院适当减少违约金数额

C. 乙在支付违约金之后,可以不向甲商场交货

D. 甲乙双方约定的违约金比例违反法律规定,乙制衣厂可以请人民法院宣告合同无效

二、多项选择题

1. 根据《合同法》规定,(　　)为要约邀请。

A. 寄送的价目表　　B. 拍卖公告、招标公告、招股说明书

C. 投标邀请书　　D. 悬赏广告

2. 根据我国《合同法》规定,受要约人对要约内容中有关合同的(　　)等方面的变更,是对要约内容的实质性变更。

A. 标的、数量、质量　　B. 包装

C. 价款或者报酬　　D. 履行期限、地点和方式

3. 关于承诺的叙述,正确的有(　　)。

A. 承诺的内容应当与要约的内容绝对一致

B. 受要约人对要约的内容作实质性变更的,为新要约

C. 受要约人对要约内容作非实质性变更的,原则上承诺有效

D. 受要约人对要约内容作出变更的仍然构成承诺

4. 根据《合同法》的规定,下列各项中,属于合同成立的情形有(　　)。

A. 甲向乙发出要约,乙作出"承诺",该承诺除对履行地点提出异议外,其余内容均与要约一致

B. 甲、乙约定以书面形式订立合同,但在签订书面合同之前甲已经履行了主要义务,乙接受履行

C. 甲、乙采用书面形式订立合同,但在双方签字盖章之前,甲履行了主要义务,乙接受了履行

D. 甲于5月10日向乙发出要约,要约规定承诺期限截止到5月20日,乙于5月18日发出承诺信函,该信函5月21日到达甲

5. 保证人可以是下列具有代为清偿能力的(　　)。

A. 某市商业银行　　B. 某合伙企业　　C. 某市财政局

D. 某市公立职业学校　　E. 某公民　　F. 某公司内部的财务部

6. 公民甲于2009年3月10日以自己名下的一套商品房抵押给银行,向其贷款10万元,订立了书面合同,并就该抵押在有关部门办理了抵押权登记。在向银行贷款之前,公民甲于2008年10月30日已向公民乙借款10万元,并以口头形式以其名下的那套住房向公民乙进行了抵押。2010年3月10日,公民乙及银行的还款期限均到,但甲无能力还款,因此(　　)。

A. 银行可以通过协商将公民甲的住房折价或变卖受偿

B. 因为公民甲的住房已经先抵押给乙,银行的抵押权无效

C. 公民乙的抵押权未有效设立

D. 公民乙的抵押权在先、银行的抵押权在后,故公民乙应先于银行受偿

7. 根据《合同法》的规定,下列合同中,属于无效合同的有(　　)。

A. 一方以欺诈手段使对方在违背真实意思的情况下订立的合同

B. 损害社会公共利益的合同

C. 以合法形式掩盖非法目的的合同

D. 显失公平的合同

8. 甲乙双方签订了买卖合同,在合同履行过程中,发现该合同履行费用的负担问题约定不明确。在这种情况下,《合同法》规定的可供双方选择的履行规则有(　　)。

A. 双方协议补充　　B. 按交易习惯确定

C. 由履行义务一方负担　　D. 由法院决定

三、判断说明题

1. 甲与乙订立一份合同,由丙作为乙的保证人,但未约定保证方式。后乙未履行合同,甲在要求乙偿还之前直接要求丙清偿,而丙则要求甲先向乙要求清偿,乙不能清偿的部分由自己承担保证责任。丙的主张是符合《担保法》的。(　　)

2. 先履行抗辩权是指合同当事人互负债务,有先后履行顺序,先履行一方未履行的,后履行一方有权拒绝其履行要求;先履行一方履行债务不符合约定的,后履行一方有权拒绝其相应的履行要求。(　　)

3. 只要违反合同,除法律规定或合同约定可以免除责任的,违约方均应承担违约责任。(　　)

4. 约定的违约金低于实际损失的,当事人可以请求人民法院或仲裁机构予以增加;约定的违约金高于实际损失的,当事人可以请求法院或仲裁机构予以适当减少。(　　)

第 4 章
工业产权法律制度

任务目标

1. 了解工业产权的概念、法律特征和国际保护。

2. 理解专利、专利权、专利法和商标、商标权、商标法的概念。

3. 掌握专利权、商标权的主体、客体和内容。

4. 熟悉专利权和注册商标专用权的保护。

5. 能够运用所学知识认定专利、商标的侵权行为,并能依法进行处理。

学时建议

1. 知识性学习 6 课时。

2. 案例学习讨论 2 课时。

【情景导入】

保护奥林匹克标志专有权

举世瞩目的北京2008年奥运会在我国成功举办，根据《奥林匹克标志保护条例》，北京2008年奥林匹克运动会申办委员会的名称、徽记、标志以及第29届奥林匹克运动会组织委员会的名称、徽记，第29届奥林匹克运动会的吉祥物、会歌、口号，“北京2008”、第29届奥林匹克运动会及其简称，其他与第29届奥林匹克运动会有关的标志等都受此条例保护。未经奥林匹克标志权利人许可，任何人不得以营利为目的，使用奥林匹克标志。其中包括将奥林匹克标志用于商品、商品包装或者容器以及商品交易文书上，用于服务项目中，用于广告宣传、商业展览、营业性演出以及其他商业活动中。同时，也不得销售、进口、出口含有奥林匹克标志的商品，制造或者销售奥林匹克标志，以及可能使人认为行为人与奥林匹克标志权利人之间有赞助或者其他支持关系而使用奥林匹克标志的其他行为。

【问一问】

你知道应用于商品生产和流通中的智力成果是什么吗？它们能受到保护吗？应如何对其实施保护？

【想一想】

一项专利（发明、实用新型、外观设计）或是某个商标，常常和我们的现实生活密切相关，请大家想一想，国家对于工业产权的立法和保护是怎样的？

【学一学】

4.1 工业产权法概述

4.1.1 工业产权的概念

工业产权，是人们依照法律对应用于商品生产和流通中的发明创造和显著标记等智力成果，在一定地区和期限内享有的专有权，是商标权和专利权的统称。

知识链接 4.1

知识产权，英文为 Intellectual Property，也称“智力成果权”，是指公民、法人、非法人单位对自己在科学技术和文学艺术等领域从事脑力劳动所创造的成果依法取得的专有权。通常,我们把工业产权和著作权统称为知识产权。

4.1.2 工业产权的法律特征

工业产权是一种无形财产权,与有形财产权相比,具有以下法律特征:

1)专门法律确认

工业产权需要有专门法律的保护,如《中华人民共和国商标法》(以下简称《商标法》)、《中华人民共和国商标法实施细则》(以下简称《商标法实施细则》)、《中华人民共和国专利法》(以下简称《专利法》)、《中华人民共和国专利法实施细则》(以下简称《专利法实施细则》),等等。

2)专有性

工业产权只有权利人能对其进行占有、使用、收益和处分。未经权利人同意,任何人均不得使用其专利或注册商标,否则,将构成侵权行为,受到法律制裁。

3)地域性

工业产权在空间上受到地域的限制,其效力仅限于授权国境内,除本国缔结或加入的国际条约另有规定的以外,不具有域外效力。

4)时间性

工业产权在时间上受到法定保护期的限制,只有在法定保护期内有效,超过法定保护期,该智力成果就成为社会的共同财富,人们可任意使用。

知识链接 4.2

有形财产权与无形财产权

一部手机财产所有权法律保护的核心是占有或控制。秘密占有为盗窃,乘人不备地占有为抢夺,暴力占有为抢劫。法律将这些不当占有一律定为违法犯罪行为予以惩处。但是,一部手机发明专利权的法律保护则并不考虑占有关系,而是将非法使用专利权人的技术方案视为侵权行为予以制裁。认识了这一点,有助于我们理解为什么工业产权的侵权行为的法律规定都是围绕着非法使用他人智力劳动成果而进行规定的。

4.1.3　工业产权的国际保护

由于工业产权具有地域性，19世纪末，随着资本主义经济和贸易交往的国际化，各国开始通过签订国际公约来保护本国工业产权在国外的权利和利益。有关工业产权国际保护的世界性或地区性的国际公约很多，主要有《保护工业产权巴黎公约》《专利合作条约》《商标注册条约》《商标国际注册马德里协定》等。

中国于1980年加入了世界知识产权组织，此后又于1985年加入了《保护工业产权巴黎公约》，1989年加入了《商标国际注册马德里协定》，1994年加入了《专利合作条约》。

知识链接4.3

世界知识产权组织、《保护工业产权巴黎公约》简介

世界知识产权组织，英文为World Intellectual Property Organization，简称WIPO，于1967年7月14日在瑞典首都斯德哥尔摩建立，其职责是：注册活动，即根据有关的国际公约，直接向工业产权申请人提供申请权利的相关活动；促进政府间在知识产权管理方面的合作，如检索专利文件、维护和修订国际分类法等；开展世界知识产权组织的实质性活动，如促进更多的国家接受公约，根据需要缔结新的国际公约，开展对发展中国家在知识领域里的援助等。

《保护工业产权巴黎公约》，英文为Paris Convention on the Protection of Industrial Property，简称《巴黎公约》，于1883年3月20日在巴黎签订，1884年7月7日生效。巴黎公约的调整对象即保护范围是工业产权，包括发明专利权、实用新型、工业品外观设计、商标权、服务标记、厂商名称、产地标记或原产地名称以及制止不正当竞争等。巴黎公约的基本目的是保证一成员国的工业产权在所有其他成员国都得到保护。其主要原则是：国民待遇原则、优先权原则、独立性原则、强制许可原则。

【议一议】

【4.1】【判断说明题】　工业产权是有形财产权，受法律保护。（　　）

【4.2】【多项选择题】　工业产权的法律特征有（　　）。

A.专门法律确认　　B.专有性　　C.地域性　　D.时间性

【4.3】【判断说明题】　工业产权的国际保护是通过国际立法的途径来实现的。（　　）

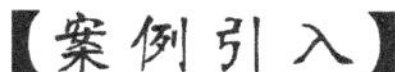

张某利用业余时间，研制出一种带有转轴的千斤顶。这种千斤顶具有可转动方向的特点，使用时可将千斤顶所举起的重物任意旋转方向，便于检修人员对所举重物进行检修。1988 年 2 月 7 日，张某向中国专利局提出了实用新型专利的申请。专利局于 1989 年 4 月 6 日予以公告，并于 1990 年 2 月 16 日授予其实用新型专利。

某工程安装公司在张某的实用新型基础上又研制出一种千斤顶，同样带有转轴，但是转轴上带有定位锁并装有万向球，这种设计使千斤顶的主轴杆既可以灵活转动，又可以按任意方向偏斜角度。如果把两个对称偏斜角度的千斤顶合在一起使用，并用锁将它们锁定，就相当于一辆起重吊车，可顺利地从地面直接吊起重物。某工程公司于 1990 年 5 月 6 日向中国专利局提出了专利申请，经专利局公告后，于 1991 年 4 月 2 日被授予实用新型专利。

由于某工程公司的专利是在张某专利的基础上发明创造的，因而实施过程中涉及张某的专利权问题。某工程公司与张某协商要求实施其专利，并支付一定数额的使用费。张某不同意，认为某工程公司侵犯了其专利权，并向专利局提出撤销某工程公司专利权的请求。而某工程公司向专利局提出请求，要求对张某的专利实行强制许可。

【问一问】

某工程公司可以获得专利权吗？该公司是否存在侵犯张某专利权的行为？专利局可以根据某工程公司的申请，给予强制许可吗？这种强制许可实施专利是否构成对专利权人专利权的侵犯？

【想一想】

在现实社会经济生活中，我们很可能会遇到类似有关专利权的问题，那么需要具备哪些方面的知识才能解决类似问题呢？等我们学习了本节内容后，自然就能迎刃而解。

【学一学】

4.2 专利法律制度

4.2.1 专利、专利权、专利法的概念

1）专利的概念

专利一词，通常有三种含义：①被授予专利权的发明创造；②专利权的简称；③记载发明创造的专利文献，如专利说明书。

2）专利权的概念

专利权，是指法律赋予专利权人对其获得的发明创造在法定期限内享有的专有权。

3）专利法的概念

专利法，是调整因确认和保护发明创造的专有权以及利用专有的发明创造过程中产生的社会关系的法律规范的总称。我国的《专利法》和《专利法实施细则》是调整专利法律关系的两个级别的规范性文件。其中，《专利法》于 1984 年 3 月 12 日第六届全国人大常委会第四次会议通过，1985 年 4 月 1 日起实施，分别于 1992 年、2000 年和 2008 年进行了三次修订；《专利法实施细则》于 1985 年 1 月 19 日经国务院批准，由中国专利局公布，分别于 1992 年和 2001 年进行了两次修订。

4.2.2 专利权的主体、客体和内容

1）专利权的主体

专利权的主体，是指依法申请并获得专利权的单位和个人。

（1）发明人或者设计人

发明人或者设计人主要包括职务发明人、非职务发明人和共同发明人。

①执行本单位的任务或者主要是利用本单位的物质技术条件所完成的发明创造为职务发明创造。职务发明创造申请专利的权利属于该单位，申请被批准后，该单位为专利权人。

②非职务发明创造，申请专利的权利属于发明人或者设计人，申请被批准后，

该发明人或者设计人为专利权人。利用本单位的物质技术条件所完成的发明创造,单位与发明人或者设计人订有合同,对申请专利的权利和专利权的归属作出约定的,从其约定。对发明人或者设计人的非职务发明创造专利申请,任何单位或个人不得压制。

③两个或两个以上单位或者个人合作完成的发明创造、一个单位或者个人接受其他单位或者个人委托所完成的发明创造,除另有协议外,申请专利的权利属于完成或者共同完成的单位或者个人。申请被批准后,申请的单位或者个人为专利权人。

【议一议】

【4.4】【举例说明题】 请举例说明专利的职务发明与非职务发明。

【4.5】【单项选择题】 某科研所的研究员王某利用本单位的物质技术条件,完成了一项发明,之前王某与科研所就该发明订有一份协议,约定了专利申请权和专利权归王某。依据《专利法》的规定,以下关于该发明专利申请权和专利权归属的说法,正确的是(　　)。

A. 专利申请权和专利权都归科研所

B. 专利申请权归科研所,专利权归王某

C. 专利申请权和专利权都归王某

D. 专利申请权归王某,专利权归科研所

(2)发明人或者设计人的合法继承人

发明人或者设计人的合法继承人是指通过各种合法形式,如签订转让合同、继承等形式取得发明的所有权人。这种转让,当事人应订立书面合同,并向国务院专利行政部门登记,由国务院专利行政部门予以公告后生效。

2)专利权的客体

专利权的客体,是指依法取得专利的发明创造,包括发明、实用新型和外观设计。

(1)发明

发明,是指对产品、方法或者其改进所提出的新的技术方案,包括产品发明和方法发明。

【议一议】

【4.6】【举例说明题】 请举例说明产品发明和方法发明。

(2)实用新型

实用新型,是指对产品的形状、构造或者其结合所提出的适于实用的新的技术方案。实用新型仅指具有一定形状的物品发明,不包括方法发明,在技术水平上的要求比发明低,所以也称其为“小发明”。

(3)外观设计

外观设计,是指对产品的形状、图案或者其结合以及色彩与形状、图案的结合所做出的富有美感并适于工业应用的新设计。外观设计只涉及美化产品的外表和形状,不涉及产品的制造和设计技术。

3)授予专利权的条件

(1)授予发明和实用新型专利的条件

授予专利权的发明和实用新型,应当具备新颖性、创造性和实用性。

①新颖性,是指该发明或者实用新型不属于现有技术,也没有任何单位或者个人就同样的发明或者实用新型在申请日以前向国务院专利行政部门提出过申请,并记载在申请日以后公布的专利申请文件或者公告的专利文件中。

②创造性,是指与现有技术相比,该发明具有突出的实质性特点和显著的进步,该实用新型具有实质性特点和进步。

③实用性,是指该发明或者实用新型能够制造或者使用,并且能够产生积极效果。

(2)授予外观设计专利的条件

授予专利权的外观设计,应当不属于现有设计,也没有任何单位或者个人就同样的外观设计在申请日以前向国务院专利行政部门提出过申请,并记载在申请日以后公告的专利文件中。

授予专利权的外观设计与现有设计或者现有设计特征的组合相比,应当具有明显区别。

授予专利权的外观设计不得与他人在申请日以前已经取得的合法权利相冲突。现有设计,是指申请日以前在国内外为公众所知的设计。

4)不授予专利的情形

(1)违法的发明创造

对违反法律、社会公德或者妨害公共利益的发明创造,不授予专利权。对违反法律、行政法规的规定获取或者利用遗传资源,并依赖该遗传资源完成的发明创造,不授予专利权。

(2)不适用《专利法》的对象

下列各项,不授予专利权:

①科学发现;②智力活动的规则和方法;③疾病的诊断和治疗方法;④动物和植物品种;⑤用原子核变换方法获得的物质;⑥对平面印刷品的图案、色彩或者两者的结合作出的主要起标识作用的设计。

而动物和植物品种的生产方法,可以授予专利权。

知识链接 4.4

发明与发现的含义及区别

发明和发现是两个截然不同的概念。发明是指所制造的产品或提出的生产方法是前所未有的。发现则是指揭示自然界已经存在但尚未被人们所认识的事物。科学发现依法不能授予专利权。我们来看两则小故事:

我国著名工匠鲁班有一次上山砍柴,手指被划破出血。他仔细观察,看到划破他手指的东西是一种具有齿轮形状的植物叶子。由此得出一个结论:具有齿轮形状的薄状物体具有切割作用,这是对自然规律的发现。在此基础上,鲁班又利用这一自然规律发明了现在人们还在使用的锯子。

早期的电话听筒和话筒是分开的,后来有人将两者新颖地结合在一起,甚至把拨号盘也组合在一起,形成了现在的电话,这就是产品构造上的发明创造,也构成了专利法上的实用新型。

5)专利权的内容

专利权的内容,是指专利权人依法所享有的权利和应承担的义务。

(1)专利权人的权利

①物质方面的权利,是指专利权人在一定的期限内对获得的发明创造享有独占权。包括:实施自己的专利和禁止他人侵犯专利的权利,许可他人实施其专利的权利。

②精神方面的权利,是指发明人或者设计人依法享有的在专利文件中写明自己是发明人或者设计人等精神方面的权利,这种权利不因专利权的转让或继承而消失。包括:有权在其专利产品或该产品的包装上表明专利标记和符号;属于职务发明的,有权在专利文件中写明自己是发明人或者设计人。

(2)专利权人的义务

专利权人有按时缴纳专利年费的义务。专利权人应从授予专利权的当年开始缴纳专利年费,不按规定缴纳年费的,专利权应予终止。职务发明创造取得专利后,作为专利权人的单位有向发明人或设计人给予报酬奖励的义务。中国专利权人的发明专利对国家利益或者社会公共利益具有重大意义的,经国务院批准,应允许指定的单位在批准的范围内推广应用,专利权人可以收取使用费,实施专利以及保守国家机密。

4.2.3 专利权的期限和终止

1)专利权的期限

专利权的期限,是指专利权受法律保护的期限。我国《专利法》规定,发明专利权的期限为20年,实用新型专利权和外观设计专利权的期限为10年,均自申请日起计算。

2)专利权的终止

专利权的终止,是指专利权失去法律效力。一旦专利权终止,该项发明创造就成为社会公共财富,任何人都可以无偿使用。专利权的终止有两种情形:一是期限届满为正常终止;二是提前终止。我国《专利法》规定,有下列情形之一的,专利权在期限届满前终止:

①没有按照规定缴纳年费的;

②专利权人以书面声明放弃其专利权的。

专利权在期限届满前终止的,由国务院专利行政部门登记和公告。

知识链接4.5

技术秘密可以申请专利,可以自己保护

美国"可口可乐"饮料配方,没有申请专利而是通过技术秘密来保护的。对于可口可乐这样的配方,如果通过专利法保护,最多只能保护20年,专利期满之后,该配方成为公知技术,公众可以无偿使用。而通过技术秘密保护已有一百多年的历史,至今外人无法知晓其内容。

4.2.4 专利的实施

专利权人除了自己实施专利或许可他人实施专利外,我国《专利法》还规定了专利实施的强制许可。专利实施的强制许可,是指专利局在一定条件下,不需要经过专利权人的同意，准许其他单位和个人实施专利权人专利的一种强制性法律手段。其目的在于维护国家利益和社会整体利益，防止滥用专利权，保护和促进技术进步。

根据《专利法》规定，以下情况可实施强制许可：

①具备实施条件的单位或者个人的申请，可以给予实施发明专利或者实用新型专利的强制许可：专利权人自专利权被授予之日起满三年，且自提出专利申请之日起满四年，无正当理由未实施或者未充分实施其专利的；专利权人行使专利权的行为被依法认定为垄断行为，为消除或者减少该行为对竞争产生的不利影响的。

②在国家出现紧急状态或者非常情况时，或者为了公共利益的目的，国务院专利行政部门可以给予实施发明专利或者实用新型专利的强制许可。

③为了公共健康目的，对取得专利权的药品，国务院专利行政部门可以给予制造并将其出口到符合中华人民共和国参加的有关国际条约规定的国家或者地区的强制许可。

④一项取得专利权的发明或者实用新型比以前已经取得专利权的发明或者实用新型具有显著经济意义的重大技术进步，其实施又有赖于前一发明或者实用新型的实施的，国务院专利行政部门根据后一专利权人的申请，可以给予实施前一发明或者实用新型的强制许可。依照上述规定给予实施强制许可的情形下，国务院专利行政部门根据前一专利权人的申请，也可以给予实施后一发明或者实用新型的强制许可。

⑤强制许可涉及的发明创造为半导体技术的，其实施限于公共利益的目的和专利权人行使专利权的行为被依法认定为垄断行为，为消除或者减少该行为对竞争产生的不利影响的情形。

关于强制许可，还须明确以下几点：

①申请强制许可的单位或者个人应当提供证据，证明其以合理的条件请求专利权人许可其实施专利，但未能在合理的时间内获得许可。

②国务院专利行政部门作出的给予实施强制许可的决定，应当及时通知专利权人，并予以登记和公告。

③取得实施强制许可的单位或者个人不享有独占的实施权，并且无权允许他人实施。

④取得实施强制许可的单位或者个人应当付给专利权人合理的使用费，或者依照中华人民共和国参加的有关国际条约的规定处理使用费问题。付给使用费的，其数额由双方协商；双方不能达成协议的，由国务院专利行政部门裁决。

⑤专利权人对国务院专利行政部门关于实施强制许可的决定不服的，专利权人和取得实施强制许可的单位或者个人对国务院专利行政部门关于实施强制许可

的使用费的裁决不服的,可以自收到通知之日起三个月内向人民法院起诉。

【案例分析示例】

张某和某工程公司都享有各自的专利权,双方应该协商解决实施问题。但是由于某工程公司的专利比张某的专利更加先进,因此,如果张某不允许某工程公司实施其专利,专利局可作出强制许可的决定。这是因为:

①国家制定《专利法》的目的除了保护发明创造权、鼓励发明创造外,更重要的是推广应用发明创造,促进科学技术的发展,适应社会主义现代化建设的需要。由此可见,《专利法》所赋予专利权人的专利独占权并不是为了让专利权人垄断权利,阻止他人进行更先进的开发和利用。当今世界,技术的发展日新月异,专利法更注重对先进技术的保护,并且鼓励人们在已有的技术上进行开发。专利权人获得专利权,但并不是获得限制他人在相同领域进行科学技术开发的权利。本案中,某工程公司在张某实用新型专利的基础上进行了更为先进的技术开发,只要符合授予实用新型专利权的要求(即新颖性、创造性和实用性),就可以获得专利权,不存在侵犯张某专利权的行为。

②专利权是一种独占权。专利权人享有独占制造、使用和销售专利产品或者使用专利方法的权利。未经专利权人的许可,任何第三人不得使用其专利,否则就是侵权行为,要受到制裁。专利权人有许可他人实施其专利并收取使用费的权利。专利权人有权阻止他人未经专利权人许可为了生产经营目的制造、使用、销售、进口其专利产品或者进口依照其专利方法直接获得的产品。但是,正如任何权利都不可能是绝对的,专利权人在享有上述权利时,也要受到法律的制约,即法律有特别规定的,应该按照法律的规定行使权力。

③我国《专利法》规定,一项取得专利权的发明或者实用新型比以前已经取得专利权的发明或者实用新型在技术上更先进,其实施又有赖于前一发明或者实用新型实施的,专利局根据后一专利权人的申请,可以给予实施前一发明或者实用新型的强制许可。在依照上述规定给予实施强制许可的情形下,专利局根据前一专利权人的申请,也可以给予实施后一发明或者实用新型的强制许可。该规定充分体现了国家鼓励科技进步,推广专利运用的宗旨。本案中,某工程公司的实用新型专利是在张某专利的基础上发明的,但其性能更加优越。然而,其实施又有赖于张某专利的实施,但双方之间无法达成专利实施的协议。因此,专利局可以根据某工程公司的申请,给予强制许可的决定。这种强制许可实施专利并不构成对专利权人专利权的侵犯,是有法律依据的。

④专利局作出的给予强制许可的决定,应当予以登记和公告。取得实施强制

许可的单位或者个人不享有独占的实施权,并且无权允许他人实施。专利的所有权仍然在专利权人手中。取得实施强制许可的单位或者个人应当支付给专利权人合理的使用费,其数额由双方商定;双方不能达成协议的,由专利局裁决。当然,专利权人如果对专利局关于实施强制许可的决定或者关于实施强制许可的使用费的裁决不服的,可在接到通知之日起三个月内向法院起诉。

4.2.5 专利权的保护

1)专利权的保护范围

我国《专利法》规定,发明或者实用新型专利权的保护范围以其权利要求的内容为准,说明书及附图可以用于解释权利要求的内容。外观设计专利权的保护范围以表示在图片或者照片中的该产品的外观设计为准。

2)专利侵权

未经专利权人许可,实施其专利,即侵犯其专利权。但有下列情形之一的,不视为侵犯专利权:

①专利产品或者依照专利方法直接获得的产品,由专利权人或者经其许可的单位、个人售出后,使用、许诺销售、销售、进口该产品的;

②在专利申请日前已经制造相同产品,使用相同方法或者已经作好制造、使用的必要准备,并且仅在原有范围内继续制造、使用的;

③临时通过中国领陆、领水、领空的外国运输工具,依照其所属国同中国签订的协议或者共同参加的国际条约,或者依照互惠原则,为运输工具自身需要而在其装置和设备中使用有关专利的;

④专为科学研究和实验而使用有关专利的;

⑤为提供行政审批所需要的信息,制造、使用、进口专利药品或者专利医疗器械的,以及专门为其制造、进口专利药品或者专利医疗器械的。

知识链接 4.6

许诺销售权,是通过在商店内陈列或在展销会上演示、列入销售征订单或拍卖清单、列入推销广告或者以任何口头、书面或者其他特定方式向特定或不特定的人明确表示对其出售某种产品的一种意愿。

3)法律责任

任何人只要实施了违反《专利法》的行为,就要承担一定的法律责任。

①未经专利权人许可,实施其专利,即侵犯其专利权,引起纠纷的,由当事人协商解决;不愿协商或者协商不成的,专利权人或者利害关系人可以向人民法院起诉,也可以请求管理专利工作的部门处理。

管理专利工作的部门处理时,认定侵权行为成立的,可以责令侵权人立即停止侵权行为,当事人不服的,可以自收到处理通知之日起十五日内向人民法院起诉;侵权人期满不起诉又不停止侵权行为的,管理专利工作的部门可以申请人民法院强制执行。进行处理的管理专利工作的部门应当事人的请求,可以就侵犯专利权的赔偿数额进行调解;调解不成的,当事人可以向人民法院起诉。

侵犯专利权的赔偿数额按照权利人因被侵权所受到的实际损失确定;实际损失难以确定的,可以按照侵权人因侵权所获得的利益确定。权利人的损失或者侵权人获得的利益难以确定的,参照该专利许可使用费的倍数合理确定。赔偿数额还应当包括权利人为制止侵权行为所支付的合理开支。权利人的损失、侵权人获得的利益和专利许可使用费均难以确定的,人民法院可以根据专利权的类型、侵权行为的性质和情节等因素,确定给予一万元以上一百万元以下的赔偿。

侵犯专利权的诉讼时效为两年,自专利权人或者利害关系人知道或者应当知道侵权行为之日起计算。

②假冒专利的,除依法承担民事责任外,由管理专利工作的部门责令改正并予公告,没收违法所得,可以并处违法所得四倍以下的罚款;没有违法所得的,可以处二十万元以下的罚款;构成犯罪的,依法追究刑事责任。

③违反《专利法》有关规定向外国申请专利,泄露国家秘密的,由所在单位或者上级主管机关给予行政处分;构成犯罪的,依法追究刑事责任。

④侵夺发明人或者设计人的非职务发明创造专利申请权和其他权益的,由所在单位或者上级主管机关给予行政处分。

⑤从事专利管理工作的国家机关工作人员以及其他有关国家机关工作人员玩忽职守、滥用职权、徇私舞弊,构成犯罪的,依法追究刑事责任;尚不构成犯罪的,依法给予行政处分。

【做一做】

【4.7】【案例分析】

某医院护士长王艳艳,根据自己多年的临床护理经验,利用业余时间,完成了一项关于医院病人用床的实用新型技术方案。当王艳艳请医院为自己出具非职务发明证明时,医院院长认为该项实用新型技术是王艳艳在履行自己的本职工作中完成的,应为职务发明,而拒绝出具证明。因此,护士长王艳艳与院方发生纠纷。

请问护士长王艳艳完成的该项实用新型技术是否为职务发明？为什么？

【议一议】

【4.8】【单项选择题】　专利权在有效期限内受法律保护。我国《专利法》规定,专利权的期限自(　　)日起计算。

A. 审批　　B. 申请　　C. 公告　　D. 登记

【4.9】【多项选择题】　下列选项中(　　)属于我国《专利法》规定不授予专利权的发明创造。

A. 动物新品种　　B. 新烹饪调料

C. 高血压治疗新方法　　D. 超导新技术

【4.10】【判断说明题】　专为科学研究和实验而使用有关专利的,属于侵犯专利权的行为,对吗？(　　)

【阅读材料】

奥运烟花专利技术凸显科技大国实力

2008年北京奥运会烟花表演演绎盛世奇观。烟花燃放规模大,有1 800多个发射点,仅开幕式就燃放烟花12万多发,是以往28届奥运会烟花燃放总和的4倍多。北京奥运会开幕式创造了“脚印”“笑脸”“五环”“牡丹花开”“银色瀑布”“和平鸽”“奥运时空”等令人震撼的烟花奇观。例如,“牡丹花开”是一幅3 000多米长的瀑布烟花景观,演绎了国花牡丹从含苞到绽放的全过程,虽然画卷就是熊熊燃烧的烟火,但是动态景观效果宛若天成。“奥运时空”空中定向造型烟花则在“鸟巢”上空绘出了金碧辉煌、徐徐开启的国门,并用烟火在空中爆出了震撼人心的9,8,7,……3,2,1等倒计时数字。在北京奥运会闭幕式上,奥运福娃等烟花奇观也陆续上演。

值得关注的是,本届奥运会使用的烟花没有异味,没有烟雾,全部燃尽,不产生固体残留,还大量使用新型发射技术和数码控制技术,不但能取得美轮美奂的燃放效果,而且兑现了北京奥组委举办一场科技奥运、绿色奥运的承诺。

为了通过大型烟花表演彰显文化魅力、奥运精神,北京奥组委邀请熊猫烟花公司、东达烟花公司、李渡烟花集团、长沙科委、浏阳科委、南京理工大学、北京理工大学、中国兵器工业集团等单位的专家,湖南、江西、湖北、北京等地的40多家烟花制造商,以及点火器、电子控制器、芯片、火药、发射器等产品的上下游供货商共同参与奥运烟花产品的研发、设计、制造。

在北京奥组委的领导下，中国兵器工业集团公司研制了上千台烟花发射器；北京理工大学赵家玉教授的团队开发了矩阵式焰火膛压精确发射技术；奥运会烟花技术总指挥赵伟平的团队设计了电磁阀空压发射技术、芯片弹技术；北京奥运烟花项目负责人陈延文的团队创造了高空造型控制技术、新型亮珠技术；南京理工大学潘功配的团队首创了新闻动画烟花播放技术、无残留烟火技术、定向发射动态成型技术；奥运会烟花艺术总监蔡国强推出了烟花爆破作画技术、同时爆破延时显示成画技术等。这些技术都已经应用到北京奥运会的烟花表演中。

除了上述新技术，我国在烟花领域还有大量的技术积累。尤其在专利技术领域，我国公开的烟花技术文献数量居全球首位，并已覆盖到自动化、电子控制、纳米材料、新型火药、点火器等高新技术。与这种专利分布态势相对应的产业格局是：我国烟花产量占全球95%左右，已经形成稳固的技术、产业竞争优势。检索显示，我国烟花专利文献主要分布在如下领域：

烟花点火技术。例如，奥运烟花供应商东信集团的200620049804.1号文献涉及一种焰火燃放点火控制机。200620102655.0号文献涉及一种爆竹遥控引爆技术。其爆竹外壳设有可与导火索搭接的电子点火器，该电子点火器外表面设有保护盖，并设于外壳的下部，遥控器设有按钮，按钮外表面设有安全盖。200520033674.8号文献涉及一种导火线点火器，包括点火头和电源，在电源电路上连接有遥控开关，在点火头中设置有引线和电源线，电源线之间用钨丝连接，钨丝设在引线附近。

烟花发射技术。例如，200520052669.1号文献涉及一种礼宾花火药发射器，由礼宾花装填物储筒、加压纸板和隔热纸板、火药造气罐及电子点火装置、把手柄体和把手套筒组成。它用造气罐产生的高压气体作为礼宾花发射动力；同时，把手套筒筒体对应电池盒及开关的位置压有撕扯压痕。发射时，将把手套筒的撕扯压痕位置撕去，在电池盒内装入适配电池，合上开关，即完成发射。200620082604.6号文献涉及一种烟花爆竹遥控燃放发射器。它包括遥控装置、烟花定位点火装置，遥控装置和定位点火装置之间通过无线方式连接，定位点火装置包括无线接收单元、点火单元、定位单元，点火单元和无线接收单元互相电连接后固定在定位单元上，定位单元包括移动臂、夹持臂、底座、支架，支架固定在底座上，夹持臂和支架垂直固定在支架上。02200230.8号文献涉及一种环保烟花发射器，其结构包括炮管、空压机、调压器、可充电电池，以及高能气动击发、电子点火装置。

软件控制技术。例如，200510136640.6号文献涉及一种焰火燃放控制方法及系统，整个系统分为两部分，即图形化编排系统和燃放控制系统，图形化编排系统以音频波形和播放时间为主轴，自动生成烟花实际燃放的点火时间；燃放控制系统由四部分组成，即音频分析处理机、燃放控制主机、集线器、点火控制机。燃放控制主机是整个系统的核心部分，接收来自音频分析处理机的同步信号，向集线器发送点火控制指令,点火控制机进行烟花的点火。200620049805.6 号文献涉及一种焰火燃放集线器。200510034853.8 号文献涉及一种滚动字幕烟花及电子制作方法。200410046858.8 号文献涉及一种烟花燃放效果图像测量方法。

字幕造型烟花技术。例如,200520143433.9 号文献涉及一种字幕图案烟花组合结构,它按照字幕图案笔划将筒体侧向喷火的焰火效果筒组合成型,各效果筒引线以快速引线并联,固定在金属网格基板上,点燃后,呈现所需字幕图案的烟花产品。200620052613.0 号文献涉及一种字幕图案烟花的安装结构。

景观造型烟花技术。例如,200720003508.2 号文献涉及一种造型烟花,包括筒体、导向板、上端板、下端板、底板、支撑块、推进剂、开苞硝及亮珠,导向板、上端板、下端板、底板、支撑块、推进剂、开苞硝及亮珠设置于筒体内部。它在使用时可在空中指定位置及平面形成圆环造型,而数个指定位置及平面的圆环造型可以组合成其他组合造型,如奥林匹克运动会五环标志图。200510031730.9 号文献涉及一种高流程瀑布烟花,其配方包括钛粉颗粒,其特征是:钛粉颗粒为 1~60 目蜂窝状颗粒,或者在 1~60 目钛粉颗粒上胶粘有 60~300 目的细钛粉颗粒。它通过增大钛粉颗粒与氧化剂的接触面积,从而增大钛粉颗粒体积,延长其燃烧时间,增加瀑布烟花的燃放时间和燃放高度,增强瀑布烟花的燃放效果,可制作燃放时下垂高度达 20~200 米的高流程瀑布烟花。

安全烟花技术。例如,200610048257.X 号文献涉及一种喷花类安全烟花药粉,它含有 35%~45% 的木炭粉,25%~35% 的硝酸钾,25%~35% 的硝化棉粉。92101954.8 号文献涉及一种不含硫磺和碳的安全烟花爆竹火药,其中含有氯酸钾、木材粉末和芳香植物粉末,其特征在于各组分重量比例为:0.8~1.25 份氯酸钾,0.3~0.4 份干燥的木材粉末,0.6~0.78 份干燥的芳香植物粉末。

无烟火药技术。例如,03118368.9 号文献涉及一种无烟发射药,其组分及重量百分数为:硝化棉 30%~80%,高氯酸铵 20%~70%,其在燃烧时不会产生烟雾。90109489.7 号文献涉及一种以棉秆为原料制造硝化纤维素的方法。它以棉秆为原料采用白水水解除去其中的水溶物及蜡质,再用三元混合碱液皂化法制取棉秆纤维素。它采用白水水解减少碱的用量,采用蓖麻油—松香混合皂化剂提高精制纤维素质量及产品得率。91101432.2 号文献涉及一种以龙须草为原料制造无烟火药的方法,它利用以龙须草为原料经预水解皂化法精制的龙须草纤维素以硝、硫混酸硝化所制得的硝化龙须草纤维素连同安定剂二苯胺一起与乙酸乙酯、明胶共同投入反应釜,升温、搅拌成球降内挥后压制成球扁形,再经钝化、上光泽即为成品球扁形发射药。

环保烟花技术。例如,200520020828.X 号文献涉及一种无污染安全型烟花,其组成包括:纸质外壳和泥状上封底、下封底构成一个封闭腔体、内填化学火药混合物，其火药混合物中埋设一个微型点火头，其电极引线与烟花体外一端处的两个电极连接，微型点火头有与电极相连的电极引线和通电后产生局部高温的电热丝，在电热丝周围涂有化学药物，药物外是硝化棉涂层。200510023750.1 号文献涉及一种环保型塑料弹体礼花弹扩爆药及其礼花弹的制造方法，其组分和重量配比为：硝酸钡 17% ~19%，硝酸钾 12% ~16%，高氯酸钾 28% ~30%，铝粉 19% ~23%，钛粉 5% ~8%，铝镁合金粉 8% ~12%，酚醛树脂 5% ~8%。此外，02223680.5 号文献涉及一种环保型烟花底座。（摘自知识产权报 魏衍亮）

【情景导入】

请识别以下标志：

【问一问】

你知道以上标志吗？请一一说明。

【想一想】

在现代经济生活中，你是否常常遇到类似标志，它们是什么标志、有何作用？如何取得和使用呢？等学完了本节内容后，这些问题我们自然就会明白了。

【学一学】

4.3 商标法律制度

4.3.1 商标、商标权、商标法的概念

1）商标

商标，是商品的生产者、经营者在其生产、经营的商品上或者提供的服务上采用的，用于区别他人的同类商品或者同类服务的标记。商标应有显著的特征，便于

识别,并不得与他人在先取得的权利相冲突。

【案例分析示例】

商标的作用

以前我国市场上的水果大多是不使用商标的,人们在选购时难以再次找到自己之前感觉很好的那一种,对于生产者来说,则是产品虽好,可惜无人识货。为了解决这种状况,有的企业开始在水果上使用商标,当消费者在商店买了标有某种商标的水果后,若觉得味道不错,他就会对这个商标产生好的印象,那么以后当他在其他商店选购水果时,他很可能还会选择有这个商标的商品。试分析:商标有何作用?

商标是企业的无形资产和宝贵财富。它从表面上看虽然仅仅是一种标志,一种符号,但其实质所反映的是经营某商品的特定企业的状况,代表和象征着该企业所拥有的生产技术、管理水平、经营特色和市场信誉。一个久负盛名的商标,意味着使用该商标的商品具有较强的市场竞争力和较高的市场占有率,能给特定经营者带来可观的利润。曾有人断言:“即使一把火把可口可乐的所有资产烧光,可口可乐凭着其商标,就能重新起来。”商标的选择、设计和创牌,凝聚着经营者的艰辛劳动。因而商标被视为企业的无形资产和宝贵财富,成为各国知识产权法的重要保护对象。在本案例中,商标作为区别商品或服务的标志,对于生产者或经营者来说,商标是其商品、服务质量和信誉的标志,可以起到宣传商品和服务的作用。对于消费者来说,商标是指导他们消费行为的向导,便于消费者识别、选购、选用。

2)商标的分类

(1)根据商标的表现形式分类

我国《商标法》第8条规定:“任何能够将自然人、法人或者其他组织的商品与他人的商品区别开来的可视性标志,包括文字、图形、字母、数字、三维标志和颜色组合,以及以上要素的组合,均可以作为商标注册。”根据商标的表现形式,可将商标分为文字商标、图形商标、立体商标和组合商标。

①文字商标,是以文字组成的商标,可以使用汉字、汉语拼音,也可以使用外国文字、外文字母,还可以使用阿拉伯数字。

②图形商标,是指以任何可视的平面图形构成的商标。

③立体商标,是以三维标志构成的可视商标。任何形式的商标都可以以黑白或者彩色的颜色构成。

④组合商标，是以文字、图形和三维标志等构成的商标。其特点是图文并茂，便于识别，或视觉效果突出，立体感强，是商标中较为多用的种类。

(2)根据商标的用途分类

根据商标的用途，可将商标分为商品商标和服务商标。

①商品商标，是指用于生产、销售的商品上的标记。

②服务商标，是指用于标明所提供的服务项目的标记。

(3)根据商标的作用和功能分类

根据商标的作用和功能，可将商标分为证明商标、集体商标、防御商标和联合商标。

①证明商标，是指由对某种商品或者服务具有监督能力的组织所控制，而由该组织以外的单位或者个人使用于其商品或者服务，用以证明该商品或者服务的原产地、原料、制造方法、质量或者其他特定品质的标志。

②集体商标，是指以团体、协会、或者其他组织的名义注册，供该组织成员在商业活动中使用，以表明使用者在该组织中的成员资格的标志。

③防御商标，是指将同一商标注册于不同的商品或者服务上，构成一个防御体系，以防止他人在不同商品或者服务上使用该商标可能给消费者造成的混淆。

④联合商标，是指将与已注册商标相近似的商标在相同或类似的商品或服务上加以注册。

(4)根据商标在相关市场上的知名度分类

根据商标在相关市场上的知名度，可将商标分为驰名商标、著名商标和知名商标。

①驰名商标，是指由商标局认定的在市场上享有较高声誉并为相关公众所熟知的商标。我国《商标法》第 14 条规定，认定驰名商标应当考虑下列因素：相关公众对该商标的知晓程度；该商标的持续时间；该商标的任何宣传工作的持续时间、程度和地理范围；该商标作为驰名商标受保护的记录；该商标驰名的其他因素。

②著名商标，是指由省级工商管理部门认可的，在该行政区划范围内具有较高声誉和市场知名度的商标。

③知名商标，是指由市一级工商行政管理部门认可的，在该行政区划范围内具有较高声誉和市场知名度的商标。

3)商标法的概念

商标法，是调整因确认、保护商标专用权和商标的使用及管理过程中发生的社会关系的法律规范的总称。

《商标法》和《商标法实施细则》是我国商标法律制度中最重要的法律文件。其中,《商标法》于 1982 年 8 月 23 日第五届全国人大第二十四次会议通过,1983 年 3 月 1 日起实施,并于 1992 年和 2001 年进行了两次修订;《商标法实施细则》于 1983 年 3 月颁布,并于 1988 年、1993 年和 1995 年进行了三次修订。

4.3.2 商标权

1)商标权的概念

商标权,是商标专用权的简称,是指商标所有人依法对其注册商标享有的独占使用的权利。由于我国在商标权的取得方面实行的是注册原则,因此,商标权实际上是因商标所有人申请,经政府主管部门确认的专有权利,即因商标注册而产生的权利。

2)商标权的主体

商标权的主体,是指依法享有商标专用权的人。只有注册商标才能获得商标专用权,并受法律保护。因此,只有商标注册人才是商标权的主体。我国《商标法》规定的商标权的主体包括:自然人、法人和其他组织。

3)商标权的客体

商标权的客体,是指经商标局核准注册的商标,受商标法保护的注册商标。

(1)申请注册商标应当具备的条件

①商标应当具备显著性。我国《商标法》规定,申请商标注册,应当有显著特征,便于识别,并不得与他人之前取得的权利相冲突。商标具备的这种显著性,可以通过两种方式产生:一是商标本身具有显著性;二是通过长期使用获得商标的显著性。

②商标应当符合可视性要求。我国《商标法》规定,任何能够将自然人、法人或者其他组织的商品区别开来的可视性标志,包括文字、图形、字母、数字、三维标志和颜色组合,以及上述要素的组合,均可作为商标申请注册。由此可知,气味标志、音响标志不能成为注册商标。

(2)不得作为商标使用的标志

①同中华人民共和国的国家名称、国旗、国徽、军旗、勋章相同或者近似的,以及同中央国家机关所在地特定地点的名称或者标志性建筑物的名称、图形相同的;

②同外国的国家名称、国旗、国徽、军旗相同或者近似的,但该国政府同意的

除外；

③同政府间国际组织的名称、旗帜、徽记相同或者近似的，但经该组织同意或者不易误导公众的除外；

④与表明实施控制、予以保证的官方标志、检验印记相同或者近似的，但经授权的除外；

⑤同“红十字”“红新月”的名称、标志相同或者近似的；

⑥带有民族歧视性的；

⑦夸大宣传并带有欺骗性的；

⑧有害于社会主义道德风尚或者有其他不良影响的。

另外，县级以上行政区划的地名或者公众知晓的外国地名，不得作为商标。但是，地名具有其他含义或者作为集体商标、证明商标组成部分的除外。已经注册使用地名的商标继续有效。

(3)不得作为商标注册的标志

以下标志不得作为商标注册：

①仅有本商品的通用名称、图形、型号的；

②仅仅直接表示商品的质量、主要原料、功能、用途、重量、数量及其他特点的；

③缺乏显著特征的。

但上述标志经过使用取得显著特征，并便于识别的，可以作为商标注册。

4)商标权的内容

商标权的内容是指商标权人依法享有的权利和应承担的义务。

商标权人的权利主要包括：

①专有使用权，即商标权人在核定的商品或服务上独占使用其注册商标的权利，是商标权人最主要、最基本的权利，但以注册的商标和核准使用的商品或服务为限；

②禁止权，即商标权人有禁止他人使用自己的注册商标以及其他侵害商标权行为的权利；

③许可使用权，即商标注册人可以通过签订商标使用许可合同，许可他人使用其注册商标。

商标权人的义务有：保证使用注册商标的商品和服务质量，对消费者负责；按时缴纳各种费用，依法正确使用商标。

4.3.3 商标注册

1)商标注册的概念

商标注册,是指商标注册人按照法律规定的程序,将其使用的商标向国家商标局申请注册,经依法审查核准注册,并取得商标专用权的法律活动。只有经过注册的商标才享有商标专用权,受法律保护;没有经过注册的商标,可以依法使用,但不得侵犯已经注册的商标的专用权。经过商标主管机关核准注册的商标,称为注册商标。商标所有人在使用注册商标时,必须注明“注册商标”的字样,或标明注册标记“注”或Ⓡ,如下图所示:

知识链接4.7

商标右上方的TM和Ⓡ的区别

TM是“商标”的英文trademark的缩写,不是法定的注册标记,表示未注册商标的标记。Ⓡ是法定注册商标的标记,表示注册商标的注册标记。只要在商标上标注Ⓡ,表明该商标已在商标局核准注册,是一个注册商标。未经核准注册的商标,不得在商标上标注Ⓡ,否则构成冒充注册商标行为。

2)商标注册申请的原则

(1)一类商品一件商标一份申请的原则

商标注册申请人在不同类别的商品上申请注册同一商标的,应当按商品分类表提出注册申请;注册商标需要在同一类的其他商品上使用的,应当另行提出注册申请。

知识链接 4.8

《商标注册用商品和服务国际分类表》简介

《尼斯协定》是一个有多国参加的国际公约，其全称是《商标注册用商品和服务国际分类尼斯协定》。该协定于 1957 年 6 月 15 日在法国南部城市尼斯签订，1961 年 4 月 8 日生效。《尼斯协定》的成员国目前已发展到 65 个。我国于 1994 年 8 月 9 日加入了尼斯联盟。《尼斯协定》的宗旨是建立一个共同的商标注册用商品和服务国际分类体系，并保证其实施。目前，国际分类共包括 45 类，其中商品 34 类，服务项目 11 类，共包含一万多个商品和服务项目。申请人所需填报的商品及服务一般说来都在其中了。不仅所有尼斯联盟成员国都使用此分类表，而且，非尼斯联盟成员国也可以使用该分类表。所不同的是，尼斯联盟成员可以参与分类表的修订，而非成员国则无权参与。

目前世界上已有一百三十多个国家和地区采用此分类表。我国自 1988 年 11 月 1 日起采用国际分类，大大方便了商标申请人，更加规范了商标主管机关的管理，密切了国际间商标事务的联系。尤其是 1994 年我国加入《尼斯协定》以来，积极参与了对尼斯分类的修改与完善，已将多项有中国特色的商品加入尼斯分类中。

尼斯分类表一般每五年修订一次，一是增加新的商品，二是将已列入分类表的商品按照新的观点进行调整，以求商品更具有内在的统一性。我们目前使用的分类表是 2007 年 1 月 1 日起实行的第九版。

(2)申请在先原则

两个或者两个以上的商标注册申请人，在同一种商品或者类似商品上，以相同或者近似的商标申请注册的，申请在先的商标，其申请人可获得商标专用权，在后的商标注册申请予以驳回。如果是同一天申请，初步审定并公告使用在先的商标，驳回其他人的申请，不予公告。

(3)自愿注册为主，强制注册例外原则

我国绝大部分商品或服务是否使用注册商标，由商标所有人根据自己的意愿，自主决定。国家规定必须使用注册商标的商品，一般限于与人们生活关系密切，涉及人身安全和健康的少数商品，如烟草制品。

【议一议】

【4.11】【案例分析】

杭州娃哈哈集团有限公司在产品尚未投产的时候,就把“娃哈哈”三个字进行了商标注册申请,后来又注册了“哈娃娃”“哈娃哈”“哈哈娃”等类似商标。你能从中得到些什么启示?

3)商标注册的程序

(1)注册申请

商标注册申请人应当依法向商标主管机关(国家商标局)提出商标注册申请,包括商标注册申请书、商标图案、证明文件和申请费。申请注册商标,可委托国家认可的商标代理机构办理,也可直接到商标局的商标注册大厅办理。

(2)审查

对申请注册的商标进行审查,是对申请注册的商标进行形式审查和实质审查。形式审查主要是审查商标注册的申请是否具备法定条件和手续,从而确定是否受理申请。实质审查是对商标是否具备注册条件的审查,商标是否违背《商标法》的禁用条款,是否具备法定的构成要素,是否具有显著特征,商标是否与他人在同一种或类似商品上注册的商标相混同,是否与申请在先的商标及已撤销、失效不满1年的注册商标相混同。

(3)公告

申请注册的商标,符合《商标法》规定的,经商标局初步审定予以公告。不符合《商标法》规定的,由商标局驳回申请,不予公告。

初步审定的商标自刊登初步审定公告之日起3个月内,任何人均可提出异议。

(4)核准注册

核准注册,是初步审定公告的商标,从公告之日起经过3个月内,无人提出异议的,或虽有异议,但经商标局裁定异议不成立的,由商标局核准注册,发给《商标注册证》,并予以公告。核准注册标志着商标注册申请人从法律上正式取得商标专用权。

(5)复审或者裁定

对驳回申请不予公告的商标,商标局应当书面通知商标注册申请人。商标注册申请人不服的,可以自收到通知之日起15日内向商标评审委员会申请复审,由商标评审委员会作出决定,并书面通知申请人。当事人对商标评审委员会的决定不服的,可以自收到通知之日起30日内向人民法院起诉。

对初步审定予以公告的商标提出异议的,商标局应当听取异议人和被异议人陈述事实和理由,经调查核实后,作出裁定。异议人或被异议人如果对异议裁定不服,可以在收到裁定书15日之内,向商标评审委员会申请复审,由商标评审委员会作出裁定,并书面通知异议人和被异议人。当事人对商标评审委员会的裁定不服的,可以自收到通知之日起30日内向人民法院起诉。

4.3.4 商标权的期限和续展

我国注册商标的有效期为10年,自核准注册之日起计算。注册商标期限届满,需要继续使用的,可以申请续展,且次数不限,每次续展注册的有效期限为10年。注册商标的续展,应在期满前6个月内申请续展注册;在此期间未能提出申请的,可以给予6个月的宽展期。宽展期满仍未提出申请的,注销其注册商标。续展注册经核准后,予以公告。

4.3.5 商标使用管理和已注册商标发生争议的处理

1)商标使用的管理

商标使用的管理,是指商标行政管理部门为维护社会经济秩序,保护商标权人的合法权益和消费者的利益,依法对商标注册、使用、印制等行为进行的监督、检查、控制、协调、服务等管理活动的总称。

(1)商标管理机构

《商标法》规定:"国务院工商行政管理部门商标局主管全国商标注册和管理工作"。《商标法实施细则》规定:"申请商标注册、转让注册、续展注册、变更注册人名义或者地址、补发《商标注册证》等有关事项,由申请人所在地县级以上行政管理机关核准,或者由国家工商行政管理局认可的商标代理组织代理。"因此,我国商标管理机构是国家工商行政管理局商标局,以及省、自治区、直辖市、市(县)工商行政管理局。各商标管理机关实行分类注册、分级管理的原则。

(2)商标使用管理

使用注册商标,有下列行为之一的,由商标局责令限期改正或者撤销其注册商标:

①自行改变注册商标的;

②自行改变注册商标的注册人名义、地址或者其他注册事项的;

③自行转让注册商标的;

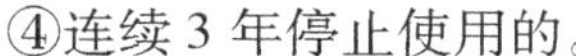

④连续3年停止使用的。

使用注册商标,其商品粗制滥造,以次充好,欺骗消费者的,由各级工商行政管理部门分不同情况,责令限期改正,并可以予以通报或者处以罚款,或者由商标局撤销其注册商标。

使用未注册商标,有下列行为之一的,由地方工商行政管理部门予以制止,限期改正,并可以予以通报或者处以罚款:

①冒充注册商标的;

②使用《商标法》规定的不得作为商标使用的文字和图形的;

③粗制滥造,以次充好,欺骗消费者的。

2)已注册商标发生争议的处理

已经注册的商标,违反《商标法》有关禁用标志和不恰当使用三维标志规定的,或者以欺骗手段或者其他不正当手段取得注册的,由商标局撤销该注册商标,其他单位或者个人可以请求商标评审委员会裁定撤销该注册商标。

已经注册的商标,违反《商标法》有关侵害他人驰名商标,或代理人擅自注册他人商标属于不予注册并禁止使用情况的,以及损害他人现有的在先权利或者以不正当手段抢先注册他人已经使用并有一定影响的商标的,自商标注册之日起五年内,商标所有人或者利害关系人可以请求商标评审委员会裁定撤销该注册商标。对恶意注册的,驰名商标所有人不受五年的时间限制。

除上述两种规定的情形外,对已经注册的商标有争议的,可以自该商标经核准注册之日起五年内,向商标评审委员会申请裁定。商标评审委员会收到裁定申请后,应当通知有关当事人,并限期提出答辩。对核准注册前已经提出异议并经裁定的商标,不得再以相同的事实和理由申请裁定。商标评审委员会作出维持或者撤销注册商标的裁定后,应当书面通知有关当事人。当事人对商标评审委员会的裁定不服的,可以自收到通知之日起30日内向人民法院起诉。人民法院应当通知商标裁定程序的对方当事人作为第三人参加诉讼。

4.3.6 注册商标专用权的保护

1)商标权的保护范围

注册商标的专用权,以核准注册的商标和核定使用的商品为限。

2)商标侵权行为

根据我国《商标法》第52条规定,有下列行为之一的,均属侵犯注册商标专用权：

①未经商标注册人的许可，在同一种商品或者类似商品上使用与其注册商标相同或者近似的商标的；

②销售侵犯注册商标专用权的商品的；

③伪造、擅自制造他人注册商标标识或者销售伪造、擅自制造的注册商标标识的；

④未经商标注册人同意，更换其注册商标并将该更换商标的商品又投入市场的；

⑤给他人的注册商标专用权造成其他损害的。

3）商标侵权行为的法律责任

（1）行政责任

根据《商标法》规定，由上述所列侵犯注册商标专用权行为之一，引起纠纷的，由当事人协商解决；不愿协商或者协商不成的，商标注册人或者利害关系人可以向人民法院起诉，也可以请求工商行政管理部门处理。工商行政管理部门处理时，认定侵权行为成立的，责令立即停止侵权行为，没收、销毁侵权商品和专门用于制造侵权商品、伪造注册商标标识的工具，并可处以罚款。

（2）民事责任

因为反《商标法》，对注册商标专用权造成损害的，应赔偿损失。侵犯商标专用权的赔偿数额，为侵权人在侵权期间因侵权所获得的利益，或者被侵权人在被侵权期间因被侵权所受到的损失，包括被侵权人为制止侵权行为所支付的合理开支。侵权人因侵权所得利益，或者被侵权人因被侵权所受损失难以确定的，由人民法院根据侵权行为的情节判决给予50万元以下的赔偿。销售不知道是侵犯注册商标专用权的商品，能够证明该商品是自己合法取得的并说明提供者的，不承担赔偿责任。

（3）刑事责任

未经商标注册人许可，在同一种商品上使用与其注册商标相同的商标，构成犯罪的，除赔偿被侵权人的损失外，依法追究刑事责任。

伪造、擅自制造他人注册商标标识或者销售伪造、擅自制造注册商标标识，构成犯罪的，除赔偿被侵权人的损失外，依法追究刑事责任。

销售明知是假冒注册商标的商品，构成犯罪的，除赔偿被侵权人的损失外，依法追究刑事责任。

从事商标注册、管理和复审工作的国家机关工作人员玩忽职守、滥用职权、徇私舞弊,违法办理商标注册、管理和复审事项,收受当事人财物,牟取不正当利益,构成犯罪的,依法追究刑事责任;尚不构成犯罪的,依法给予行政处分。

【做一做】

【4.12】【案例分析】

2009年8月,有群众向工商局举报某童装厂在其生产的童装的标识、吊牌、外包装上使用了尚未注册的“小太阳”文字及图案商标,并擅自标明注册标记®。经查,该童装厂确实尚未注册“小太阳”商标。请问该童装厂的做法对吗,为什么?

【议一议】

【4.13】【单项选择题】　甲公司和乙公司于2005年10月8日向国家商标局申请注册“蓝天”商标,使用在家用电器上。其中,甲公司是当天上午提出申请的,乙公司是当天下午提出申请的。经查明,甲公司在2005年5月5日已使用该商标,乙公司在2005年3月2日已使用该商标。依据《商标法》的规定,该商标专用权应授予(　　)。

A. 甲公司　　B. 乙公司

C. 甲公司与乙公司协商处理　　D. 甲公司与乙公司共同享有

【4.14】【多项选择题】　我国《商标法》规定,商标可以是(　　)。

A. 文字、字母或数字　　B. 气味或音响

C. 颜色的组合　　D. 文字和图形的组合

【4.15】【判断说明题】　使用注册商标的,在有效期内可以多年停止使用,对吗?

【本章小结】

知识产权包括工业产权和著作权,而工业产权具体包括专利权和商标权,作为一种无形财产,有其自身的特征。同时,在专利权、商标权的取得、保护方面也都有一些不同于有形财产的规则。本章的重点应该放在专利权、商标权各自的内容、客体和对相关权利保护制度方面。在此基础上,能够理解并识别工业产权的取得、权利的行使、保护的范围、侵权行为的认定、应承担的法律责任及相关的法律救济措施的运用。

【任务检测】

一、单项选择题

1. 工业产权的国际保护是通过(　　)来实现的。

A. 国际协作　　B. 垄断　　C. 签订国际公约　　D. 国际立法

2. 专利权人对国务院专利行政部门关于实施强制许可的决定不服的,可以自收到通知之日起(　　)个月内向人民法院起诉。

A. 3　　B. 6　　C. 10　　D. 12

3. 我国《商标法》规定注册商标的有效期为(　　)。

A. 5 年　　B. 10 年　　C. 15 年　　D. 20 年

4. 对于初步审定的商标,自刊登初步审定公告之日起(　　)内,任何人均可提出异议。

A. 1 个月　　B. 2 个月　　C. 3 个月　　D. 6 个月

5. 注册商标有效期满需要继续使用的,申请续展注册的期限应该是(　　)。

A. 期满前 6 个月　　B. 期满后 6 个月

C. 期满前 2 个月　　D. 期满前 3 个月

6. 我国注册商标的有效期限,自(　　)之日起计算。

A. 申请　　B. 审批　　C. 公告　　D. 核准注册

7. 商标权人在法律规定的期限内未提出续展注册申请的,依法可给予的宽展期为(　　)。

A. 1 个月　　B. 2 个月　　C. 3 个月　　D. 6 个月

二、多项选择题

1. 工业产权是(　　)的统称。

A. 商标权　　B. 著作权　　C. 专利权　　D. 知识产权

2. 专利的实施包括(　　)。

A. 自己实施专利　　B. 许可他人实施专利

C. 专利实施的强制许可　　D. 专利侵权

3. 依我国《专利法》规定,授予专利权的发明和实用新型,应当具备(　　)。

A. 新颖性　　B. 合法性　　C. 创造性　　D. 实用性

4. 专利权人的义务是(　　)。

A. 实施专利的义务　　B. 许可他人实施其专利的义务

C. 保守国家机密的义务　　D. 按时缴纳专利年费的义务

5. 自 1985 年起对我国生效的《巴黎公约》,主要规定了(　　)原则。

A. 国民待遇　　B. 优先权　　C. 独立性　　D. 互惠　　E. 强制许可

6. 根据我国《商标法》的规定，属于商标禁用条款的文字、图形有(　　)。

A. 仅仅直接表示商品质量的　　B. 地名具有其他含义的

C. 仅有本商品的通用名称的　　D. 仅仅直接表示商品用途的

7. 根据《商标法》的规定，商标注册人在使用注册商标时，不得(　　)。

A. 自行改变注册商标

B. 自行改变注册商标的注册人名义、地址或者其他注册事项

C. 自行转让注册商标

D. 连续3年停止使用

三、填空题

1. 在我国，通常把(　　　　)和(　　　　)统称为知识产权。

2. 工业产权是一种无形财产权，与有形财产权相比，具有(　　　　)、(　　　　)、(　　　　)和(　　　　)的法律特征。

3. 专利权人有权在其专利产品或该产品的包装上标明(　　　　)和(　　　　)。

4. 我国《专利法》规定，发明专利权的期限为(　　　　)年，实用新型和外观设计专利权的期限为(　　　　)年，期限均自申请日起计算。

5. 根据我国《商标法》和相关法律规定，(　　　　)必须使用注册商标。

6. 经过商标主管机关核准的商标，称为(　　　　)商标。

7. 注册商标专用权的保护范围，以(　　　　)的商标和(　　　　)的商品或服务为限。

四、简答题

1.《专利法》规定哪些发明创造和智力成果不授予专利权？

2. 简述商标注册申请的原则。

五、案例分析题

1. 某铁路企业工人吴某发明了一种推进火车速度的磨合剂，并申请了专利。由于按该磨合剂的方法，可将现有火车速度提高，国务院有关主管部门与吴某多次协商使用其发明，但吴某所提条件太高，未能达成协议。于是，便在铁道系统强制实施这项专利并支付其使用费3万元。吴某认为该主管部门侵犯了其专利。

请问该主管部门的行为是否合法？

2. 夏佳食品公司于1998年1月10日由我国商标局核准注册取得了“佳佳”注册商标专用权，核定使用的商品为面包，该商标于2008年1月10日到期，后也未办理商标续展手续。津津乐食品公司从2007年12月1日起在其生产的面包上也

标注了“佳佳”商标,并于2008年8月8日经国家商标局核准注册取得了“佳佳”注册商标专用权。

请问:(1)夏佳食品公司如果要办理商标续展手续应在什么时间办理?(2)津津乐食品公司是否存在商标侵权行为,其于2008年8月8日取得的“佳佳”注册商标合法吗?

第 5 章
市场运行调控法律制度

任务目标

1. 掌握不正当竞争的概念和特征。

2. 能够辨识不正当竞争行为。

3. 了解产品质量法的概念及调整范围。

4. 能够区分生产者和销售者的产品质量责任和义务。

5. 学会运用《消费者权益保护法》,保护自己和他人的合法权利。

6. 掌握欺诈消费者行为的概念和民事责任。

学时建议

1. 知识性学习 10 课时。

2. 案例学习讨论 2 课时。

【案例导入】

1999 年 8 月,甲纸厂推出“玫瑰”牌餐巾纸,每箱价格为 30 元。该品牌投放市场以后,以其低廉的价格,良好的质量赢得广大消费者的青睐。与此同时,乙纸厂的“沙龙”牌餐巾纸在市场上却无人问津。乙纸厂面对严峻的市场形势,作出战略调整,以每箱 28 元的价格投放市场。因乙纸厂的产品质量也不错,很快就赢得了一定的市场份额。2000 年 3 月,甲纸厂将产品价格降为 25 元每箱。于是,双方打起了价格大战。2000 年 7 月,乙纸厂为了彻底击垮对手,做出了大胆决定,以低于成本价即每箱 18 元的价格投放市场,并同时优化纸质。2001 年 2 月,乙纸厂凭借其雄厚的实力终于将对手击垮。2001 年 2 月 19 日,甲纸厂因产品滞销,资金困难而停产。2001 年 3 月 15 日,甲纸厂向人民法院提起诉讼,状告乙纸厂的不正当竞争行为,并要求赔偿损失。

【问一问】

明摆着这是一场价格战,而输的一方却去状告对方,你觉得这样做在法律上是否可行?甲纸厂的诉讼请求是否合理?

【想一想】

在现实经济和社会生活中,请大家想一想,不正当竞争可能会以哪些形式表现出来?等我们学习了《反不正当竞争法》,这些问题你自然就会明白。

【学一学】

5.1 反不正当竞争法律制度

5.1.1 反不正当竞争法概述

1)不正当竞争行为的概念

根据《中华人民共和国反不正当竞争法》(以下简称《反不正当竞争法》)第二条第二款规定,不正当竞争行为,是指违反《反不正当竞争法》规定,损害其他经营者的合法权益,扰乱社会经济秩序的行为。该定义是对不正当竞争行为的范围及其本质特征的基本概括。

2）不正当竞争行为的特征

①行为的主体是经营者。只有经营者才存在不正当竞争的行为，非经营者的行为不具有不正当竞争的性质。这里所称的经营者是指从事商品经营或者营利性服务的法人、其他经济组织和个人。

②行为的性质具有违法性。不正当竞争行为是经营者在竞争活动中的违法交易行为，它违背了竞争的原则和道德准则，即自愿、平等、公平、诚实信用的原则和公认的商业道德。同时，还违反了《反不正当竞争法》和相关法律的规定。

③行为的结果具有损害性。虽然有些不正当竞争行为可能损害消费者的合法权益，但从本质上看，不正当竞争行为主要损害的是其他经营者的合法权益，破坏公平竞争，阻碍市场竞争机制的正常运行，损害了合法诚实经营者的合法权益，破坏了市场经济秩序。

3）反不正当竞争法的概念

反不正当竞争法，是指调整经营者与经营者之间、经营者与消费者之间因不正当竞争行为而产生的社会关系的法律规范的总称。

反不正当竞争法有广义和狭义之分。狭义的反不正当竞争法是指全国人大常委会通过的《反不正当竞争法》。广义的反不正当竞争法除《反不正当竞争法》外，还包括国家有关法律、行政法规和规章中关于反不正当竞争的法律规范。我国《反不正当竞争法》于1993年9月2日第八届全国人民代表大会常务委员会第三次会议通过，自1993年12月1日起施行。

5.1.2　不正当竞争行为的类型

我国在1993年制定《反不正当竞争法》时采取了综合立法的方式，将当时妨碍市场公平竞争的主要行为纳入立法，明确规定了11种不正当竞争行为。

1）欺骗性交易行为

（1）欺骗性交易行为的概念

欺骗性交易行为，是指经营者采取假冒、仿冒或者其他虚假手段从事市场交易，牟取非法利益，损害其他经营者和消费者利益的行为。

（2）欺骗性交易行为的表现形式

①假冒他人的注册商标；

②擅自使用知名商品特有的名称、包装、装潢，或者使用与知名商品近似的名

称、包装、装潢，造成和他人的知名商品相混淆，使购买者误认为是该知名商品；

③擅自使用他人的企业名称或者姓名，引人误认为是他人的商品；

④在商品上伪造或者冒用认证标志、名优标志等质量标志，伪造产地，对商品质量作引人误解的虚假表示。

认证标志，是指证明产品、服务、管理体系通过认证的专有符号、图案或者符号、图案以及文字的组合。认证标志包括产品认证标志、服务认证标志和管理体系认证标志。

中国名牌产品标志适用于《中国名牌产品管理办法》规定的获得中国名牌产品称号的产品。中国名牌产品标志是质量标志。

【议一议】

【5.1】【案例分析】

A 毛纺厂是一家集体纺织厂。由于该厂经营不善，濒临倒闭。2003 年 10 月，该厂为扭亏为盈，想出一个绝招：将该厂积压的两千多件混纺上装全都换上纯新羊毛标志，作羊毛衫出售。由于该上装系羊毛、化纤混纺而成，成本大大低于纯新羊毛生产的羊毛衫。结果该厂在两个月内售完库存积压品并牟取暴利。后来当地工商行政管理机关得到举报，前往该厂调查，发现举报情况属实。

问题：A 毛纺厂的行为是否为不正当竞争行为？

【做一做】

【5.2】【案例分析】

1987 年 1 月，甲厂在国家商标局注册了圆形商标“喜凰”牌，用于白酒产品。1987 年 3 月，乙厂注册了圆形图案“天福山”，其中有“喜凤”字样，整个商标图形图案和文字除“天福山”和“凤”字外，所有的文字、图案都与“喜凰”商标一样，并且都用隶书书写，字型相仿。从 1987 年 3 月到 1988 年 5 月，乙厂用“天福山”的商标共生产白酒 470 万瓶，销售了 340 多万瓶，销售额达 240 多万元。正因为甲、乙两厂的商标相似，又加之乙厂采用了与甲厂白酒相似的装潢，致使广大消费者误认为“喜凰”就是“喜凤”，造成了消费者误购。同时，也造成了甲厂产品滞销，给甲厂造成了巨大的经济损失。因此，1989 年 1 月，甲厂将乙厂告上法庭。

问题：

①乙厂是否构成假冒或仿冒行为？

②乙厂的行为违背了我国哪些法律法规的规定？

3C认证标志

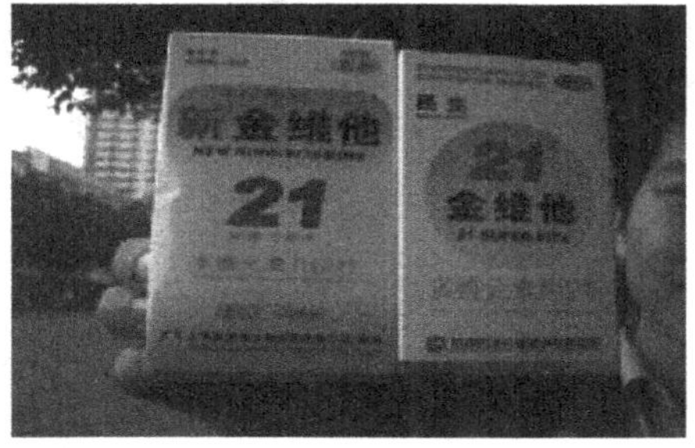

知识链接5.1

"知名商品特有的名称、包装、装潢,或者使用与知名商品近似的名称、包装、装潢,造成和他人的知名商品相混淆,使购买者误认为是该知名商品"的相关解释:

知名商品,是指在市场上具有一定知名度,为相关公众所知悉的商品。

特有,是指商品的名称、包装、装潢并非为相关商品所通用,并具有显著的区别性特征。

知名商品特有的名称,是指知名商品独有的与通用名称有显著区别的商品名称,但该名称已经作为商标注册的除外。

包装,是指为识别商品以及方便携带、储运而使用在商品上的辅助物和容器。

装潢,是指为识别与美化商品而在商品或者其包装上附加的文字、图案、色彩及其排列组合。

商品的名称、包装、装潢被他人擅自作相同或者近似使用,足以造成购买者误认的,该商品即可认定为知名商品。

特有的商品名称、包装、装潢应当依照使用在先的原则予以认定。

对使用与知名商品近似的名称、包装、装潢,可以根据主要部分和整体印象相近,一般购买者施以普通注意力会发生误认等综合分析认定。

一般购买者已经发生误认或者混淆的,可以认定为近似。

(摘自《关于禁止仿冒知名商品特有的名称、包装、装潢的不正当竞争行为的若干规定》)

知识链接5.2

“吐鲁番的葡萄哈密的瓜,库尔勒的香梨顶呱呱”

地理标志,是标示某商品来源于某地区,并且该商品的特定质量、信誉或者其他特征主要由该地区的自然因素或者人文因素所决定的标志。我国是通过商标法律以注册证明商标或集体商标的方式来保护地理标志的,这也是国际上保护地理标志的一种主要方式。对特色农产品实施地理标志保护,是国际通行的做法。

如:景德镇瓷器、贵州茅台、郫县豆瓣、廉江红橙、鄂·洪山菜薹、鄂州武昌鱼,等等,这些都属于经注册的地理标志产品。

【5.3】【专业实训】

请学生利用因特网查询《国家工商总局地理标志名录》,查找自己所在省份或者家乡拥有地理标志的产品,并介绍这种产品的特色。(中国地理标志网 http://www.zgdlbz.com/)

2)商业贿赂行为

(1)商业贿赂行为的概念

商业贿赂行为,是指经营者在市场交易中以秘密给付交易相对人财产或者其他报酬为手段进行贿赂,争取交易机会和交易条件,以排挤其他竞争者或使自己取得经营上的优势的行为。

我国《反不正当竞争法》第8条规定:“经营者不得采用财物或者其他手段进行贿赂以销售或者购买商品。在账外暗中给予对方单位或个人回扣的,以行贿论处;对方单位或者个人在账外暗中收受回扣的,以受贿论处。”

(2)回扣、折扣、佣金的区别

回扣与折扣都是由卖方向买方支付的,两者的区别在于:折扣是从价款中事先扣除;回扣是从支付的价款中,在明码标价以外另行扣让并事后退回的;佣金则是支付给为交易双方提供服务的中间人的报酬。

我国《反不正当竞争法》规定："经营者销售或者购买，可以以明示的方式给对方折扣，可以给中间人佣金。经营者给予对方折扣、给中间人佣金的，必须如实入账。接受折扣、佣金的经营者必须如实入账"。

【案例分析示例】

宁波市电力局局长姜肖川受贿案。姜肖川在担任宁波市电力局局长期间，利用职务之便，为他人在宁波市电力局变电工程招投标等方面谋取利益，先后收受贿赂共计人民币453.5万元、美金12 000元，被判处有期徒刑15年。

3）引人误解的虚假宣传行为

（1）引人误解的虚假宣传行为的概念

引人误解的虚假宣传行为，是指经营者在商品上，或者以广告或其他方法，对商品或服务的质量、制作成分、性能、用途、生产者、有效期限、产地等情况作引人误解的虚假宣传的不正当竞争行为。

（2）引人误解的虚假宣传的特点

引人误解的虚假宣传是经营者利用广告或其他方法对其商品或服务作出容易误导购买者产生错误理解的宣传行为，其特点是：宣传的内容表达模糊，具有迷惑性和误导性，容易导致购买者产生错误理解进而作出错误的决定。

【案例分析示例】

2009年7月，吕某在自己经营的北流市某玻璃铝材店擅自设置了"国际名牌永华电泳铝材"及"世界名牌出口产品高档永华电泳铝材保用50年"等内容的牌匾广告，同时吕某还在当地电视台电视广告节目中播出内容为"国际名牌永华电泳铝材"的电视广告，两项广告费用共2 174元。

工商部门认为，当事人吕某对其发布的"国际名牌"及"世界名牌""保用50年"等广告内容无法提供认证证书和有力依据，构成了利用电视媒介及招牌广告对其所经销的电泳铝材作引人误解的虚假宣传，对其进行了立案查处。因吕某的行为已违反了《广告法》第4条"广告不得含有虚假的内容，不得欺骗和误导消费者"的规定，工商部门根据《广告法》第37条"违反本法规定，利用广告对商品或服务作虚假宣传的，由广告监督管理机关责令广告主停止发布，并处广告费用1倍以上5倍以下的罚款"的规定，北流市工商局责令吕某停止发布虚假宣传广告，并对其处以 2 174 元的罚款。

【议一议】

【5.4】【案例分析】

1999 年,农夫山泉公司在中央台做了一个广告:使用农夫山泉的天然水和纯净水分别养水仙花,画面显示天然水种植的水仙花生长得很好,富有营养,而纯净水种植的水仙花生长得不好。得出结论:停止生产纯净水。后来,某纯净水生产者认为农夫山泉的广告违反了《反不正当竞争法》规定,属于虚假宣传的不正当竞争行为。同时,违反了《广告法》中关于对比性广告的规定。

请运用《反不正当竞争法》和《广告法》的相关理论,分析农夫山泉公司的行为是否违反了以上法律规定?

4)侵犯商业秘密行为

(1)侵犯商业秘密行为的概念

商业秘密,是指不为公众所知悉、能为权利人带来经济利益,具有实用性并经权利人采取保密措施的技术信息和经营信息。商业秘密具有非公开性、价值性和实用性。

侵犯商业秘密行为,是指经营者或者个人为了竞争或个人目的,通过不正当方法获取、披露或使用权利人的商业秘密的行为。

(2)侵犯商业秘密行为的表现

①以盗窃、利诱、胁迫或者其他不正当手段获取权利人的商业秘密;

②披露、使用或者允许他人使用以前项手段获取的权利人的商业秘密;

③权利人的职工或者与权利人有业务关系的单位和个人违反合同约定或者违反权利人有关保守商业秘密的要求,披露、使用或者允许他人使用其所掌握的权利人的商业秘密的行为等;

④第三者明知或者应知前述行为违法,仍旧获取、使用或者披露他人商业秘密的,也视为侵犯商业秘密的行为。

5)不正当有奖销售行为

有奖销售,是指经营者以竞争为目的,在销售商品或提供服务时,附带地向购买者提供物品、金钱或者其他经济上利益的一种促销行为。

我国《反不正当竞争法》第 13 条规定,经营者不得从事下列有奖销售:

①采用谎称有奖或者故意让内定人员中奖的欺骗方式进行有奖销售;

②利用有奖销售的手段推销质次价高的商品；
③抽奖式的有奖销售，最高奖的金额超过5 000元。

【议一议】

【5.5】【单项选择题】 下列行为属于不正当竞争的是(　　)。
A. 低于成本价销售鲜活产品
B. 商场为了促销，在成本价以上将商品打折出售
C. 企业经营不善，因为歇业而降价销售产品
D. 商场抽奖式的有奖销售，最高奖的金额达10 000元

6）商业诽谤行为

商业诽谤行为，是指经营者捏造、散布虚假事实，损害竞争对手的商业信誉、商品声誉的行为。

商业信誉是社会对经营者的评价，商品声誉是社会对商品的品质、特点的评价。这些都是经营者经过长期的努力，投入大量的人力、物力，在诚信经营的基础上逐渐树立起来的，是经营者重要的无形资产，能为经营者带来经济利益和市场竞争中的优势地位。为此，法律禁止损害他人商业信誉、商品声誉的不正当竞争行为。

【案例分析示例】

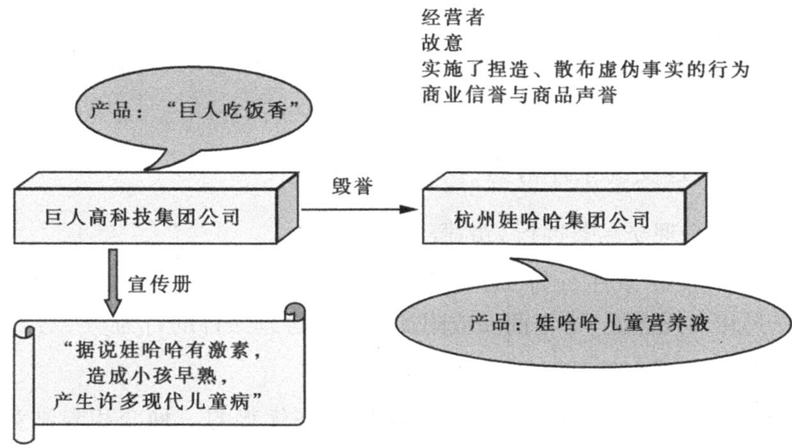

7)限购排挤行为

(1)限购排挤行为的概念

限购排挤行为,又称强制交易行为,是指公用企业或其他具有独占地位的经营者,为了排挤其他经营者的公平竞争而限定他人购买其指定的经营者的商品的行为。

《反不正当竞争法》第6条规定:"公用企业或者其他依法具有独占地位的经营者,不得限定他人购买其指定的经营者的商品,以排挤其他经营者的公平竞争。"实施此类不正当竞争行为的主体分为两种:一是公用企业。通常包括电力、自来水、热水、煤气、通信、公共交通等领域。这些领域的商品或服务是生产、生活最基本的要素,任何人也离不开的。二是依法具有独占地位的经营者,是指在特定市场上处于垄断地位而无人与之竞争的经营者。赋予其公用企业及特定经营者以独占地位,是国家出于公共利益或产业控制的需要,但不应给予他们在市场竞争中特殊的权利。

(2)限购排挤行为的表现

①限定用户、消费者只能购买和使用其附带提供的商品;

②限定用户、消费者只能购买和使用其指定的经营者生产或者经销的商品;

③强制用户、消费者只能购买其提供的不必要的商品及配件;

④强制用户、消费者只能购买其指定的经营者提供的不必要的商品;

⑤以检验商品质量为借口,阻碍用户、消费者购买、使用其他经营者提供的符合技术标准要求的其他商品;

⑥对不接受其不合理条件的用户、消费者拒绝、中断或者削减供应相应的商品,或者滥收费用。

8)附加不合理交易条件行为

(1)附加不合理交易条件行为的概念

附加不合理交易条件行为,是指经营者利用其经济优势,在提供商品或服务时,违背交易相对人意愿,搭售商品或附加其他不合理条件的行为。

(2)附加不合理交易条件行为的表现

附加不合理交易条件行为是经营者滥用经济优势的一种变相限制竞争的行为,通常包括两种情况:

①违背购买者的意愿搭售商品,通常是在购买其必需品时搭售购买者不愿意

要或不需要的商品；

②向购买者附加不合理的条件，如限定使用自由、限定使用人、限定销售价格、给购买者附加不应有的负担和义务，等等。

9）不正当亏本销售行为

（1）不正当亏本销售行为的概念

不正当亏本销售行为，是指经营者以排挤竞争对手为目的，以低于成本的价格销售商品的行为。这种不正当竞争行为有两个要件：一是以排挤竞争对手为目的；二是以低于成本的价格销售商品。其实质是实力雄厚的经营者为了独占市场，以价格战打击竞争对手。

（2）法律允许的合理降价

《反不正当竞争法》规定，下列情形不属于不正当竞争行为：

①销售鲜活商品；

②处理有效期限即将到期的商品或者其他积压的商品；

③季节性降价；

④因清偿债务、转产、歇业降价销售商品。

【议一议】

【5.6】【单项选择题】 下列属于正常竞争行为的是（　　）。

A. 季节性降价

B. 擅自使用他人的企业名称

C. 对商品质量作引人误解的虚假表示

D. 在商品上伪造认证标志

10）滥用行政权力限制竞争行为

（1）滥用行政权力限制竞争行为的概念

滥用行政权力限制竞争行为，是政府及其所属部门滥用行政权力，限定他人购买其指定的经营者的商品，限制其他经营者正当的经营活动，或者限制外地商品进入本地市场，或者本地商品流向外地市场。

（2）滥用行政权力限制竞争行为的表现

①超经济的强制经营行为，即利用行政权力强买强卖；

②地区封锁，即利用行政权力建立市场壁垒，限制外地商品进入本地市场，或

者限制本地商品流向外地市场,阻碍全国统一市场的形成。

11)串通投标行为

(1)串通投标行为的概念

串通投标行为,是指投标者之间相互串通,抬高或压低标价以及投标者为排挤竞争对手而与招标者之间相互勾结的行为。

(2)串通投标行为的表现

我国《反不正当竞争法》规定:投标者不得串通投标,抬高标价或者压低标价。投标者和招标者不得相互勾结,以排挤竞争对手的公平竞争。串通投标行为可分为:

①投标者串通投标,抬高标价或者压低标价;

②投标者和招标者相互勾结,以排挤竞争对手的公平竞争。

某建筑公司串标案

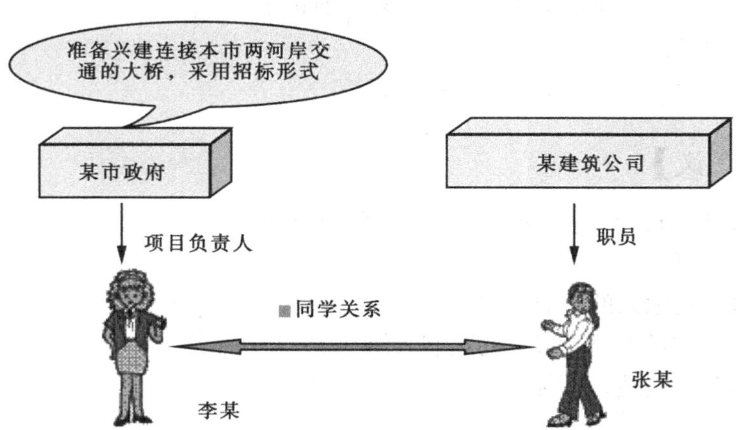

5.1.3 不正当竞争行为的检查监督

1)行政监督

行政监督,是指依法授权的行政主管机关对不正当竞争行为的监督。我国县级以上工商行政管理部门是专门负责市场监督管理的职能部门,法律授予其市场管理权,对不正当竞争行为进行监督检查。

工商行政管理机关在查处不正当竞争行为时,享有以下主要职权:

①调查询问权。监督检查部门有权按照规定程序询问被检查的经营者、利害

关系人、证明人，并要求提供证明材料或者与不正当竞争行为有关的其他材料。

②查询、复制权。监督检查部门有权查询、复制与不正当竞争行为有关的协议、账册、单据、文件、记录、业务函电和其他资料。

③检查处置权。监督检查机关在检查与假冒标识的不正当竞争行为有关的财物时，有权责令被检查的经营者说明该商品的来源、数量，暂停销售，听候检查，不得转移、隐匿、销毁该财物。

④处罚权。监督检查机关对查证属实，定性为不正当竞争的经营者，有权根据具体情况作出罚款、没收违法所得、责令停止违法行为、消除影响等处罚决定。

2）社会监督

社会监督，是指非国家机关的社会组织和个人进行的监督。社会监督的主体包括经营者、消费者、新闻媒体及行业协会等社会团体，它们可以采取建议、公开批评、举报、舆论监督等方式行使监督权。国家鼓励、支持和保护一切组织和个人对不正当竞争行为进行社会监督。

5.2 产品质量法律制度

5.2.1 产品质量法概述

【案例引入】

2003年6月9日，石某从某商品批发店购买了40箱啤酒，并且用卡车将啤酒运回家中。当石某卸货至第36箱时，其中一瓶啤酒突然爆炸，致使石某右眼球受伤，后因医治无效，石某右眼失明。由于石某在运输和搬动啤酒的过程中没有任何过错，于是他向某商品批发店要求赔偿，但商店称啤酒瓶的爆炸可能是由于厂家生产时因质量不合格所致，自己并没有过错，因此要石某向厂家索赔，石某遂诉至法院。

【想一想】

1. 生产厂家能满足石某的诉讼请求吗？
2. 石某能否直接向该出售啤酒的商品批发店请求赔偿？
3. 人民法院应如何解决该项纠纷？

【学一学】

1)产品质量法的概念

①根据《产品质量法》的规定,所谓产品,是指经过加工、制作,用于销售的产品。

②产品质量,是指产品满足需要的适用性、耐用性、可靠性、维修性、安全性和经济性等所具有的特征和特性的总和。

③产品质量法,是调整产品生产、流通、交换、消费领域中因产品质量而产生的社会关系的法律规范的总称。

2)《产品质量法》的适用范围

《产品质量法》的适用范围,包括适用的产品范围、活动范围和地域范围。

①适用的产品范围。《产品质量法》适用的产品,是指经过加工、制作,用于销售的产品。建筑工程不适用本法规定。

②适用的活动范围。"从事产品生产、销售活动,必须遵守本法。"这是对产品经营活动范围的规定。产品的生产经营活动一般包括生产、运输、保管、仓储、销售等几个环节,《产品质量法》主要调整其中的生产和销售环节,因为这两个环节发生的产品质量问题与消费者有着最为直接的关系。

③适用的地域范围。"在中华人民共和国境内"是对适用的地域范围的规定。

④特殊产品的法律适用。《产品质量法》所称的产品包括药品、食品、计量器具等特殊产品,而这些特殊产品如果有专门的法律加以调整,根据特别法优于一般法的原则,如果《产品质量法》与这些特别法有不同规定的,应该分别适用特别法的规定,特别法没有规定的,适用《产品质量法》的规定。

5.2.2 生产者的产品质量义务

1)作为的义务

(1)产品质量应符合的要求

①不存在危及人身、财产安全的不合理危险,有国家标准、行业标准的应当符合该标准;

②具备产品应当具备的使用性能,但是,对产品存在使用性能的瑕疵作出说明的除外;

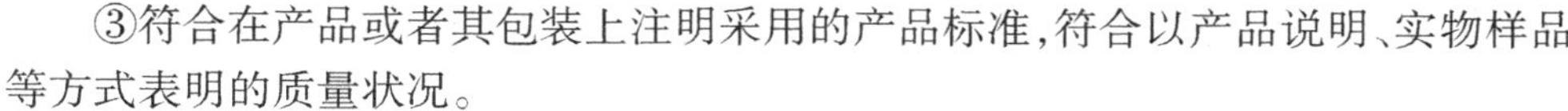

③符合在产品或者其包装上注明采用的产品标准，符合以产品说明、实物样品等方式表明的质量状况。

(2)包装及产品标识应当符合的要求

①普通产品：应有产品质量检验的合格证明，有中文标明的产品名称、生产厂的厂名和地址；根据需要标明产品的规格、等级和主要成分；限期使用的产品，应标明生产日期和安全使用期或者失效日期；产品本身易坏或者可能危及人身、财产安全的产品，有警示标志或者中文警示说明。

②特殊产品（如易碎、易燃、易爆的物品，有毒、有腐蚀性、有放射性的物品及其他危险物品，储运中不能倒置和有其他特殊要求的产品）：其标识、包装质量必须符合相应的要求，依照规定作出警示标志或者中文警示说明。

2)不作为的义务

①不得生产国家明令淘汰的产品；

②不得伪造产地，不得伪造或者冒用他人的厂名、厂址；

③不得伪造或者冒用认证标志、名优标志等质量标志；

④不得掺杂、掺假，不得以假充真、以次充好，不得以不合格产品冒充合格产品。

5.2.3 销售者的产品质量义务

1)进货验收义务

销售者应当建立并执行进货检查验收制度，验明产品合格证明和其他标识。该制度相对消费者及国家市场管理秩序而言是销售者的义务，相对供货商而言则是销售者的权利。严格执行进货验收制度，可以防止不合格产品进入市场，为准确判断和区分生产者及销售者的产品质量责任提供依据。

2)保持产品质量的义务

销售者进货后应对保持产品质量负责，以防止产品变质、腐烂，丧失或降低使用性能，产生危害人身、财产的瑕疵等。如果进货时的产品符合质量要求，销售时发生质量问题的，销售者应当承担相应的责任。

3)符合产品标识标注规范的义务

销售者在销售产品时，应保证产品标识符合产品质量法对产品标识的要求，符合进货时验收的状态，不得更改、覆盖、涂抹产品标识，以保证产品标识的真实性。

4）不得违反禁止性规范

对销售者而言，法律规定的禁止性规范有以下几项：

①不得销售国家明令淘汰并停止销售的产品和失效、变质的产品；

②不得伪造产地，不得伪造或者冒用他人的厂名、厂址；

③不得伪造或者冒用认证标志、名优标志等质量标志；

④不得掺杂、掺假，不得以假充真、以次充好，不得以不合格产品冒充合格产品。

【5.7】【单项选择题】 某厂发运一批玻璃器皿，以印有“龙丰牌方便面”的纸箱包装。在运输过程中，由于装卸工未轻拿轻放而损坏若干件玻璃器皿，该损失应由下列哪个部门承担？（　　）。

A. 装卸工承担　　　　B. 装卸工的雇主承担

C. 运输部门承担　　　D. 某厂承担

5.2.4 产品质量法律责任

【案例引入】

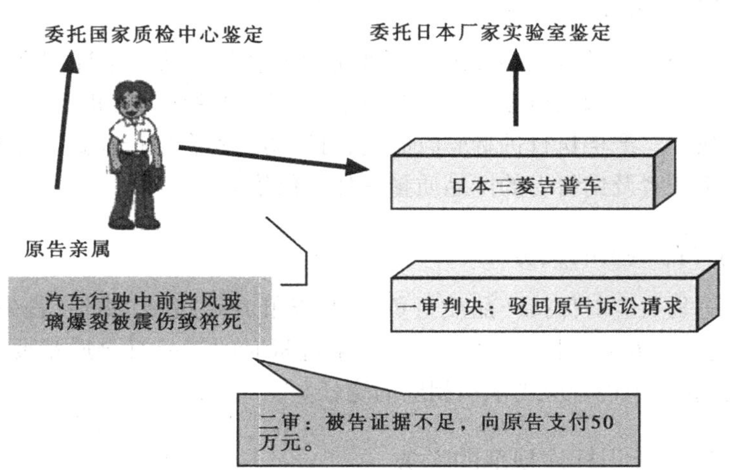

产品质量法律责任，是指产品的生产者、销售者以及对产品质量负有直接责任的责任者，因违反产品质量法规定的产品质量义务所应承担的法律责任。根据我国《产品质量法》的规定，违反产品质量法的，应当承担的法律责任包括民事责任、行政责任和刑事责任。

1)民事责任

(1)产品合同责任(产品质量违约责任)

产品合同责任，也称瑕疵责任或瑕疵担保责任，是指销售者售出的产品在质量上存在瑕疵，违反其默示担保或所作的明示担保而应承担的法律责任。

售出的产品有下列情形之一的，应当承担瑕疵担保责任：

①不具备产品应当具备的使用性能而事先未作说明的，即不具备产品正常的用途和使用价值，比如制冷空调不具备制冷性能等，而事先并未向消费者作出说明。如果事先作出说明的(比如明确标明为处理品)，可不承担民事责任。

②不符合在产品或者其包装上注明采用的产品标准的。在产品或者其包装上一旦注明了所采用的标准，就意味着向社会作出了承诺，表明该产品的相关质量指标与产品或其包装上注明采用的产品标准是一致的。否则，销售者就是违反了其应承担的对产品质量的担保义务，应承担相应的民事责任。

③不符合以产品说明、实物样品等方式表明的质量状况的。以广告、产品说明或实物样品等形式对产品的质量状况作出说明的，销售者应当保证其售出产品的实际质量与该产品说明中表明的产品质量状况相符。销售者以展示其实物样品的方式销售其产品的(如以家具展销会的方式出售家具)，其售出产品的质量状况应当与其展示的实物样品相符。否则，就应当承担相应的民事责任。

承担产品合同责任的形式：售出的产品有上述情形之一的，销售者应当负责修理、更换、退货；给消费者、用户造成损害的，还应负责赔偿。概括地说，就是“三包”加“赔偿”。其对象是“售出的产品”，不限于国家公布的实行三包的产品。赔偿损失的前提，是已经“给购买产品的消费者造成损失”。这里所说的损失，是指除产品之外的损失，比如交通费、邮寄费等。

(2)产品质量侵权责任(即产品责任)

产品质量侵权责任(即产品责任)，是指因产品存在缺陷，造成他人人身、财产损失所应承担的民事赔偿责任。它是一种特殊的侵权责任，即无过错责任。

①构成要件。一是产品存在缺陷；二是造成了实际损害(缺陷产品本身以外的损害)；三是缺陷产品与实际损害之间存在因果关系。

②承担方式。一是恢复原状；二是赔偿损失，赔偿给他人造成的人身伤害和财

产损失。

③归责原则和免责事由。我国《产品质量法》所采取的是严格责任与过错责任相结合的归责原则，即生产者承担严格责任，销售者则是过错责任。

免责事由：一是未将产品投入流通的；二是产品投入流通时，引起损害的缺陷尚不存在的；三是将产品投入流通时的科学水平尚不能发现缺陷存在的。

【议一议】

【5.8】【多项选择题】 下列产品中存在《产品质量法》所称的“缺陷”的有哪些？（ ）。

A. 致人中毒的假酒　　B. 口感不佳的劣酒

C. 易醉人的高度酒　　D. 突然爆炸炸坏家具的汽酒（爆炸原因为气压过高）

产品责任的求偿对象，包括两个方面，也就是生产者与销售者之间的连带责任，之所以这样规定，是为了方便消费者可以选择起诉的对象。《产品质量法》第43条规定：因产品存在缺陷造成人身、他人财产损害的，受害人可以向产品的生产者要求赔偿，也可以向产品的销售者要求赔偿。属于产品的生产者的责任，产品的销售者赔偿的，产品的销售者有权向产品的生产者追偿。属于产品的销售者的责任，产品的生产者赔偿的，产品的生产者有权向产品的销售者追偿。

关于赔偿的范围，主要是从两个方面来进行：

一是人身损害赔，可以分为三种情况来确定赔偿范围：因产品存在缺陷造成受害人人身伤害的，侵害人应当赔偿医疗费、治疗期间的护理费、因误工减少的收入等费用；造成残疾的，还应当支付残疾者生活自助具费、生活补助费、残疾赔偿金以及由其扶养的人所必需的生活费等费用；造成受害人死亡的，并应当支付丧葬费、死亡赔偿金以及由死者生前扶养的人所必需的生活费等费用。

二是因财产损害的赔偿，其主要规定就是：因产品存在缺陷造成受害人财产损失的，侵害人应当恢复原状或者折价赔偿；受害人因此遭受其他重大损失的，侵害人应当赔偿损失。

因产品存在缺陷造成损害要求赔偿的诉讼时效期间为两年，自当事人知道或者应当知道其权益受到损害时起计算。因产品存在缺陷造成损害要求赔偿的请求权，在造成损害的缺陷产品交付最初消费者满十年丧失；但是，尚未超过明示的安全使用期的除外。

【5.9】【案例分析】

上海市某区人民法院受理了一起化妆品损伤皮肤案。原告诉称：因使用了A化妆品厂的产品造成面部皮肤严重损伤，要求被告赔偿经济损失。被告辩称：原告使用的化妆品确为本厂生产的产品，但该产品是厂内正在研制过程的实验品，并未投入市场。经法庭调查，原告使用的化妆品是身为A化妆品厂检验员的男友所送，法庭委托有关产品检验机构对化妆品进行检测，结果表明：A厂生产的化妆品以现代科学技术水平尚不能发现缺陷的存在，进一步对原告进行皮肤测试，结论是原告皮肤属于特殊的过敏性皮肤，对该化妆品具有特殊的过敏性，从而导致皮肤损伤。

问题：

①在什么情形下生产者可以不承担赔偿责任？

②A厂是否要承担产品责任，为什么？

【议一议】

【5.10】【案例分析】

李某在1995年2月从本市某商场购买了"南极"牌电冰箱一台，使用了3个月后，冰箱起火，李某损失7 000多元。事发后，李某找到商场，商场同意赔偿了3 000元，李某认为商场至少赔5 000元。双方遂起纠纷，李某以产品责任为由诉到法院。法院审理后认为：认定产品质量问题，应由技术监督部门出具鉴定书。但技术监督部门提出，该冰箱已烧毁，又无库存，无法鉴定。法院开庭，认为不能排除消费者使用不当造成冰箱起火的可能性，虽然冰箱没有合格证，但产品质量问题证据不足，驳回起诉。

请运用《产品质量法》的产品责任规定分析法院的判决是否正确？并阐明理由。

2）行政责任

（1）承担行政责任的行为

①生产、销售不符合保障人体健康和人身、财产安全的国家标准、行业标准的产品。

②在产品中掺杂、掺假，以假充真，以次充好，或者以不合格产品冒充合格产品。

③生产国家明令淘汰的产品，销售国家明令淘汰并停止销售的产品。

④销售失效、变质的产品。

⑤伪造产品产地，伪造或者冒用他人厂名、厂址，伪造或者冒用认证标志等质量标志。

⑥产品标识或者有包装的产品标识不符合法律规定。

⑦拒绝接受依法进行的产品质量监督检查。

⑧伪造检验结果或者出具虚假证明。

⑨在广告中对产品质量作虚假宣传，欺骗和误导消费者。

⑩隐匿、转移、变卖、损毁被产品质量监督部门或者工商行政管理部门查封、扣押的物品。

(2)承担行政责任的主要形式

①责令停止生产、销售。即由产品质量监督部门以行政决定的方式，要求违法者停止违法的生产、销售行为，避免违法生产、销售不符合质量要求的产品进一步危害社会。

②没收违法生产、销售的产品。即没收违法生产、销售的所有不符合标准和要求的产品，包括尚未售出的产品，以防止这些产品售出后，给使用者造成人身和财产损害。

③警告。警告是行政处罚法第八条规定的行政处罚的一种。

④责令停业整顿。责令停业整顿是指行政机关强制要求违法者停止生产或者经营的行政处罚。

⑤罚款。罚款是适用较为普遍的一种行政处罚形式，即由有关行政执法机关责令有违法行为的单位或个人缴纳一定数额的货币。

⑥没收违法所得。有违法所得的，并处没收违法所得。这里所讲的违法所得，是指违法生产或者违法销售的产品的全部收入。

⑦吊销营业执照。吊销营业执照，是指工商行政管理部门依法取消企业和个体工商户生产经营活动的合法凭证。

3)刑事责任

①生产、销售不符合保障人体健康和人身、财产安全的国家标准、行业标准的产品，构成犯罪的，依法追究刑事责任。

②在产品中掺杂、掺假，以假充真，以次充好，或者以不合格产品冒充合格产品，构成犯罪的，依法追究刑事责任。

③销售失效、变质的产品，构成犯罪的，依法追究刑事责任。

④各级人民政府工作人员和其他国家机关工作人员有下列情形之一的，依法给予行政处分，构成犯罪的，依法追究刑事责任：包庇、放纵产品生产、销售中违反本法规定行为的；向从事违反本法规定的生产、销售活动的当事人通风报信，帮助其逃避查处的；阻挠、干预产品质量监督部门或者工商行政管理部门依法对产品生产、销售中违反本法规定的行为进行查处，造成严重后果的。

【5.11】【多项选择题】　行政机关对产品质量违法行为作出行政处罚后，当事人不服的，可以在接到处罚通知之日起 15 日内采取如下哪些办法？(　　)。

A. 向作出处罚决定的机关的上一级机关申请复议
B. 向人民法院起诉
C. 请求检察机关审查行政处罚的合法性
D. 请求原处理机关复议

知识链接5.3

产品质量责任承担顺序

销售者的先行负责及赔偿义务：售出的产品有下列情形之一的，销售者应当负责修理、更换、退货；给购买产品的消费者造成损失的，销售者应当赔偿损失。

①不具备产品应当具备的使用性能而事先未作说明的；

②不符合在产品或者其包装上注明采用的产品标准的；

③不符合以产品说明、实物样品等方式表明的质量状况的。

销售者的追偿权：销售者依照前款规定负责修理、更换、退货、赔偿损失后，属于生产者的责任或者属于向销售者提供产品的其他销售者（以下简称供货者）责任的，销售者有权向生产者、供货者追偿。

【做一做】

【5.12】【专业实训】

主　　题：产品质量案例分析

地　　点：教室和图书馆

过程设计：①根据学生掌握的情况，把学生分成几个小组，每个小组5～6个人。

②让学生自己在图书馆或者利用互联网搜集《产品质量法》的有关案例。

③将学生找来的案例在教室进行讨论，分析各组的成果，并讨论典型案例。

④由老师进行总结并点评。

目　　的：①培养学生自己动手发现问题和解决问题的能力。

②将所学的知识应用于找到的案例，并进行分析和比较。

③最大限度地培养学生的动手能力，调动其学习的积极性。

建　　议：学生们相互交换所搜集的案例，增加学生对本章内容的了解，扩大知识面。

5.3 消费者权益保护法律制度

5.3.1 消费者权益保护法概述

【案情引入】

假如你购买了一本《智慧背囊》,回家后发现里面缺页,也就是一部分内容没有。当你去要求书店老板更换时,书店老板拒绝更换,你会选择以下哪种处理方式?(　　)。

A. 自认倒霉,下次不到这里来买书了

B. 同他讲道理,坚决要求更换

C. 向工商局举报

D. 找几个朋友把老板打一顿,然后要求更换

【想一想】

从法律角度来说,哪些处理方式是可取的、合法的?又有哪些相关理由是符合法律要求的呢?带着这两个问题,我们来学习下面的内容。

【学一学】

1)消费者的法律特征

(1)消费者的消费性质属于生活消费

消费者的生活消费包括两类:一是物质资料的消费,如衣、食、住、行等方面的物质消费;二是精神消费,如旅游、文化教育等方面的消费。

(2)消费者的消费客体是商品和服务

①商品,指的是与生活消费有关的并通过流通过程推出的那部分商品,不管其是否经过加工制作,也不管其为动产或不动产。

②服务,指的是与生活消费有关的有偿提供的可供消费者利用的任何种类的服务。

(3)消费者的消费方式包括购买、使用商品和接受服务

关于商品的消费,即购买和使用商品,既包括消费者购买商品用于自身的消费,也包括购买商品供他人使用或使用他人购买的商品。关于服务的消费,不仅包括自

己付费自己接受服务,而且包括他人付费自己接受服务。无论是商品的消费还是服务的消费,只要其有偿获得的商品和接受的服务是用于生活消费,就属于消费者。

(4)消费者的主体包括公民个人和进行生活消费的单位

生活消费主要是公民个人(含家庭)的消费,而且对公民个人的生活消费是保护的重点。但是,生活消费还包括单位的生活消费,因为在一般情况下,单位购买生活资料最后都是由个人使用,有些单位还为个人进行生活消费而购买商品和接受服务。

2)消费者权益保护法的概念

消费者权益保护法有广义和狭义之分。广义的消费者权益保护法是调整消费者在购买、使用商品或接受服务过程中与经营者在提供其生产、销售的产品或者提供服务中发生的经济关系的法律规范的总称。狭义的消费者权益保护法仅指消费者权益保护的基本法,即《消费者权益保护法》。该法 1993 年 10 月 31 日由八届全国人大常委会第四次会议通过,于 1994 年 1 月 1 日起施行。

3)消费者权益保护法的适用对象

①消费者为生活消费需要购买、使用商品或者接受服务的,适用《消费者权益保护法》。所谓消费者,是指为个人生活消费需要购买、使用商品和接受服务的自然人。

②农民购买、使用直接用于农业生产的生产资料时,参照《消费者权益保护法》执行。

③经营者为消费者提供其生产、销售的商品或者提供服务,适用《消费者权益保护法》。

5.3.2 消费者的权利

【案例引入】

1996 年,在某市的一家报纸上刊登了一则招生广告和简章,该广告称:某私立大学是经省教委批办的,有重点大学的多位教授任教,并可以颁发大中专毕业文凭,学生毕业后能够被推荐到某大学深造。由于该家报纸是该市的正式刊物,并享有大量的读者群,这则广告一经刊出,即引起了众多学生的关注,并吸引了 290 名学生报名。该校按照每年 1 100 元的标准收费,共收得学费和其他杂费 28 万元。开学后,学校的实际情况与广告及招生简章多有不符,学生纷纷要求退学,并要求退还学杂费,被校方拒绝,学生遂联合向法院提起诉讼。

问题:本案应如何处理? 其根据和理由是什么?

消费者的权利，是指在消费活动中，消费者依法享有的各项权利的总和。《消费者权益保护法》为消费者设立了相互独立又相互关联的9项权利。

1）安全保障权

安全保障权，是指消费者在购买、使用商品或接受服务时所享有的保障其人身、财产安全不受损害的权利。这是消费者最基本的权利，具体包括两个方面：

①人身安全权，即消费者依法享有生命不受危害、身体不受损害的权利；

②财产安全权，消费者依法享有财产不受损害的权利。

消费者在整个消费者过程中都享有安全保障权，有权要求经营者提供的商品和服务必须符合保障人身、财产安全的要求。

2）知悉真情权

知悉真情权，是指消费者依法享有知悉其购买、使用的商品或者接受服务的真实情况的权利。具体地说，消费者有权根据商品和服务的具体情况，要求经营者提供商品价格、产地、生产者、用途、性能、规格等级、主要成分、生产日期、有效期限、检验合格证明、使用方法说明书、售后服务，或者服务的内容、规格、费用等有关情况。

3）自主选择权

自主选择权，就是消费者有权选择自己要购买的商品或接受的服务的权利。自主选择包括4个方面的内容：

①消费者有权自主选择经营者；

②消费者有权自由选择满意的商品和服务，这是对强制交易而言的；

③消费者有权决定购买或不购买某种商品，接受或不接受某种服务；

④在购买使用商品和接受某种服务时有权选择和挑选比较。

是不是自主选择权在什么情况下都受法律保护呢？也不尽然，自主选择权必须具备三个条件：第一，自主选择的行为必须是自愿的，非自愿就无所谓自主选择了；第二，自主选择行为必须是合法行为；第三，自主选择行为必须限定在购买商品中不能扩大到使用商品这个领域。具备这三个条件的自主选择权才是受《消费者权益保护法》保护的自主选择权。

4）公平交易权

公平交易权，是指消费者在购买商品或者接受服务时所享有的获得质量保障、价格合理、计量正确等公平交易条件和按照自己真实意愿从事交易活动，对经营者的强制交易行为予以拒绝的权利。

侵犯消费者公平交易权的具体表现：

①标价不实；

②虚假降价、虚假打折，跳楼价、亏本甩卖；

③计量不准；

④计量单位不合理；

⑤交易条件不合理，如格式合同中的霸王条款。

5）获取赔偿权

获取赔偿权，是指消费者因购买、使用商品或者接受服务受到人身、财产损害的，享有依法获得赔偿的权利。赔偿的内容包括：

①人身损害的赔偿，不论是生命安全、身体健康还是精神方面的损害均可要求赔偿；

②财产损害的赔偿，包括直接损失和可得利益的损失。

6)依法结社权

结社权,是指消费者享有依法成立维护自身合法权益的社会团体的权利。1984 年 12 月 26 日,作为全国性的消费者组织——中国消费者协会正式成立。到目前为止,全国成立的有中国消费者协会和地方各级消费者协会共 2 550 多个,对保护消费者工作起到了重要作用。

7)获得知识权

获得知识权,是指消费者享有获得有关消费和消费者权益保护方面的知识的权利。消费知识主要指有关商品和服务的知识。消费者权益保护知识主要指有关消费者权益保护及权益受到损害时如何有效解决等方面的法律知识。

8)维护尊严权

维护尊严权,是指消费者在购买、使用商品和接受服务时,享有其人格尊严、民族风俗习惯得到尊重的权利。具体包括:

①消费者的人格尊严不受侮辱、诽谤;

②消费者的民族风俗习惯得到尊重。

9)监督批评权

监督批评权,是指消费者享有对商品和服务以及保护消费者权益工作进行监督的权利。此外,消费者有权检举、控告侵犯消费者权益的行为和国家机关及其工作人员在保护消费者权益工作中的违法失职行为,有权对保护消费者权益工作提出批评、建议。

5.3.3 经营者的义务

在消费法律关系中,消费者的权利就是经营者的义务。为了有效地保护消费者的权益,约束经营者的经营行为,《消费者权益保护法》不仅专章规定了消费者的权利,还专章规定了经营者的义务。但经营者的义务不限于这些规定,在不同的领域法律对经营者还有更加专业、更加具体甚至更加严格的规定。这些规定则是对《消费者权益保护法》的具体化或者补充。

【情景导入】

王军在某鞋类商品专卖店购买了某知名品牌的皮鞋一双,在付款取货的同时,

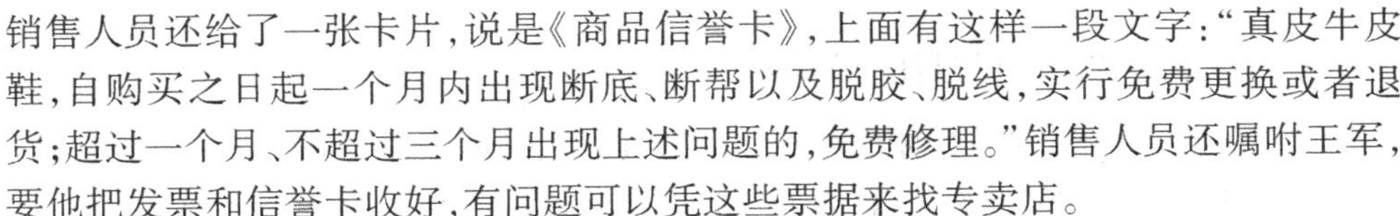

销售人员还给了一张卡片，说是《商品信誉卡》，上面有这样一段文字："真皮牛皮鞋，自购买之日起一个月内出现断底、断帮以及脱胶、脱线，实行免费更换或者退货；超过一个月、不超过三个月出现上述问题的，免费修理。"销售人员还嘱咐王军，要他把发票和信誉卡收好，有问题可以凭这些票据来找专卖店。

【问一问】

你购买鞋子的时候有没有遇到过这样的事情？你相不相信专卖店利用信誉卡所作出的承诺？如果这家专卖店没有兑现自己的承诺，你觉得这仅仅是一种不讲诚信的商业道德问题，还是认为这是一种违约行为，应当承担违约责任？

【想一想】

商家往往通过一定的方式向社会、向消费者公开作出承诺，表明自己对售出商品的质量负责，此形式和内容有没有法律效力？

【学一学】

1）履行法定义务及约定义务

（1）必须履行法定义务

《消费者权益保护法》第16条第1款规定："经营者向消费者提供商品或者服务，应当依照《中华人民共和国产品质量法》和其他有关法律、法规的规定履行义务。"根据这一规定，经营者应当履行的法定义务包括两个方面：

①履行《产品质量法》规定的义务。

②履行其他法律法规规定的义务。即除《产品质量法》以外，其他法律、法规还规定了经营者的义务以及对消费者权益的保护。也就是广义消费者保护法所列举的有关方面的法律和法规。

（2）履行与消费者约定的义务

《消费者权益保护法》第16条第2款规定："经营者和消费者有约定的，应当按照约定履行义务，但双方的约定不得违背法律、法规的规定。"

经营者与消费者之间的约定，实际上是他们之间就购买商品或者提供服务达成的一种具有权利义务为内容的协议，是一种双务合同。依法成立并生效的合同，具有法律约束力，受法律保护。违反合同的规定，应承担违约责任。但约定的内容不得与法律规定相抵触。

2)听取意见和接受监督的义务

经营者应当听取消费者对其提供的商品或者服务的意见,接受消费者的监督。这是与消费者的监督批评权相对应的一项经营者的义务,作为经营者都应本着对消费者负责的态度,要求每一位销售人员、服务人员都负有直接听取消费者意见、最大限度地方便消费者行使监督义务和责任。

3)提供安全商品和安全服务的义务

经营者应当保证其提供的商品或服务符合保障人身、财产安全的要求。对可能危及人身、财产安全的商品和服务,应当向消费者作出真实的说明和明确的警示,并说明和标明正确使用商品或者接受服务的方法以及防止危害发生的方法。此项义务与消费者的安全权相对应,具体包括:

(1)确保商品、服务符合安全要求

这就是要求所提供的商品或者服务不存在危及人身、财产安全的不合理的危险。所提供的商品和服务有保障人体健康、人身、财产安全的国家标准、行业标准的,应当符合该标准。

(2)对危险商品和服务进行警示和说明

对于一些由于自身性质或现有的技术限制不可能完全保证其安全性的商品和服务,经营者应当作出警示和说明,履行告知义务。

(3)在发现商品或服务存在严重缺陷时采取必要措施

经营者发现其提供的商品或者服务存在严重缺陷,即使正确使用商品或者接受服务仍然可能对人身、财产安全造成危害的,应当立即向有关行政部门报告和告知消费者,并采取防止危害发生的措施。

4)提供真实信息的义务

①向消费者提供有关商品或服务的真实信息,不得作引人误解的虚假宣传;

②对消费者的询问作真实、明确的答复;

③商店销售商品应明码标价。

明码标价,是指标明价格金额的价格标签放置于醒目且不易与其他商品发生混淆的位置。明码标价的基本要求是:价格标签的内容完整,除价格金额外,还包括品名、货号、规格、等级、计量单位等内容;标价真实、准确,不应含有使消费者产生误解的内容;价格标签齐全、一货一签、摆放醒目。

5)标明真实名称和标记的义务

此项义务与消费者的知情权相对应。其主要内容包括:

①经营者应当标明自己的真实身份;

②租赁他人柜台或者场地的经营者,应当标明其真实名称和标记;

③当消费者购买和使用在出租柜台、场地的经营者出售的商品受到损害的,不能向承租人索赔时,可以直接向出租人索赔。

6)出具凭证或单据的义务

经营者提供商品或者服务,应当按照国家有关规定或者商业惯例向消费者出具购货凭证或服务单据。消费者索要购货凭证或者服务单据的,经营者必须出具。

购货凭证,是销售者在与购买者之间的买卖合同履行后,向购买者出具的证明买卖合同履行的书面凭据。服务单据,是指服务提供方出具给接受服务方的,证明服务合同履行的书面凭证。这些凭据是消费者索赔的书面证据。

7)保证质量的义务

保证质量的义务,又称品质担保义务,经营者的品质担保义务主要包括默示担保义务和明示担保义务两个方面的内容。

(1)默示担保义务

经营者应当保证在正常使用商品或者接受服务的情况下其提供的商品或者服务应当具有的质量、性能、用途和有效期限,但消费者在购买该商品或者接受该服务前已经知道其存在瑕疵的除外。

①在经营者对商品、服务的质量,未通过广告、产品说明或者实物样品等方式作出许诺时,也应当保证其所提供的商品和服务具有该商品、服务应当具有的一般质量、通常具备的性能、合理期待的用途以及合理的有效期。

②消费者事先已经明知商品或服务存在瑕疵的情况下,而仍然购买该商品或者服务的,意味着消费者自愿承担由此造成的风险。

(2)明示担保义务

经营者以广告、产品说明、实物样品或者其他方式表明商品或者服务的质量状况的,应当保证其提供的商品或者服务的实际质量与表明的质量状况相符。

经营者通过不同的方式,对商品或者服务的质量状况向消费者作出了一定的许诺,应当保证其许诺的内容与实际状况是一致的。

8）履行“三包”或其他责任的义务

经营者提供商品或者服务，按照国家规定或者与消费者的约定，承担包修、包换、包退或者其他责任的，应当按照规定或者约定履行，不得故意拖延或者无理拒绝。

（1）经营者必须履行国家规定的强制性“三包”义务

国家有关部门对相关商品的“三包”责任有相应规定的，不论经营者与消费者之间有无约定，经营者都必须履行，并且不得以格式合同予以免除。

（2）经营者必须严格履行与消费者约定的“三包”及其他义务

①国家对有关商品的“三包”及其他义务有明确规定的情况下，经营者作出了高于规定的承诺，这是国家所鼓励的，应当认真履行。

②国家对有关商品的“三包”及其他义务尚未作出明确的规定，而经营者主动作出承诺，这种自己制定的“三包”实施细则，作为一种明示担保，应当按其承诺承担“三包”责任和其他责任。

③在国家没有具体明确的规定且经营者也无明确承诺的情况下，经营者还是应当按照有关法律规定的品质担保义务承担责任，即按照《产品质量法》和《消费者权益保护法》的规定承担修理、更换、退货及赔偿损失的产品质量担保责任。

知识链接 5.4

1. 国家制定的强制性“三包”规定有哪些？

①《部分商品修理更换退货责任规定》（自行车、彩色电视机、黑白电视机、家用录像机、摄像机、收录机、电子琴、家用电冰箱、洗衣机、电风扇、微波炉、吸尘器、

家用空调器、吸排油烟机、燃气热水器、缝纫机、钟表、摩托车)。

②《农业机械产品修理更换退货责任规定》。

③《移动电话商品修理更换退货责任规定》(移动电话)。

④《固定电话商品修理更换退货责任规定》(固定电话)。

⑤《微型计算机商品修理更换退货责任规定》(微型计算机)。

⑥《家用视听商品修理更换退货责任规定》。

2."三包"责任规定的主要内容有哪些?

①产品售出之日起7日内,发生性能故障,消费者可以选择退货、换货或者修理。退货时,销售者应当按发票价格一次退清货款。

②产品售出之日起15日内,发生性能故障,消费者可以选择换货或者修理。换货时,销售者应当免费为消费者调换同型号同规格的产品。如无同型号同规格的产品,消费者要求退货的,销售者应当免费予以退货。

③在三包有效期限内,修理两次,仍不能正常使用的产品,凭修理者提供的修理记录和证明,由销售者负责免费为消费者调换同型号同规格的产品或者退货。

④符合换货条件,因销售者没有同型号的商品,消费者要求退货的,销售者应负责免费为消费者退货;销售者有同型号商品的,消费者不愿换货而要求退货的,销售者应予以退货,但可以按规定收取折旧费。

9)不得以格式合同等方式作出对消费者不利规定的义务

格式合同,是指当事人为了重复使用而预先拟订,并在订立合同时未与对方协商,由消费者接受即可成立的合同。除此以外,还包括经营者在营业活动中所采用的通知、声明、店堂告示等方式来明确或表述的一些事项,这些方面的内容不得损害消费者的利益。具体包括:

①经营者不得以格式合同、通知、店堂告示等方式作出对消费者不公平、不合理的规定;

②经营者不得以格式合同、通知、店堂告示等方式减轻、免除其损害消费者合法权益应当承担的民事责任;

③不公平、不合理及不当免责的内容是无效的,其内容对消费者不产生约束力,即视为不存在此项约定。

【案例分析示例】

无效的店堂告示

某日，卢某请几位朋友来到一家名叫“好运来”的餐馆就餐。结账时，服务员告知其费用共630元，离该餐馆最低消费标准888元尚差258元，必须补足方能结账。卢某遂找餐馆经理协商，经理说餐馆霓虹灯广告牌上写得清楚，该餐馆最低消费是888元。在协商不成的情况下，卢某只好买了几包烟喝几瓶酒补足。事后卢某向法院起诉该餐馆。法院经审理认为，该餐馆的行为是强制交易行为，其行为无效，判决该餐馆收回烟酒，退还卢某258元。

10）不得侵犯消费者人格权的义务

人格权是民事主体作为独立的人而享有的基本权利。经营者侵害消费者人格的现象时有发生，主要是人格权中的生命权、健康权和名誉权。经营者的此项义务包括：

①不得对消费者进行侮辱、诽谤；

②不得搜查消费者的身体及其携带的物品；

③不得侵犯消费者的人身自由。

5.3.4 消费者合法权益的保护

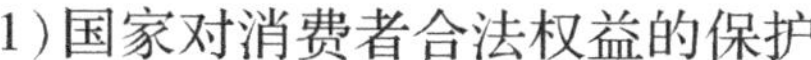

1)国家对消费者合法权益的保护

(1)立法保护

这是立法机关通过消费者权益保护的制定、修改、颁布、废止等立法活动来保护消费者的利益。

(2)行政保护

这是行政机关通过行政执法和监督活动对消费者权益进行的保护,在这些国家行政机关中,与消费者权益保护关系最为密切的是国家工商行政管理、技术监督、卫生行政、物价管理、进出口商品检验以及行政监察等部门。

(3)司法保护

司法机关通过侦查审判活动维护消费者的合法权益。

2)社会对消费者权益的保护

(1)消费者组织

消费者协会和其他消费者组织是依法成立的对商品和服务进行社会监督,保护消费者合法权益的社会团体。

各级人民政府对消费者协会履行职能应当予以支持。同时,消费者组织不得从事商品经营和营利性服务,不得以牟利为目的向社会推荐商品和服务。

(2)国际消费者联盟组织

国际消费者组织同盟(IOCU),是1960年由美国消费者同盟、英国消费者协会、澳大利亚消费者协会、荷兰消费者同盟、比利时消费者协会5个消费者组织在荷兰海牙发起设立的,现迁到英国伦敦。

维护消费者权益的组织机构

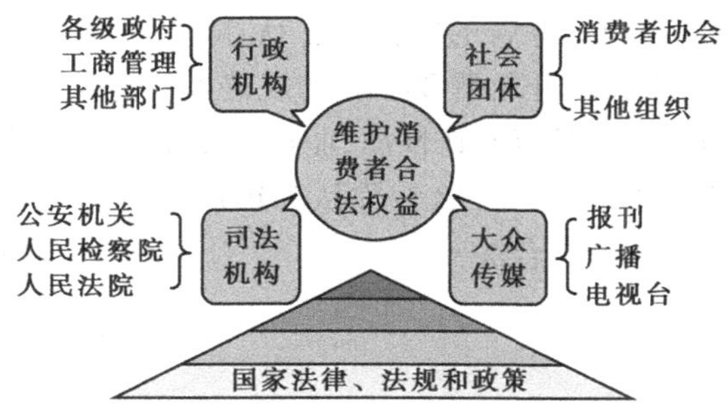

【案例分析示例】

广州市民曲连吉有一瓶珍藏了16年的杜康酒。他表示,如果北京申奥成功,他一定会亲手开启杜康酒以示庆贺。2001年7月15日晚,曲连吉和朋友到广州下塘西路的某某阁酒楼举行“申奥庆宴”。宴会开始,曲某拿出杜康酒时,酒楼服务员不失礼貌地告诉他们,自带酒水要收开瓶费。于是,曲提出买酒楼的杜康酒。服务员表示,酒楼没有这样的酒卖,但如果他们要喝自己带来的酒,还是要收开瓶费,这也是酒楼的“规定”。为了不因开瓶费而扫兴,曲连吉告诉服务员,中国消费者协会前不久刚发布了一个通知,说酒楼向自带酒水的顾客收取开瓶费是不合法的。对此,服务员仍坚持要收开瓶费,并叫来了酒楼的一名部长再次重申酒楼的“规定”。

曲连吉坚持自己动手开启酒瓶,但结账时,酒楼廖部长却认为,即使如此,也要照收开瓶费。最后,曲连吉要求酒楼出具开瓶费发票,酒楼只得在一张百元定额发票上注明“其中开瓶费20元”的字样。

曲连吉同律师进行了磋商,并于次日一早,将起诉状送交广州市白云区人民法院。要求被告返还开瓶费20元,并赔偿20元,同时要求被告向原告道歉,赔偿精神损失费1元。

在一审中,原被告对收取开瓶费的事实及当庭出示的相关证据均无异议,双方辨认的焦点集中于两点:酒楼的规定是否合法,以及要求赔偿的依据是什么。原告认为被告未提供任何开瓶服务,收取费用侵害了原告的人格尊严与名誉权。被告坚持认为服务员提醒过顾客自带酒要加收服务费,顾客也使用了酒楼的酒杯,酒杯已经有了损耗,应当收取相关费用,那20元不单指开瓶的费用,而是酒楼提供酒杯的费用。

广州市白云区法院认为,原告到被告处进行饮食消费,双方已形成了饮食服务合同关系,原告自带酒水到被告处消费属于自由选择的服务范围,被告实质上并未对原告提供“开瓶”服务,收取原告的“开瓶费”无事实、法律依据,应退还该费于原告。酒楼关于“自带酒水收取开瓶费20元”的规定虽没有及时提及给原告注意,但向原告收取开瓶费的行为不具有欺诈性质,曲连吉要求酒楼赔偿20元,不予采纳。

分析人民法院的判决依据是什么?你认为饭店规定谢绝宾客“自带酒水”的原因是什么?是否合理?是否合法?

【做一做】

【5.13】【案例分析】

主题:有奖评选活动纠纷分析

过程设计:

①组织学生阅读以下资料,并提出问题。

2004年4月中旬,刘女士通过新浪网科技频道参加了新浪网举办的"首届'我最喜欢的拍照手机'评选"活动,并于6月份公布的中奖名单中有幸成为20名幸运网友之一。按照当初主办方"新浪科技"在活动页面上的公示——"参加新浪拍照手机评选赢取拍照手机大奖"可知,获奖人员可得拍照手机一部,而且活动网页上还公示了CECTA706拍照手机的画面,按理说奖品应该是这部手机,若不是该机型,也至少应该是拍照手机。然而,刘女士收到的手机却是CECTA606型手机,该手机并没有拍照功能,与所公示的手机价值相差约1 500元。刘女士感觉自己受到了欺骗,遂写了投诉信,并连带7月15日新浪网上手机评选活动的网页,一同邮寄到北京市海淀区消费者协会。

在刘女士提供的材料中,新浪网并未向社会承诺获奖人员可以获得拍照手机一部,而是承诺"新浪科技将送出20部手机答谢网友的积极参与"。而且在与新浪负责人的通话中,该负责人也说未承诺过中奖网友会得到拍照手机。为了更准确地调查取证,消费者协会工作人员登录当天的新浪网,查到了20名获奖名单,并在名单的上方看到了这样一行字:"经过一个月网友积极参与……参与本次大赛的20名幸运网友(随机抽取)都将获得时尚手机一部……"但事实是否真像商家所说的那样?其领导在消费者协会的再三追问下,终于承认确实有过送拍照手机的承诺……

②根据提出的问题把学生分成几个小组,每组5~6个人,进行小组讨论。

③每组派出一名代表上台发言,并从消费者协会的角度表明自己的观点。

④由教师进行总结并点评。

实训目的:①培养学生的消费者权益保护意识。

②加深对《消费者权益保护法》的理解。

建　　议:通过各种鼓励措施充分调动学生的积极性,例如发放奖品等。

【议一议】

【5.14】【举例说明题】 侵犯消费者选择权的表现有哪些?

知识链接5.5

《消费者权益保护法》的意义

一般情况下，我们所说的消费者权益保护法是指1993年10月31日颁布，1994年1月1日起施行的《中华人民共和国消费者权益保护法》。该法的颁布实施，是我国第一次以立法的形式全面确认消费者的权利。此举对保护消费者的权益，规范经营者的行为，维护社会经济秩序，促进社会主义市场经济健康发展具有十分重要的意义。

5.4 侵害消费者权益的法律责任

1)经营者承担民事责任的情形

经营者有下列情形之一的，承担民事责任：

①商品存在缺陷的。

②不具备商品应当具备的使用性能而出售时未作说明的。

③不符合在商品或者其包装上注明采用的商品标准的。

④不符合商品、实物样品等方式表明的质量状况的。

⑤生产国家明令淘汰的商品或者销售失效、变质的商品的。

⑥销售的商品数量不足的。

⑦服务的内容和收取的费用违反约定或法律规定的。

⑧对消费者提出的修理、重作、更换、退货、补足商品数量、退还货款和服务费用或者赔偿损失的要求，故事拖延或者无理拒绝的。

⑨法律、法规规定的其他损害消费者权益的情形。

2)侵犯人身权的民事责任

①经营者提供商品或者服务，造成消费者或者其他受害人人身伤害的，应当支付医疗费、治疗期间的护理费、因误工减少的收入等费用，造成残疾的，还应当支付残疾者生活自助具费、生活补助费、残疾赔偿金以及由其扶养的人所必需的生活费等费用。

②经营者提供商品或者服务，造成消费者或者其他受害人死亡的，应当支付丧葬费、死亡赔偿金以及由死者生前扶养的人所必需的生活费等费用。

③经营者侵害消费者的人格尊严或者侵犯消费者人身自由的，应当停止侵害，恢复名誉，消除影响，赔礼道歉，赔偿损失。

3)侵犯财产权的民事责任

①经营者提供商品或者服务,造成消费者财产损害的,应当按照消费者的要求,以修理、重作、更换、退货、补足商品数量、退还货款和服务费用或者赔偿损失等方式承担民事责任。消费者与经营者另有约定的,按照约定履行。

②对国家规定或者经营者与消费者约定包修、包换、包退的商品,经营者应当负责修理、更换或者退货。在保修期内两次修理仍不能正常使用的,经营者应当负责更换或者退货,对包修、包换、包退的大件商品,消费者要求经营者修理、更换、退货的,经营者应当承担运输等合理费用。

③经营者以邮购方式提供商品的,应当按照约定提供。未按照约定提供的,应当按照消费者的要求履行约定或者退回货款,并应当承担消费者必须支付的合理费用。

④经营者以预收款方式提供商品或者服务的,应当按照约定提供。未按照约定提供的,应当按照消费者的要求履行约定或者退回预付款,并应当承担预付款的利息和消费者必须支付的合理费用。

⑤依法经有关行政部门认定为不合格的商品,消费者要求退货的,经营者应当负责退货。

⑥经营者提供商品或者服务有欺诈行为的,应当按照消费者的要求增加赔偿其所受的损失,增加赔偿的金额为消费者购买商品的价款或者接受服务费用的一倍。

5.5 欺诈消费者行为及其法律责任

5.5.1 欺诈消费者行为的概念和法律特征

【案例引入】

2002年4月10日,某县工商局消保科接到4个投诉该县开发公司预售的商品房面积缩水的举报电话,称它们所购商品房采用预售方式,后来在办理房产证时,发现房产部门核定的建筑面积是106.02平方米,而实际房款是按建筑面积110平方米支付的,面积缩水3.98平方米。

【想一想】

某县开发公司是否构成欺诈消费者行为?为什么?

【学一学】

1)欺诈消费者行为的概念

欺诈消费者行为,是指经营者故意在提供的商品或服务中,以虚假陈述或者其他不正当手段欺骗、误导消费者,致使消费者权益受到损害的行为。只要证明下列事实存在,即可认定经营者构成欺诈行为:

①经营者对其商品或服务的说明行为是虚假的,足以使一般消费者受到欺骗或误导。

②消费者因受误导而接受了经营者的商品或服务,即经营者的虚假说明与消费者的消费行为之间存在因果关系。

2)法律特征

①经营者客观上实现承诺或说明的行为;
②经营者主观上出于故意;
③消费者的合法权益受到了实际损害;
④消费者受到的损害与经营者的行为之间有因果关系。

5.5.2 欺诈消费者行为的类型

根据国家工商行政管理局发布的《欺诈消费者行为处罚办法》规定,有下列情形之一的,属于欺诈消费者行为,应加倍赔偿消费者并受到工商行政管理机关的处罚:

①销售掺杂、掺假,以假充真,以次充好的商品;
②采取虚假或者其他不正当手段使销售的商品分量不足的;
③销售“处理品”“残次品”“等次品”等商品而谎称是正品的;
④以虚的“清仓价”“甩卖价”“最低价”“优惠价”或者其他欺诈性价格表示销售商品的;
⑤以虚假的商品说明、商品标准、实物样品等方式销售商品的;
⑥不以自己的真实名称和标记销售商品;
⑦采取雇用他人等方式进行欺骗性销售诱导的;
⑧作虚假的现场演示和说明的;
⑨利用广播、电视、电影、报刊等大众传播媒介对商品作虚假宣传的;
⑩骗取消费者预付款的;

⑪利用邮购销售骗取价款,提供或者不按照约定条件提供商品的;

⑫以虚假的"有奖销售""还本销售"等方式销售商品的;

⑬其他虚假或者是不正当手段欺诈消费者的行为。

在这个规章中还规定,经营者在向消费者提供商品或者服务中,如果不能证明自己确非欺骗、误导消费者而实施某种行为的,应当承担欺诈消费者行为的法律责任。这些情形有:

①销售失效、变质商品的;

②销售侵犯他人注册商标的商品的;

③销售伪造产地、伪造或者冒用他人的企业名称或者姓名的商品的;

④销售伪造或冒用他人商品特有的名称、包装、装潢的商品的;

⑤销售伪造或者冒用认证标志、名优标志等质量标志的商品的。

5.5.3 欺诈消费者行为的民事责任

欺诈消费者行为应承担的法律责任,包括民事责任、行政责任和刑事责任。就民事责任来讲,我国《消费者权益保护法》第49条规定:"经营者提供商品或者服务有欺诈行为的,应当按照消费者的要求增加赔偿其受到的损失,增加赔偿的金额为消费者购买商品的价款或者接受服务的费用的一倍。"

知识链接5.6

《欺诈消费者行为处罚办法》简介

《欺诈消费者行为处罚办法》是与《消费者权益保护法》配套的带有实体法性质的行政规章,1996年3月15日公布。

消费欺诈的民事责任在《消费者权益保护法》和《欺诈消费者行为处罚办法》中确定的是惩罚性赔偿金制度。这是我国民事法律制度的一项重大突破性进展。消费欺诈的行政责任在《消费者权益保护法》第49条和《消费欺诈行为处罚办法》中作了具体规定:一是法律、行政法规对处罚机关和处罚方式有规定的,转致使用法律、行政法规;二是未作规定的,由工商行政管理机关责令改正,根据情节单处或者并处警告、没收违法所得、处以违法所得1倍以上5倍以下的罚款,没有违法所得的,处以1万元以下的罚款;情节严重的,责令停业整顿、吊销营业执照。

【5.15】【案例分析】

2000年1月15日,何某在被告某家具有限公司购得橡木的沙发、床各一件,并取得发票,价值计3 308元。2001年12月11日,原告通过当日《××日报》登载的文章得知自己所购橡木沙发、床实为橡胶木后，发现自己的利益受到侵害，于2002年2月和5月先后两次去函与被告交涉，提出赔偿要求。因双方协商未成，原告于2002年7月向法院提起诉讼。原告何某诉称：2001年底，从《××日报》上得知自己在2000年1月15日从被告处购得的橡木沙发、床各一件实为橡胶木，故要求确认买卖行为无效，并由被告赔偿3 308元。

被告某家具有限公司辩称：原告所购的沙发、床确为橡胶木，这是因为当时市场上对于橡木和橡胶木的标名比较混乱，所以在标名和发票上也写成橡木，但向原告收款是按橡胶木价格收取的，再则原告起诉时已超过法定诉讼时效，故不同意原告的诉讼请求。

请问：何某与某家具有限公司的买卖行为是否有效？何某向法院起诉时是否已超过法定诉讼时效？某家具有限公司是否应承担法律责任？如果是，应如何承担？

【议一议】

【5.16】【判断说明题】 以虚假的“清仓价”“甩卖价”“最低价”“优惠价”或者其他欺诈性价格表示销售商品的，属于欺诈消费者行为吗？

【本章小结】

市场运行调控法是调整国家在市场运行的调控过程中发生的经济关系的法律规范的总称。其调整对象是经济规制关系，是国家依法干预市场交易活动的一项重要的制度设计。其基本作用在于建立公平竞争的交易规则，维护市场交易秩序。

反不正当竞争法是以不正当竞争行为引起的法律关系为调整对象的法律。不正当竞争行为的实质是违反诚实信用的商业惯例和公认商业道德的行为。而反不正当竞争法则是将这些不诚实守信、不道德的竞争行为纳入到法律的范畴，以法律手段进行规制。不正当竞争行为当然是不道德的，同时，也构成了违法。它不仅妨碍了竞争机制的发挥，直接或间接地侵害了其他经营者的合法权益，而且也在一定程度上损害了消费者的合法权益，严重地破坏了市场经济秩序，必须受到法律的规制。

产品质量法是调整国家质量管理机构及质量检验机构对企业生产、销售产品的行为进行监督和管理而产生的纵向经济关系，以及生产者、销售者在产品销售过程中依法对消费者、客户应承担的产品质量责任而产生的横向经济关系。我国的《产品质量法》具体包括四个部分：产品质量法的相关概念、产品质量的监督与管理制度、生产者和销售者的产品质量责任和义务以及违反产品质量法的法律责任等内容。应当注意的是，经营者对消费者或者用户应承担的产品质量民事责任包括合同责任（产品瑕疵责任）和侵害责任（产品缺陷责任）两种，而这两种责任的构成要件及承担责任的方式是不同的。

消费交易的公平、消费市场的秩序、消费者的利益是社会公平、社会秩序和社会利益的重要体现。《消费者权益保护法》作为保护消费者权益的基本法，在整个消费者权益保护法律规范体系中处于中心地位，是认定和追究经营者法律责任的主要法律依据。该法针对消费者在市场交易中的弱者地位，主要规定了消费者的基本权利、经营者的义务和违反消费者权益保护法，侵害消费者合法权益的法律责任。而其他法律法规中关于保护消费者权益的相关规定，也是认定和追究经营者法律责任的有力补充。

【任务检测】

一、单项选择题

1. 甲商场与乙公司因为货款问题产生纠纷，甲商场拒绝出售乙公司生产的产品，并对外宣称乙公司产品中含有有害身体健康的物质，所以拒绝销售，乙公司的经营因此受到严重打击。关于这一事件，下列说法正确的是（　　）。

A. 商场的行为属于限定他人购买其指定经营者的商品的不正当竞争行为

B. 商场的行为属于侵犯他人商业秘密的不正当竞争行为

C. 商场诋毁了该企业的商业信誉、商品声誉

D. 商场有权决定是否销售某件产品，因此商场的行为属于正当的经营行为

2. 某省于2008年元旦开通有线电视公共频道，该有线电视台为了提高收视率，每月抽取2万元的大奖1名。关于该行为下列说法正确的是（　　）。

A. 违反了《反不正当竞争法》

B. 有利于电视事业的发展，应该提倡

C. 是有线电视台正当的竞争手段

D. 属于不正当竞争行为，因为奖金额超过了国家规定的3 000元的限制

3.《消费者权益保护法》调整的对象是下列的（　　）。

A. 消费者为生产需要购买、使用商品或接受服务时所发生的法律关系

B. 各商家为经营需要而发生的购销关系

C. 消费者为生活消费需要购买、使用商品或者接受服务而发生的法律关系

D. 消费者为营利而进行的购销活动

4. 甲厂生产一种易拉罐装的碳酸饮料。消费者丙从乙商场购买这种饮料后，在开启时被罐内强烈气流炸伤眼部，下列答案中正确的是（　　）。

A. 丙只能向乙索赔

B. 丙只能向甲索赔

C. 丙只能向消费者协会投诉，请其确定向谁索赔

D. 丙可向甲、乙中的一个索赔

5. 经营者提供商品或者服务有欺诈行为的，应当按照消费者的要求增加赔偿其受到的损失，增加赔偿的金额为消费者购买商品的价款或接受服务的费用的(　　)。

A. 1 倍　　B. 2 倍　　C. 3 倍　　D. 4 倍

6. 经营者不得以排挤竞争对手为目的，以低于(　　)的价格销售商品。

A. 批发价　　B. 出厂价　　C. 零售　　D. 成本

7. 下列产品受《产品质量法》调整的是(　　)。

A. 建设工程　　B. 建筑材料　　C. 原矿石　　D. 原煤

二、多项选择题

1. 经营者以低于成本的价格销售商品不属于不正当竞争行为的是(　　)。

A. 销售鲜活商品　　B. 季节性降价

C. 处理有效期限即将到期的商品　　D. 处理其他积压的商品

E. 因清偿债务、转产、歇业降价销售商品

2. 经营者承担民事责任的情况是(　　)。

A. 商品存在缺陷

B. 销售的商品数量不足

C. 服务的内容和费用违反约定

D. 不符合产品说明、事物样品等方式表明的质量情况

E. 不具备商品应当具备的使用性能而出售时未作说明

3. 假设某商场在促销乙厂的“压力锅”时，谎称商场要转产歇业，所售产品的销售价是“跳楼价”，下列表述中哪些是正确的？(　　)

A. 该商场违反了《反不正当竞争法》关于禁止低价倾销的规定

B. 该商场违反了《消费者权益保护法》关于禁止欺诈经营的规定

C. 该商场违反了《反不正当竞争法》关于禁止作引人误解虚假宣传的规定

D. 该商场违反了《民法通则》和《合同法》规定的诚实信用原则

4. 消费者张某在某商场购买了乙厂生产的“压力锅”之后，依法经有关行政部门认定为不合格商品，张某找到商场要求退货。下列哪些处理方法不正确？(　　)

A. 该商场认为购物小票上已经注明“一经售出，概不退换”，因此拒绝退货

B. 该商场认为该产品经过修理能够达到合格,因此拒绝退货

C. 该商场按照消费者的要求无条件负责退货

D. 该商场可以依法选择修理、更换、退货中的任一方式

5. 依据《消费者权益保护法》规定,经营者有欺诈行为应承担惩罚性赔偿责任,其消费交易中常见的欺诈行为有( )。

A. 虚列修理项目　　B. 故意缺斤少两

C. 偷换原材料　　D. 拒绝补足商品数量

6. 消费争议可根据不同标准进行分类,根据争议涉及的消费者利益不同,可将消费争议分为( )。

A. 侵权争议　　B. 消费者财产利益争议

C. 消费者人身权益争议　　D. 消费者合同争议

三、判断说明题

1. 某市政府办公大楼对外招标,甲建筑公司与其他准备参加投标的建筑公司约定,将标价均抬高 30%,无论那家建筑公司中标,均将抬高的 30% 的利润与其他建筑公司平分,该行为属于正当竞争行为,因为这几家建筑公司并没有损害其他竞争者的合法权益。( )

2. 某商场在电视上做广告,声称其新进一批法国巴黎时尚服装,现正在进行打折优惠,消费者纷纷前往购买,后来消费者发现服装并非产自法国,而是由国内厂家生产的,该商场的行为是伪造产地的行为。( )

3. 商品或服务的经营者对工商行政机关的处罚决定不服的,可以自收到处罚决定之日起 15 日内向上一级机关作出复议。( )

4. 消费者何某在广联百货商场购买了一台价值 3 700 元的彩色电视机,使用不到一个月,电视机因显像管有问题,不能使用,何某到原购买地点要求退货,但此时广联百货商场因经营不善已被胜大百货公司兼并。何某即要求胜大百货公司对此事负责,胜大百货公司以广联的事与自己无关为由拒绝,胜大百货公司的做法是对的。( )

第 6 章
税收法律制度

任务目标

1. 认识税收、税收法律关系的概念，知道税收法律关系的内容。
2. 明确税收的种类和税收法律关系的构成要素。
3. 明确增值税的征税对象，能够根据增值税的计税依据计算增值税。
4. 明确营业税的征税对象，能够根据营业税的计税依据计算营业税。
5. 明确消费税征税范围与纳税环节，能够根据消费税税目、税率和消费税应纳税额计算消费税。
6. 明确关税的征税范围，能够根据关税的计税依据——完税价格计算关税。
7. 明确企业所得税的纳税人和征税范围，能够根据企业所得税应纳税额计算企业所得税。
8. 明确个人所得税的纳税人及征税范围，能够根据个人所得税的税目、税率和计税依据计算相关项目的个人所得税。
9. 知道税收征管的内容和税收征收的措施。

学时建议

1. 知识性学习 8 课时。
2. 案例学习讨论 2 课时。

【情景导入】

2008年入选山东省第三届漫画展

如果你买1袋1千克装的盐价格为2元，其中就大约包含0.29元的增值税和大约0.03元的城建税。而每瓶3元的啤酒大约包含0.44元的增值税、0.12元的消费税和0.06元的城建税。1包8元的卷烟，其中大约4.70元是消费税、增值税和城建税。如果去餐馆吃饭，餐费的5.5%是营业税及城建税。你如果使用一次性木筷，还会包括些许消费税……

【想一想】

"税"和我们的生活密不可分。那么，你知道税字的来历吗？

知识链接6.1

"税"字的来历

"税"字是个产生年代较为久远的汉字，税收最初缴纳的是粮食等实物，而且该缴的必须缴清，要兑现，所以用“禾”和“兑”组成，含义就是用粮食来兑现。

我国古代对“税”的称谓有租、税、捐、赋等多种，“税”这个称谓最早见于“初税亩”。早在春秋时期，生产力已经有很大提高，人们大量开垦荒地种植粮食。当时的诸侯国鲁国，为增加财政收入，于公元前594年宣布不论公田私田，一律按亩征税，这就是“初税亩”。它是税收起源与产生的一个重要里程碑。

【学一学】

6.1　税收法律制度概述

6.1.1　税收与税法概述

1）税收的概念和特征

（1）税收的概念

税收，是国家为了实现其职能的需要，凭借政治权力，按照法定标准，强制、无偿地取得财政收入的一种特定分配形式。

（2）税收的特征

①法定性。税收的法定性是指国家征税以法律的形式预先规定征税标准，未经严格的立法程序，任何单位或者个人都不得随意变更或修改。征税和纳税的双方都必须遵守。

②强制性。税收的强制性是指税收是国家以社会管理者的身份，凭借政权力以及法律、法规的形式作出直接规定，纳税人必须依法缴纳，自觉履行纳税义务。否则，就要受到法律的制裁。

③无偿性。税收的无偿性是指国家取得税收收入既不需要返还，也不需要对纳税人付出任何代价。单位和个人的一部分收入以税收的形式转归国家所有，税收成为国家的财政收入的主要来源。

2）税法和税收法律关系

（1）税法的概念

税法，是国家制定的，用来调整国家与纳税人之间在征税方面的权利义务关系的法律规范的总称。

税法由税收征纳实体法、税收征纳程序法等子部门法所组成。

税收实体法（如《中华人民共和国个人所得税法》），具体规定了相应税种的征收对象、征收范围、税目、税率、纳税地点等内容。税收程序法（如《中华人民共和国税收征收管理法》），具体规定税务管理、税款征收、税务检查等内容。

（2）税收法律关系

税收法律关系与其他法律关系一样，也是由主体、客体和内容三个要素构成。

①税收主体，是指在税收关系中享有权利和承担义务的当事人。其中一方是征税主体，即税收法律关系中享有征税权利的一方当事人，即税务行政执法机关，包括各级税务机关、海关等；另一方是纳税主体，即税收法律关系中负有纳税义务的一方当事人，包括自然人、法人和其他组织。

②税收客体，是指税收法律关系主体双方的权利和义务所共同指向的对象。如应税的商品、所得、资源、财产、行为等。

③税收关系的内容，是指税收法律关系主体所享受的权利和应承担的义务。如税务机关的税收征收、处罚等权利，以及应承担的义务（如税款解缴、依法处理税务争议等），再如纳税人申请减免、行政复议等权利，以及接受税务查检、足额纳税等义务。

6.1.2 税种的分类

1）按征税对象的性质分类

①流转税类，包括增值税、消费税、营业税、城市维护建设税、关税。

②所得税类，包括企业所得税、个人所得税。

③资源税类，包括资源税、城镇土地使用税、土地增值税。

④财产税类，包括房产税、城市房地产税、契税。

⑤行为税类，包括固定资产投资方向调节税、印花税、车船使用税、车船使用牌照税、船舶吨税、筵席税和屠宰税。

【做一做】

【6.1】【多项选择题】 下列各项中，属于流转税的有（　　）。

A. 增值税　　B. 消费税　　C. 营业税　　D. 所得税

2）按管理和使用权限分类

（1）中央税

中央税属于中央政府的财政收入，由国家税务局负责征收管理，包括关税和消费税两个税种。

(2)地方税

地方税属于地方各级政府的财政收入,由地方税务局负责征收管理。其中包括:营业税、个人所得税、城镇土地使用税、固定资产投资方向调节税、城市维护建设税、房产税、车船使用税、车船使用牌照税、城市房地产税、印花税、屠宰税、筵席税、契税、土地增值税。

(3)中央地方共享税

中央地方共享税属于中央政府和地方政府财政的共同收入,由中央、地方政府按一定的比例分享税收收入。目前由国家税务局负责征收管理的,包括:增值税,除属于中央固定收入的部分外,税额的75%划归中央,25%划归地方;资源税,海洋石油资源税归中央收入,其他资源税划归地方收入;证券交易印花税,中央和地方各分享50%。

【做一做】

【6.2】【多项选择题】 某大型超市在2009年度缴纳的下列税种中,属于地方税务局征收的有(　　)。

A.增值税　　B.房产税　　C.印花税　　D.车船税

3)按计税依据不同分类

(1)从价税

从价税是以征税对象的销售额、收入额等为计税依据的税,如增值税、营业税、所得税等。其应纳税额随商品价格的变化而变化,能充分体现合理负担的税收政策,因而大部分税种均采用这一计税方法。

(2)从量税

从量税是以征税对象的数量、重量、体积等作为计税依据的税,如资源税、城镇土地使用税、车船使用税、屠宰税等。其课税数额与征税对象的数量相关而与价格无关。

4)按税负能否转嫁分类

(1)直接税

直接税是指由纳税人直接负担,不易转嫁的税种,如所得税类、财产税类等。

(2)间接税

间接税是指纳税人能将税负转嫁给他人负担的税种。一般情况下,对各种商品的课税均属于间接税。

6.1.3 税法要素

税法的构成要素,是指税法必要的组成部分,也称税法的结构。概括地说,就是由谁征税、对什么征税、按照什么标准征税、在什么时间、什么地点征税等。税法的构成要素一般包括10个项目。

(1)征税人

征税人,是指代表国家行使征税权的各级税务机关和其他征收机关。我国的单项税法中都有有关征税人的规定。如增值税的征税人是税务机关,关税的征税人是海关。

(2)纳税义务人

纳税义务人,是指依法负有纳税义务的自然人、法人和其他组织。与纳税义务人相联系的还有一个概念是扣缴义务人。扣缴义务人是税法规定的,在其经营活动中负有代扣代缴税款义务的单位或个人。

(3)征税对象

征税对象又称课税对象,是纳税的客体,即对什么征税,在实际工作中也笼统地称之为征税范围。不同的征税对象是区别不同税种的重要标志。一般包括商品、所得、财产等。

(4)税目

税目,是税法中具体规定应当征税的项目,是征税对象的具体化。如个人所得税中的工资薪金所得、稿酬所得、偶然所得等,对它们分别按不同的标准征税。

(5)税率

税率,是指应纳税额与征税对象之间的比例,是计算税额的尺度,是税收法律中的核心要素。税率的高低直接决定着国家收入的多少和纳税人税负的轻重。我国现行的税率包括定额税率、比例税率和累进税率几种基本形式。

①比例税率,是指对同一征税对象,不论其数额大小,均按同一个比例征税的税率。流转税都采用比例税率,企业所得税也采用比例税率。

②累进税率,是根据征税对象数额的大小,规定不同等级的税率。即征税对象数额越大,税率越高。累进税率又分为全额累进税率、超额累进税率、超率累进税率和超倍累进税率四种。个人所得税采用超额累进税率,土地增值税采用超倍累进税率。

③定额税率,又称固定税率,是指按征税对象的一定单位直接规定固定的税额,而不采取百分比的形式。资源税多采用这种形式的税率。

(6)计税依据

计税依据又称征税税基或税基,是计算应纳税额的依据或标准,即根据什么来计算纳税人应缴纳的税额。计税依据一般有两种:一是从价计征,即以计税金额为计税依据。计税金额是指课税对象的数量乘以计税价格的数额;二是从量计征,即以征税对象的重量、体积、数量为计税依据。

(7)纳税环节

商品流转的过程包括工业生产、农业生产、货物进出口、农产品采购或发运、商业批发、商业零售等环节。税法具体确定在哪个环节缴纳税款,就是这里的纳税环节。如增值税在产品流转的各个环节纳税,消费税只在生产、进口环节纳税。

(8)纳税期限

纳税期限,是指纳税人的纳税义务发生后应依法缴纳税款的期限。如增值税纳税期限分为1日、3日、5日、10日、15日或者1个月,具体由主管税务机关根据纳税人应纳税额的大小分别核定。企业所得税在月份或者季度终了后15日内预缴,年度终了后4个月汇算清缴,多退少补。

(9)税收减免

税收减免,是税法规定的对特定主体或客体予以减税或免税的特别优惠措施。其中,减税是对应纳税额少征一部分税款,免税是对应纳税额的全部免除。

(10)税法责任

税法责任,是税收法律关系主体因违反税收法律规范而应承担的法律后果。

【做一做】

【6.3】【多项选择题】 税收实体法由多种要素构成。下列各项中,不属于税收实体法基本要素的有(　　)。

A. 纳税担保人　　B. 纳税义务人　　C. 征税人　　D. 税务代理人

知识链接6.2

《孙子兵法》中的税收思想

被誉为"武经之圣典,兵家之绝唱"的《孙子兵法》,是中国古典军事文化遗产中的璀璨瑰宝,其内容博大精深,哲理丰富,已大大超越了单纯的军事范畴,涉及社会政治、经济等诸多领域,其中就包含着深邃的税收思想。

春秋末年,诸侯争霸,战争四起。孙武敏锐地洞察到了战争与经济的内在联系,即敌我之间的较量,归根到底是双方经济实力和综合国力的比拼。《孙子兵法·军事篇》中就阐述了赋税的征收是作战取胜的重要物质基础的思想。"是故,军无辎重则亡,无粮食则亡,无委积(物资储备)则亡。"孙武高度重视赋税对战争的支撑作用。

6.2 流转税法律制度

【背景导入】

法国建立增值税前所实行的按照流转额全额征收的营业税,是一个具有累计性质的间接税,其特点有:多环节征税;商品从生产到消费,每经过一个环节发生一次销售都要征税。

由于营业税税收负担随环节的增加呈阶梯式递增的特点,导致了流通环节越多税负越高,企业为了降低税负,尽量减少流通环节,甚至自己需要的原材料也是自己生产,出现了"大而全,小而全"的现象。这与经济的发展是相违背的。

1954 年,法国对营业税进行了进一步的完善,对应税的生产、经营活动所耗用的一切投入物或劳务已纳的营业税全部予以抵扣,只对销售收入中的增值额征税。这就是后来增值税的雏形。

《中华人民共和国增值税暂行条例》1993 年 12 月 13 日中华人民共和国国务院令第 134 号发布,2008 年 11 月 5 日国务院第 34 次常务会议修订通过,自 2009 年 1 月 1 日起施行。

【问一问】

6.2.1 增值税法律制度

1)增值税的概念与计税原理

增值税,是指对从事货物销售或者加工、修理修配劳务,以及进口货物的单位和个人取得的增值额为计税依据征收的一种流转税。其特点是税源广、税收中性和避免重复征税。

增值税以增值额为计税依据。这里所说的“增值额”是指纳税人在生产、经营或劳务服务活动中所创造的新增价值。例如,某商场购进甲商品,进价为200元,售价为300元,其增值额为100元就应征收增值税。在不考虑其他因素的情况下,如果增值税税率为17%,那么需缴纳100×17% =17元增值税。

由于增值因素在实际经济活动中难以精确计量,因此,在增值税的实际操作上采用间接计算的办法,即根据货物或应税劳务销售额,按照规定的税率计算出一个税额,然后从中扣除上一环节已纳增值税额,其余额即为本环节纳税人应缴纳的增值税额。计算方法为300×17% -200×17% =17元。

2)增值税纳税人

增值税的纳税人为在中华人民共和国境内销售货物或者提供加工、修理修配劳务以及进口货物的单位和个人。为了严格执行增值税的征收管理和对某些经营规模较小的纳税人简化计税方法,我国《增值税暂行条例》参照国际惯例,按经营规模及会计核算健全与否,将增值税纳税人划分为一般纳税人和小规模纳税人,如图6.1所示。

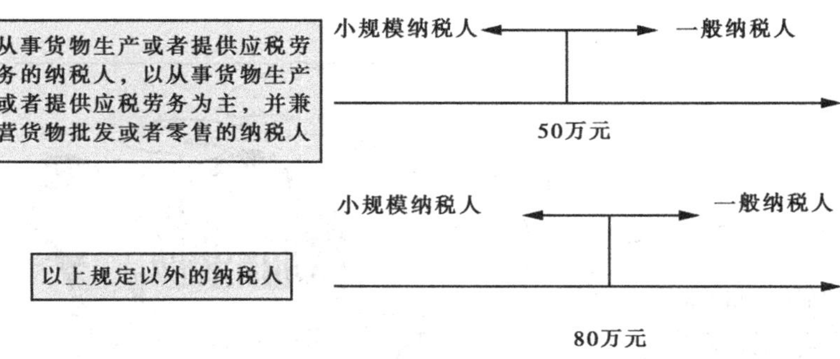

注:图中的数字为年应征增值税的销售额

图6.1 一般纳税人和小规模纳税人

(1)小规模纳税人

小规模纳税人,是指年销售额在规定金额以下,并且会计核算不健全,不能按规定报送税务资料的增值税纳税人。会计核算不健全是指不能正确核算增值税的销项税额、进项税额和应纳税额。小规模纳税人实行简易征税办法,一般不使用增值税专用发票。小规模纳税人的认定标准是:

①从事货物生产或者提供应税劳务的纳税人,以及以从事货物生产或者提供应税劳务为主(指纳税人的年货物生产或者提供应税劳务的销售额占年应税销售额的比重在50%以上),并兼营货物批发或者零售的纳税人,年应征增值税销售额(以下简称应税销售额)在50万元以下(含本数,下同)的。

②以上规定以外的纳税人,年应税销售额在80万元以下的。

对小规模纳税人的确认,由主管税务机关依税法规定的标准认定。小规模纳税人一经认定为一般纳税人,不能再转变为小规模纳税人。

(2)一般纳税人

一般纳税人,是指年应征增值税销售额,超过《增值税暂行条例实施细则》规定的小规模纳税人标准的企业和企业性单位。

下列纳税人不属于一般纳税人:

①年应税销售额未超过小规模纳税人标准的企业(以下简称小规模企业);

②个人;

③非企业性单位;

④不经常发生增值税应税行为的企业。

3)增值税的征税对象

增值税的征税对象为纳税人在中国境内销售的货物或者提供的加工、修理修配劳务以及进口的货物。

(1)销售货物

销售货物,是指在中华人民共和国境内有偿转让货物的所有权,包括电力、热力、气体在内。需要注意的是,此处的货物为有形动产,不包括不动产和无形资产。

(2)提供加工、修理修配劳务

提供加工、修理修配劳务又称销售应税劳务,是指在中国境内有偿提供加工、修理修配劳务。需要注意的是,修理修配的对象是动产,不包括不动产。

(3)进口货物

进口货物,是指进入中国关境的货物。对于进口货物,除依法征收关税外,还应在进口环节征收增值税。

(4)视同销售货物应征收增值税的特殊行为

单位和个体经营者的下列行为,虽然没有取得销售收入,也视同销售应税货物,征收增值税:

①将货物交付其他单位或者个人代销;

②销售代销货物(其手续费缴纳营业税);

③设有两个以上机构并实行统一核算的纳税人,将货物从一个机构移送其他机构用于销售,但相关机构在同一县(市)的除外;

④将自产或委托加工的货物用于非增值税应税项目;

⑤将自产、委托加工的货物用于集体福利或者个人消费;

⑥将自产、委托加工或购买的货物作为投资,提供给其他单位或者个体工商户;

⑦将自产、委托加工或购买的货物分配给股东或者投资者;

⑧将自产、委托加工或购买的货物无偿赠送其他单位或者个人。

【做一做】

【6.4】【多项选择题】 根据《增值税暂行条例实施细则》的规定,下列各项中视同销售应税货物,应征收增值税的有(　　)。

A. 销售代销货物　　B. 将货物交付他人代销

C. 将自产货物分配给股东　　D. 将自产货物用于集体福利

【6.5】【判断说明题】 增值税一般纳税人将自产的货物无偿赠送他人,不征收增值税。(　　)

(5)混合销售行为

混合销售行为,是指一项销售行为既涉及货物,又涉及非应税劳务的行为。

从事货物的生产、批发或零售的企业、企业性单位及个体经营者的混合销售行为,视同销售货物,征收增值税;其他单位和个人的混合销售行为,视同销售非应税劳务,不征收增值税,而征收营业税。但有两种特殊情况:

①从事非增值税应税劳务为主,并兼营货物销售的单位和个人,如果其设立单独的机构经营货物并单独核算,该单独机构应视为从事货物的生产、批发或零售的企业、企业性单位,其发生的混合销售行为应当征收增值税;

②从事运输业务的单位和个人,发生销售货物并负责运输所售货物的混合销售行为,征收增值税。

(6)兼营行为

兼营应税劳务与非应税劳务,又称兼营行为,是指纳税人的经营范围兼有销售货物和提供非应税劳务两类经营项目,并且这种经营业务并不发生在同一项业务中。

纳税人兼营应税劳务和非应税劳务的,应当分别核算货物或应税劳务与非应税劳务的销售额,分别征收增值税和营业税。如果不分别核算或者不能准确核算的,其非应税劳务应与货物或应税劳务一并征收增值税。

【做一做】

【6.6】【判断说明题】 增值税纳税人兼营应税劳务与非应税劳务,如果不分别核算各自的销售额,那么应税劳务和非应税劳务一并征增值税。

【6.7】【单项选择题】 下列各项中属于增值税兼营行为的有(　　)。

A. 汽车制造厂销售自产汽车并提供汽车租赁服务

B. 饭店提供客房、餐饮服务并设立独立的柜台外销自制的食品

C. 空调厂销售空调并提供安装服务

D. 电脑公司销售自产电脑,并提供运输劳务

4)增值税税率与征收率

(1)增值税税率

增值税税率分为基本税率(17%)、低税率(13%)和零税率。分别适用不同的应税项目,具体见表6.1。

表6.1 增值税应税项目适用税率表

适用范围	税率与征收率	适用范围
一般纳税人	基本税率(17%)	除适用低税率和零税率以外的货物,加工、修理修配劳务
	低税率(13%)	①粮食、食用植物油 ②暖气、冷气、热水、煤气、石油液化气、天然气、沼气、居民用煤炭制品 ③图书、报纸、杂志 ④饲料、化肥、农药、农机(不包括农机零部件)、农膜 ⑤国务院规定的其他货物,如农产品、金属矿采选产品、非金属矿采选产品
	零税率	出口货物(另有规定除外)
小规模纳税人	征收率(3%)	自2009年1月1日起,小规模纳税人的增值税征收率调低至3%

(2)增值税征收率

小规模纳税人增值税征收率为3%。

需要注意的是,一般纳税人销售特殊货物,采用简易办法缴纳增值税,也适用3%征收率。纳税人兼营不同税率的货物或者应税劳务的,应当分别核算不同税率货物或者应税劳务的销售额。未分别核算的,从高适用税率。

5)增值税应纳税额的计算

(1)一般纳税人应纳税额计算

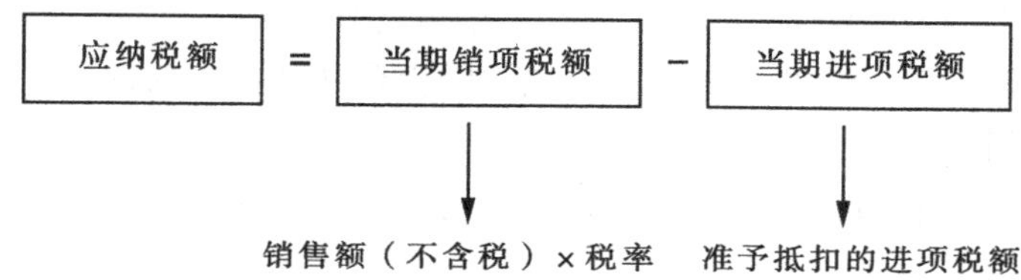

(2)小规模纳税人应纳税额计算

需要注意的是,增值税属于价外税,因此销售额中不包含增值税,即销售额为不含税的销售额。

【做一做】

【6.8】【单项选择题】 某酒厂为增值税一般纳税人。2009 年 4 月销售粮食白酒 2 000 千克,取得销售收入 14 040 元(含增值税),当月允许抵扣的进项税额为 500 元。已知粮食白酒增值税税率为 17%。该酒厂 4 月应缴纳的增值税税额为(　　)元。

A. 1 886. 8　　B. 4 808　　C. 5 000　　D. 1 540

6)增值税的减免税与起征点

(1)直接免税

下列项目免征增值税:

①农业生产者销售的自产农业产品;

②避孕药品和用具；

③古旧图书；

④直接用于科学研究、科学试验和教学的进口仪器、设备；

⑤外国政府、国际组织无偿援助的进口物资和设备；

⑥来料加工、来件装配和补偿贸易所需进口的设备；

⑦由残疾人组织直接进口供残疾人专用的物品等。

(2)起征点

现行增值税的起征点为：

①销售货物的起征点为月销售额2 000~5 000元。

②销售应税劳务的起征点为月销售额1 500~3 000元。

③按次纳税的起征点为每次(日)销售额150~200元；个体工商户，其起征点一律确定为月销售额5 000元；按次纳税的，起征点一律确定为每次(日)销售额200元。

需要注意的是，纳税人销售额未达到财政部规定的增值税起征点的，免征增值税。

知识链接6.3

怎样理解起征点与免征额

起征点与免征额是税收要素减免税中相关的两个概念，都是对纳税人的一种税收优惠，但在实际操作中两者经常被混用，其实两者并不是一回事。

①起征点是指税法规定的对课税对象征税的起点，即开始征税的最低收入数额界限。起征点的主要特点是：当课税对象未达到起征点时，不用征税；当课税对象达到起征点时，对课税对象全额征税。

起征点主要是针对增值税和营业税中的个人。如：增值税中规定销售货物的起征点为月销售额在2 000~5 000元；提供应税劳务的为月劳务收入额在1 500~3 000元。各省、自治区和直辖市可以在这个幅度中选择具体的数额。

②免征额又称费用扣除额，是指税法规定的在课税对象的全部数额中预先确定的免于征税的数额，即在确定计税依据时，允许从全部收入中扣除的费用限额。免征额的主要特点是：当课税对象低于免征额时，不用征税；当课税对象高于免征额时，则从课税对象总额中减去免征额后，对余额部分征税。

免征额在个人所得税中的应用比较多，如工资、薪金所得的免征额为2 000元；劳务报酬所得、稿酬所得或特许权使用费所得的免征额为定额800元或定率为收入的20%等。

6.2.2 营业税法律制度

【情景导入】

在谈到营业税时,有两位同学有一段对话:

甲同学说:"商场、超市每天开门营业,就应当缴纳营业税。将来我开个服装专卖店,也应该缴营业税。"

乙同学说:"那不一定,我们家在卖房子的时候,听家里人说还缴了营业税。我查了一下,好像还有提供劳务要缴营业税。我们要是勤工俭学到'麦当劳'当服务生,是不是也要缴营业税?"

【想一想】

你觉得他们对营业税的理解对不对?增值税中的"提供劳务"与营业税中的"提供劳务"有没有区别?是不是这些劳务在缴纳了增值税后,再接着缴纳营业税?

【学一学】

1)营业税的概念和特点

(1)营业税的概念

营业税,是指对提供应税劳务、转让无形资产和销售不动产的单位和个人,就其取得的营业收入额(销售额)征收的一种流转税。

(2)营业税的特点

①以营业收入额为计税依据,税源广泛;

②按行业大类设计税目税率,税负公平合理;

③计征简便,便于管理。

2)营业税征税对象

营业税的征税对象为应税劳务、转让无形资产或者销售不动产。具体包括:①交通运输业;②建筑业;③金融保险业;④邮电通信业;⑤文化体育业;⑥娱乐业;⑦服务业;⑧转让无形资产;⑨销售不动产。

需要注意的是:加工和修理修配劳务不属于营业税劳务,而应征收增值税。

(1)征税范围及适用税率

表6.2 营业税征税范围及适用税率

税 目	征收范围	税 率
①交通运输业	陆路运输、水路运输、航空运输、管道运输、装卸搬运	3%
②建筑业	建筑、安装、修缮、装饰及其他工程作业	
③金融保险业	包括融资租赁	5%
④邮电通信业	包括邮政、电信	3%
⑤文化体育业	以租赁方式为文化活动、体育比赛提供场所,按服务业征税; 广告业按服务业征税	
⑥娱乐业	歌厅、舞厅、卡拉OK歌舞厅、音乐茶座、台球、高尔夫球、保龄球、游艺、网吧	5% ~20%
⑦服务业	代理业、旅店业、饮食业、旅游业、仓储业、租赁业、广告业及其他服务业	5%
⑧转让无形资产	以无形资产投资入股,共担投资风险的,不征营业税; 在投资后转让其股权的也不征营业税	5%
⑨销售不动产	单位将不动产无偿赠与他人,视同销售不动产; 以不动产投资入股,共担投资风险的,不征营业税; 在投资后转让其股权的也不征营业税	

【做一做】

【6.9】【多项选择题】 根据营业税法律制度的规定,下列各项中,应当征收营业税的有( )。

A. 修理桥梁　　B. 非金融机构转让金融商品

C. 单位将不动产无偿赠与他人　　D. 缝纫业务

(2)征收范围的其他规定——兼营和混合销售行为的税务处理

①混合销售行为。营业税纳税人发生混合销售行为,视为提供应税劳务,应当征收营业税,不征收增值税。

②兼营行为。营业税纳税人兼营应税劳务与货物或非应税劳务的,应分别核算应税劳务的营业额和货物或非应税劳务的销售额,分别申报纳税。不分别核算或不能准确核算的,其应税劳务与货物或非应税劳务一并征收增值税,不征收营业税。

【做一做】

【6.10】【单项选择题】 根据营业税法律制度的规定，下列各项中，应当征收营业税的是（　　）。

A. 银行销售金银业务　　B. 融资租赁业务

C. 运输企业销货并运输所售货物　　D. 金融机构货物期货买卖

3）营业税的纳税人和扣缴义务人

（1）营业税的纳税人

在我国境内提供应税劳务、转让无形资产或者销售不动产的单位和个人，为营业税的纳税人。但不包括单位或个体经营者聘用的员工为本单位或雇主提供的应税劳务。

其中的“境内”是指：

①所提供的劳务发生在境内。

②在境内载运旅客或货物出境。

③在境内组织旅客出境旅游。

④所转让的无形资产在境内使用。

⑤所销售的不动产在境内。

⑥境内保险机构提供的保险劳务，但境内保险机构为出口货物提供的保险除外。

⑦境外保险机构以境内的物品为标的提供的保险劳务。

（2）营业税的扣缴义务人

①委托金融机构发放贷款的，以受托发放贷款的金融机构为扣缴义务人。

②建筑安装业务实行分包或者转包的，以总承包人为扣缴义务人。

③境外单位或个人在境内发生应税行为而在境内未设有经营机构的，以代理人为扣缴义务人；没有代理人的，以受让者或购买者为扣缴义务人。

④单位或个人举行演出，由他人售票的，以售票者为扣缴义务人。

⑤演出经纪人为个人的，以售票者为扣缴义务人。

⑥个人转让专利权、非专利技术、商标权、著作权等，以受让者为扣缴义务人。

【做一做】

【6.11】【多项选择题】 根据营业税法律制度的规定，在我国境内提供应税劳

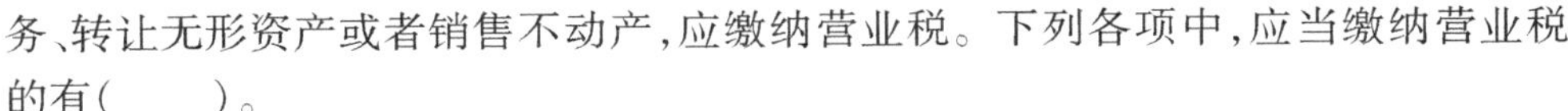

务、转让无形资产或者销售不动产，应缴纳营业税。下列各项中，应当缴纳营业税的有(　　)。

A. 在境内组织旅客出境旅游

B. 境内保险机构为出口货物提供保险

C. 境外保险机构以在境内的物品为标的提供的保险劳务

D. 所转让的无形资产在境内使用

4）营业税应纳税额的计算举例

（1）文化体育业

单位或个人进行演出，以全部票价收入或者包场收入减去付给提供演出场所的单位、演出公司或经纪人的费用后的余额为营业额。

（2）娱乐业

娱乐业的营业额为经营娱乐业向顾客收取的各项费用，包括门票收费、台位费、点歌费、烟酒和饮料费及经营娱乐业向顾客收取的其他费用。

【例6.1】【计算题】 2006年8月，某音乐茶座门票收入2万元，台位费、点歌费等收入5万元，茶水、饮料收入12万元，发生工资性支出1.8万元，水电费以及外购烟酒等支出3.6万元。音乐茶座营业税税率为10%。计算该音乐茶座8月份应纳营业税的营业额税额。

【参考答案】娱乐业的营业额为经营娱乐业向顾客收取的各项费用，包括门票收费、台位费、点歌费、烟酒和饮料费以及经营娱乐业向顾客收取的其他费用。员工工资支出和水电费及外购商品支出不能扣除。

该音乐茶座8月应纳营业税的营业额＝2＋5＋12＝19（万元）

该音乐茶座8月应纳营业税税额＝19×10%＝1.9（万元）

（3）服务业

①组团在境内旅游，以收取的旅游费减去替旅游者支付给其他单位的住房、就餐、交通、门票和其他代付费用后的余额为营业额。

②组团在境内旅游，改由其他旅游企业接团的，比照境外旅游办法确定营业额。

③旅游企业组织旅游团到境外旅游，在境外改由其他旅游企业接团，以全程旅游费减去付给该接团企业的旅游费后的余额为营业额。

5）营业税的起征点

营业税的起征点针对个人纳税人。按期纳税的，为1 000～5 000元。按次纳税的，每次（日）营业额为100元。

【想一想】

下面要学习的内容是消费税法律制度。我们能不能说："所谓消费税，顾名思义就是有消费就要缴的税"？我们每人每天都在消费，是不是有消费就要缴纳消费税呢？

不过，有一个事实，那就是我们每个人在日常生活中，一定负担过消费税。

6.2.3　消费税法律制度

1）消费税的概念和特征

（1）消费税的概念

消费税，是指在我国境内从事生产、委托加工和进口应税消费品的单位和个人，就其消费品的销售额、销售数量或组成计税价格征收的，以特定消费品为课税对象的一种流转税。

（2）消费税的特征

①征税范围和税率选择具有灵活性。

②征收简便。消费税采用从量定额、从价定率或从量定额与从价定率相结合的计税办法，征收环节单一，计税准确、方便。

③税源广泛，可取得充足的财政收入。消费税一般是对生产集中、产销量大的产品征税。因此，有利于筹集财政收入。

④税收负担具有转嫁性。列入征税范围的消费品，一般都是高价高税产品。消费品中所含的消费税款最终都要转嫁到消费者身上，由消费者负担。

2）消费税的纳税人

消费税的纳税人，是在中国境内生产、委托加工和进口法律规定的消费品的单位和个人。单位，是指企业、行政单位、事业单位、军事单位、社会团体及其他单位。个人，是指个体工商户及其他个人。在我国境内，是指生产、委托加工和进口属于应当缴纳消费税的消费品的起运地或者所在地在我国境内。

①纳税人生产的应税消费品，以直接征税销售的单位或个人为纳税人，由生产

者直接纳税。纳税人自产自用的应税消费品,用于连续生产应税消费品的,不纳税;用于其他方面的,于移送使用时纳税。

②委托加工的应税消费品,除受托方为个人外,以委托加工的单位和个人为纳税人,由受托方在向委托方交货时代收代缴税款。委托加工的应税消费品,委托方用于连续生产应税消费品的,所纳税款准予按规定抵扣。委托个人加工的应税消费品,由委托方作为纳税人,在收回后缴纳消费税。

③进口的应税消费品,由进口的单位和个人作为纳税人,于报关进口时纳税,由海关代征。

【做一做】

【6.12】【单项选择题】 甲烟草公司提供烟叶委托乙公司加工一批烟丝。甲公司将已收回烟丝中的一部分用于生产卷烟,另一部分烟丝卖给丙公司。在这项委托加工烟丝业务中,消费税的纳税义务人是(　　)。

A. 甲公司　　B. 乙公司　　C. 丙公司　　D. 甲公司和丙公司

3)消费税征税范围与纳税环节

现行消费税税目共有14个:烟、酒及酒精、鞭炮焰火、化妆品、成品油、贵重首饰及珠宝玉石、高尔夫球及球具、高档手表、游艇、木制一次性筷子、实木地板、汽车轮胎、摩托车、小汽车。

消费税属于价内税,并实行单一环节征收,除金银首饰、钻石饰品改为零售环节征税外,一般在应税消费品的生产、委托加工和进口环节缴纳,在以后的批发、零售等环节中,由于价款中已包含了消费税,因此不必再缴纳消费税。

【做一做】

【6.13】【单项选择题】 下列应税的消费品,属于在零售环节缴纳的消费税的是(　　)。

A. 化妆品　　B. 柴油　　C. 小汽车　　D. 钻石饰品

4)消费税税目、税率

消费税税率有比例税率和定额税率两种。

对卷烟、粮食白酒、薯类白酒采用从价定率和从量定额的复合征税方法,即同时适用比例税率和定额税率两种税率,如表6.3所示。

表6.3 消费税税目税率表

税 目	税 率
一、烟	
1. 卷烟	
(1)甲类卷烟	56%加0.003元/支
(2)乙类卷烟	36%加0.003元/支
2. 雪茄烟	36%
3. 烟丝	30%
二、酒及酒精	
1. 白酒	20%加0.5元/500克(或者500毫升)
2. 黄酒	240元/吨
3. 啤酒	
(1)甲类啤酒	250元/吨
(2)乙类啤酒	220元/吨
4. 其他酒	10%
5. 酒精	5%
三、化妆品	30%
四、贵重首饰及珠宝玉石	
1. 金银首饰、铂金首饰和钻石及钻石饰品	5%
2. 其他贵重首饰和珠宝玉石	10%
五、鞭炮、焰火	15%
六、成品油	
1. 汽油	
(1)含铅汽油	0.28元/升
(2)无铅汽油	0.20元/升
2. 柴油	0.10元/升
3. 航空煤油	0.10元/升
4. 石脑油	0.20元/升
5. 溶剂油	0.20元/升
6. 润滑油	0.20元/升
7. 燃料油	0.10元/升
七、汽车轮胎	3%

续表

税 目	税 率
八、摩托车 1. 汽缸容量(排气量,下同)在250毫升(含250毫升)以下 2. 汽缸容量在250毫升以上的	 3% 10%
九、小汽车 1. 乘用车 (1)汽缸容量(排气量,下同)在1.0升(含1.0升)以下 (2)汽缸容量在1.0升以上至1.5升(含1.5升)的 (3)汽缸容量在1.5升以上至2.0升(含2.0升)的 (4)汽缸容量在2.0升以上至2.5升(含2.5升)的 (5)汽缸容量在2.5升以上至3.0升(含3.0升)的 (6)汽缸容量在3.0升以上至4.0升(含4.0升)的 (7)汽缸容量在4.0升以上的 2. 中轻型商用客车	 1% 3% 5% 9% 12% 25% 40% 5%
十、高尔夫球及球具	10%
十一、高档手表	20%
十二、游艇	10%
十三、木制一次性筷子	5%
十四、实木地板	5%

5)消费税应纳税额的计算

消费税应纳税额的计算如表6.4所示。

表6.4 消费税计算方法

计税方法	适用范围	计税公式
从价定率计税	除以下列举项目之外的应税消费品	应纳税额 = 销售额 × 比例税率
从量定额计税	列举3种:啤酒、黄酒、成品油	应纳税额 = 销售数量 × 单位税额
复合计税	列举2种:白酒(粮食白酒、薯类白酒)、卷烟	应纳税额 = 销售额 × 比例税率 + 销售数量 × 单位税额

【例6.2】【单项选择题】 某酒厂为增值税一般纳税人。2009年5月销售粮食白酒2 000千克,取得销售收入14 040元(含增值税)。已知粮食白酒消费税定额税率为0.25元/千克,比例税率为20%。该酒厂4月应缴纳的消费税税额为

(　　)元。

A. 6 229.92　　B. 4 808　　C. 5 000　　D. 4 400

【答案】D

【解析】本题考核的是消费税的复合计税方式,该酒厂4月应缴纳的消费税税额 = 14 040/(1 + 17%) × 20% + 4 000 × 0.5 = 4 400(元)。

知识链接6.4

烟、酒消费税最新政策

2009年5月1日起的新政策:甲类香烟的消费税从价税率由原来的45%调整至56%,乙类香烟由30%调整至36%,雪茄烟由25%调整至36%。与此同时,原来的甲乙类香烟划分标准也进行了调整,原来50元的分界线上浮至70元,即每标准条(200支)调拨价格在70元(不含增值税)以上(含70元)的卷烟为甲类卷烟,低于此价格的卷烟为乙类卷烟。而且,在卷烟批发环节还加征了一道从价税,税率为5%。

根据国家税务总局关于《白酒消费税最低计税价格核定管理办法(试行)》的规定,自2009年8月1日起,白酒生产企业销售给销售单位的白酒,生产企业消费税计税价格低于销售单位对外销售价格(不含增值税,下同)70%以下的,税务机关应核定消费税最低计税价格。

6.2.4　关税法律制度

【想一想】

"走私"一词相信大家不会陌生。它是什么意思?它与关税有没有关系?

1)关税的概念

关税,是对进出境的货物和物品征收的一种税,分为进口关税和出口关税。

2)关税的征税范围和纳税人

(1)关税的征税范围

关税的征税范围包括国家准许进出口的货物、进境物品,但法律、行政法规另有规定的除外。

(2)关税的纳税人

关税的纳税义务人为进口货物的收货人、出口货物的发货人、进出境物品的所有人。

3)关税的税率

关税税率为差别比例税率,分为进口税率、出口税率和特殊税率。

4)关税的计税依据——完税价格

关税完税价格是海关以进口货物的实际成交价格为基础,经调整确认的计税价格。

(1)进口货物的完税价格

进口货物完税价格 = 货物的成交价格 + 采购费用(包括货物运抵中国关境输入地起卸前的运费、保险费等)

(2)出口货物的完税价格

出口货物完税价格 = 成交价格 ÷ (1 + 出口关税税率)

5)关税应纳税额的计算

(1)从价税计算方法

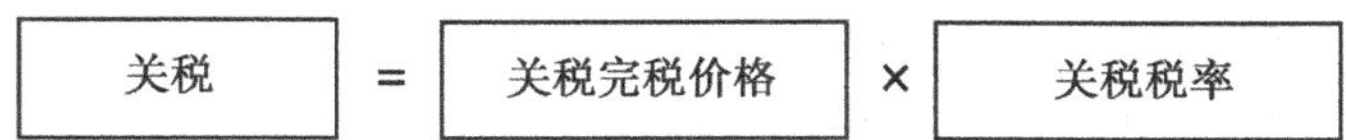

(2)从量税计算方法

目前,我国对原油、部分鸡产品、啤酒、胶卷进口分别以重量、容量、面积计征从量税。

(3)复合税计算方法

目前,我国对录像机、放像机、数字照相机及摄录一体机实行复合税。

(4)滑准税

在2003年以前,我国曾对新闻纸实行滑准税。

表 6.5 进口关税计算与进口消费税、进口增值税的关系

进口货物	进口环节税金	税额计算公式
应税消费品	进口关税	关税 = 关税完税价格 × 关税税率
	进口消费税	进口消费税 = (关税完税价格 + 关税) ÷ (1 - 消费税税率) × 消费税税率
	进口增值税	进口增值税 = (关税完税价格 + 关税) ÷ (1 - 消费税税率) × 17%
非应税消费品	进口关税	关税 = 关税完税价格 × 关税税率
	进口增值税	进口增值税 = (关税完税价格 + 关税) × 17% (13%)

【做一做】

【6.14】【多项选择题】 下列各项中，属于关税法定纳税义务人的有(　　)。

A. 进口货物的收货人　　B. 进口货物的代理人

C. 出口货物的发货人　　D. 出口货物的代理人

【例 6.3】【计算题】 某企业进口化妆品，关税完税价格 50 万元，关税的税率 40%，消费税税率 30%，增值税税率 17%。请问：在这项进口业务中，要缴纳哪些税？分别是多少？

【答案】要缴纳三种税：关税、消费税和增值税。

关税 = 50 × 40% = 20(万元)

消费税 = (50 + 20) ÷ (1 - 30%) × 30% = 30(万元)

增值税 = (50 + 20) ÷ (1 - 30%) × 17% = 17(万元)

知识链接 6.5

什么是走私？哪些行为属于走私？

走私是指单位或者个人故意违反海关法规和其他有关法律、法规，逃避海关的监管、检查，非法运输、携带、邮寄国家禁止、限制进出口的货物、货币、金银或其他物品进出国(边)境的行为；或者偷逃应缴关税，破坏国家对外贸易的进出口物品的管理制度，情节严重的行为。走私行为包括以下 5 种：

①未经国务院或者国务院授权的机关批准，从未设立海关的地点运输、携带国家禁止进出境的物品、国家限制进出口或者依法应当缴纳关税的货物、物品进出境的；

②经过设立海关的地点，以藏匿、伪装、瞒报、伪报或者其他手法逃避海关监管，运输、携带、邮寄国家禁止进出境的物品、国家限制进出口或者依法应当缴纳关

税的货物、物品进出境的；

③伪报、瞒报进出口货物价格偷逃关税的；

④未经海关许可并补缴关税，擅自出售特准进口的保税货物、其他海关监管货物或者进境的境外运输工具的；

⑤未经海关许可并补缴关税，擅自出售特定减税或者免税进口用于特定企业、特定用途的货物，或者将特定减免税进口用于特定地区的货物擅自运往境内其他地区的。

6.3 所得税法律制度

6.3.1 企业所得税法律制度

我国长期以来实行的是内外有别的企业所得税制度，外资企业适用《外商投资企业和外国企业所得税法》，内资企业适用《企业所得税暂行条例》。2007 年 3 月 16 日，第十届全国人民代表大会第五次会议通过了《中华人民共和国企业所得税法》，自 2008 年 1 月 1 日起施行，我国对内外资企业实行统一的所得税法、统一的税率、统一的税前扣除范围和标准、统一的税收优惠政策。

1）企业所得税的概念

企业所得税，是以企业在一定期间内的纯所得为征税对象的一种税。

2）企业所得税的纳税人和征税范围

（1）企业所得税的纳税义务人

根据《中华人民共和国企业所得税法》（以下简称《企业所得税法》）的规定，在中华人民共和国境内，企业和其他取得收入的组织（以下统称企业）为企业所得税的纳税人，依照本法的规定缴纳企业所得税。个人独资企业、合伙企业不适用本法。

我国企业所得税的纳税义务人分为居民企业和非居民企业。

①居民企业，是指依法在中国境内成立，或者依照外国（地区）法律成立但实际管理机构在中国境内的企业。

②非居民企业，是指依照外国（地区）法律成立且实际管理机构不在中国境内，但在中国境内设立机构、场所的，或者在中国境内未设立机构、场所，但有来源于中国境内所得的企业。

（2）企业所得税的征税范围

①居民企业应当就其来源于中国境内、境外的所得缴纳企业所得税。

②非居民企业在中国境内设立机构、场所的，应当就其所设机构、场所取得的来源于中国境内的所得，以及发生在中国境外但与其所设机构、场所有实际联系的所得，缴纳企业所得税。非居民企业在中国境内未设立机构、场所的，或者虽设立机构、场所但取得的所得与其所设机构、场所没有实际联系的，应当就其来源于中国境内的所得缴纳企业所得税。企业所得税纳税义务人的判定标准如表6.6所示。

表6.6　企业所得税纳税义务人判定标准

纳税人	判定标准	举　例	征收范围
居民企业	①依照中国法律、法规在中国境内成立的企业 ②依照外国(地区)法律成立但实际管理机构在中国境内的企业	外商投资企业 在其他国家和地区注册的公司，但实际管理机构在我国境内	来源于 中国境内、境外的所得
非居民企业	①依照外国(地区)法律、法规成立且实际管理机构不在中国境内，但在中国境内设立机构、场所的企业 ②在中国境内未设立机构、场所，但有来源于中国境内所得的企业	我国设立代表处及其他分支机构的外国企业	来源于 中国境内的所得

需要注意的是：

①居民企业承担无限纳税义务；非居民企业承担有限纳税义务。

②对非居民企业，实行税源扣缴，即由扣缴义务人代扣代缴。

【例6.4】【多项选择题】　下列各项中，属于企业所得税征税范围的有(　　)。

A. 居民企业来源于中国境外的所得

B. 非居民企业来源于中国境内的所得

C. 非居民企业来源于中国境外的所得

D. 居民企业来源于中国境内的所得

【答案】ABD

【解析】居民企业承担全面纳税义务，就其来源于我国境内外的全部所得纳税；非居民企业承担有限纳税义务，一般只就其来源于我国境内的所得纳税。

3）企业所得税税率

（1）基本税率为25%

适用于：

①居民企业（小型微利企业除外）。

②非居民企业在中国境内设立机构、场所的，应当就其所设机构、场所取得的来源于中国境内的所得，以及发生在中国境外但与其所设机构、场所有实际联系的所得。

（2）限定税率为20%

适用于：

①小型微利企业，是指从事国家非限制和禁止行业，并符合下列条件的企业：工业企业，年度应纳税所得额不超过30万元，从业人数不超过100人，资产总额不超过3 000万元；其他企业，年度应纳税所得额不超过30万元，从业人数不超过80人，资产总额不超过1 000万元。

②非居民企业在中国境内未设立机构、场所的，或者虽设立机构、场所但取得的所得与其所设机构、场所没有实际联系的，应当就其来源于中国境内的所得缴纳企业所得税。

（3）优惠税率为15%

适用于国家需要重点扶持的高新技术企业。

【做一做】

【例6.5】【单项选择题】 某小型微利企业经主管税务机关核定，2007年度亏损20万元，2008年度赢利35万元。该企业2008年度应缴纳的企业所得税为（ ）万元。

A. 1.5 B. 2.25 C. 3 D. 3.75

【答案】C

【解析】本题考核企业所得税税率和亏损弥补的规定。如果上一年度发生亏损，可用当年应纳税所得额进行弥补，一年弥补不完的，可连续弥补5年，按弥补亏损后的应纳税所得额和适用税率计算税额；符合条件的小型微利企业的企业所得税税率减按20%。2008年应纳企业所得税＝（35－20）×20%＝3万元。

4）企业所得税应纳税额的计算

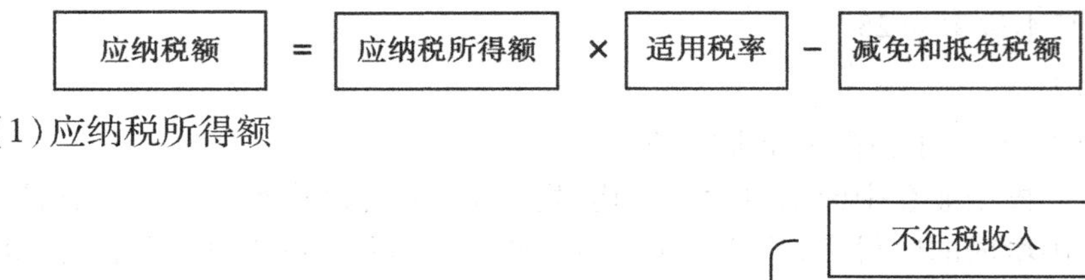

（1）应纳税所得额

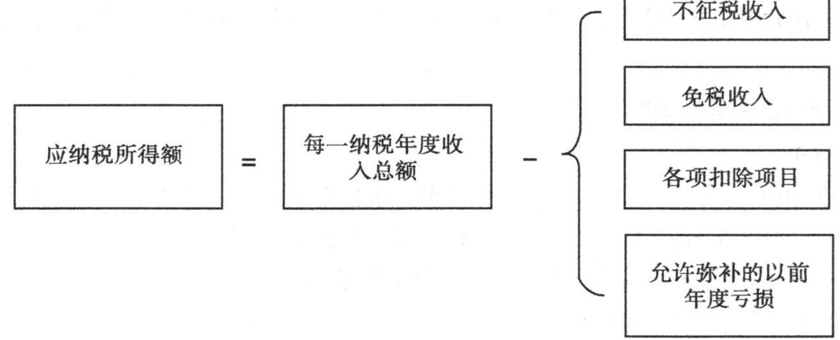

（2）减免和抵免税额

税收抵免是指居住国政府对其居民企业来自国外的所得一律汇总征税，但允许抵扣该居民企业在国外已纳的税款，以避免国际重复征税。

【做一做】

【6.15】【单项选择题】　建荣公司2008年度实现利润总额为320万元，无其他纳税调整事项。经税务机关核实的2007年度亏损额为300万元。该公司2008年度应缴纳的企业所得税税额为（　　）万元。

A. 105.6　　B. 5　　C. 5.4　　D. 3.6

5）企业所得税的纳税申报与缴纳

（1）征收方式

我国的企业所得税实行按年计算，分月或者分季预缴的方法。

①企业应当自月份或者季度终了之日起15日内，向税务机关报送预缴企业所得税纳税申报表，预缴税款。

②预缴所得税时，应当按纳税期限的实际数预缴。如按实际数预缴有困难的，可以按上一年度应纳税所得额的1/12或1/4，或税务机关承认的其他方法预缴。

③年度终了之日起5个月内，向税务机关报送年度企业所得税纳税申报表，并

汇算清缴,结清应缴应退税款。

(2)纳税地点

居民企业一般以企业登记注册地为纳税地点;但登记注册地在境外的,以实际管理机构所在地为纳税地点。

6.3.2 个人所得税法律制度

【想一想】

个人所得税,顾名思义,就是个人作为纳税义务人,就个人的所得应当缴纳的一种税。如果你有了一份工作,能够自己挣钱养活自己了,你的工资、奖金所得是不是应该缴纳个人所得税?还有,如果你购买福利彩票中了100万元的大奖,最终到你手里的钱应该是多少?这些你都知道吗?

1)个人所得税的概念

个人所得税,是以个人的所得为征税对象的一种税。

2)个人所得税的纳税义务人和扣缴义务人

(1)个人所得税的纳税义务人

个人所得税的纳税义务人包括居民纳税人和非居民纳税人。

①居民纳税人是指在中国境内有住所,或者无住所而在境内居住满1年的个人。

②非居民纳税人是指在中国境内无住所又不居住,或者无住所而在境内居住不满1年的个人。

(2)个人所得税的扣缴义务人

个人所得税,以所得人为纳税义务人,以支付所得的单位或者个人为扣缴义务人。个人所得超过国务院规定数额的,在两处以上取得工资、薪金所得或者没有扣缴义务人的,以及具有国务院规定的其他情形的,纳税义务人应当按照国家规定办理纳税申报。扣缴义务人应当按照国家规定办理全员全额扣缴申报。个人所得税纳税人及征税范围如表6.7所示。

表 6.7　个人所得税纳税人及征税范围表

纳税人	判定标准	征收范围	扣缴义务人
居民	①在中国境内有住所的个人； ②在中国境内无住所，而在中国境内居住满一年(一个纳税年度)的个人。	来源于中国境内、境外的所得	以支付所得的单位或者个人
非居民	①在中国境内无住所且不居住的个人； ②在中国境内无住所且居住不满一年(一个纳税年度)的个人。	来源于中国境内的所得	

需要注意的是：

①居民承担无限纳税义务；非居民承担有限纳税义务。

②在中国境内无住所，但居住满 1 年，而未超过 5 年的个人，其来源于中国境外的所得，经主管税务机关批准，可以只就由中国境内公司、企业以及其他经济组织或个人支付的部分缴纳个人所得税；居住满 5 年的，从第 6 年起，应当就其来源于中国境外的全部所得缴纳个人所得税。

【做一做】

【6.16】【单项选择题】　下列属于非居民纳税人的自然人有(　　)。

A. 在中国境内无住所且不居住，但有来源于中国境内所得

B. 在中国境内有住所

C. 在中国境内无住所，但居住时间满一个纳税年度

D. 在中国境内有住所，但目前未居住

3)个人所得税的税目、税率和计税依据

(1)一般规定

个人所得税的税目、税率和扣除标准如表 6.8 所示。

表 6.8　个人所得税的税目、税率和扣除标准

应税项目	税率(累进、比例 20%)	扣除标准
①工资、薪金所得	9 级超额累进税率	月扣除 2 000 元(4 800 元)
②个体工商户生产、经营所得	5 级超额累进税率	每一纳税年度的收入总额减除成本、费用以及损失
③对企事业单位承包经营、承租经营所得	5 级超额累进税率	每一纳税年度收入总额，减除必要费用(每月 2 000 元)

续表

<table>
<tr><th>应税项目</th><th>税率(累进、比例20%)</th><th>扣除标准</th></tr>
<tr><td>④劳务报酬所得</td><td>20%;但有加成征收规定</td><td rowspan="4">每次收入≤4 000元:定额扣800元
每次收入>4 000元:定率扣20%</td></tr>
<tr><td>⑤稿酬所得</td><td>20%;【特殊】按应纳税额减征30%(即实际税率14%)</td></tr>
<tr><td>⑥特许权使用费所得</td><td>20%</td></tr>
<tr><td>⑦财产租赁所得</td><td>20%;【特殊】出租居民住用房适用10%的税率</td></tr>
<tr><td>⑧财产转让所得</td><td>20%</td><td>收入额减除财产原值和合理费用</td></tr>
<tr><td>⑨利息、股息、红利所得</td><td>20%</td><td rowspan="3">无费用扣除,
以每次收入为应纳税所得额</td></tr>
<tr><td>⑩偶然所得</td><td>20%</td></tr>
<tr><td>⑪其他所得</td><td>20%</td></tr>
</table>

说明:

①工资、薪金应税项目中的4 800元为外籍、港、澳、台个人和在境外任职受雇的中国人的扣除标准。

②个人独资企业、合伙企业比照个体工商户生产、经营所得税目征收个人所得税。

③关于财产转让所得特殊规定:目前,国家对股票转让所得暂不征收个人所得税;对个人转让自用5年以上并且是家庭唯一生活用房取得的所得,免征个人所得税。

④关于利息、股息、红利所得的特殊规定:对证券市场个人投资者取得对证券交易结算资金利息所得,暂免征收个人所得税;储蓄存款在2007年8月15日后滋生的利息所得适用5%的税率;2008年10月9日起免税。

⑤关于劳务报酬所得税率的特殊规定:一次取得的劳务报酬应纳税所得额超过20 000元以上的部分加成征收,即超过20 000~50 000元的部分,税率30%;超过50 000元的部分,税率40%。

(2)每次收入的确定

①劳务报酬所得:只有一次性收入的,以取得该项收入为一次;属于同一事项连续取得收入的,以一个月内取得的收入为一次。

②稿酬所得:以每次出版发表取得的收入为一次;同一作品再版取得的所得,应视作另一次稿酬所得计征个人所得税;同一作品在报刊上连载取得收入,以连载

完成后取得的所有收入合并为一次。

③财产租赁所得:以一个月内取得的收入为一次。

④特许权使用费所得:以某项使用权的一次转让所取得的收入为一次。

⑤利息、股息、红利所得,偶然所得,其他所得:每次取得收入为一次。

4)个人所得税应纳税额的计算举例

(1)工资薪金所得

工资、薪金所得,是指个人因任职或者受雇而取得的工资、薪金、奖金、年终加薪、劳动分红、津贴、补贴以及与任职或者受雇有关的其他所得。

表6.9　工资、薪金所得适用5%～45%的9级超额累进税率

级数	全月应纳税所得额	税率(%)	速算扣除数
1	不超过500元	5%	0
2	超过500元至2 000元	10%	25
3	超过2 000元至5 000元	15%	125
4	超过5 000元至20 000元	20%	375
5	超过20 000元至40 000元	25%	1 375
6	超过40 000元至60 000元	30%	3 375
7	超过60 000元至80 000元	35%	6 375
8	超过80 000元至100 000元	40%	10 375
9	超过100 000元	45%	15 375

说明:

本表所称"全月应纳税所得额"是指以每月收入额减除费用2 000(4 800)后的余额或者减除附加减除费用后的余额。

①一般计算方法。

应纳税额=(每月收入－2 000或4 800)×适用税率－速算扣除数

【做一做】

【6.17】【计算题】　中国公民郑某2008年3—12月每月工资4 000元,计算郑某2008年应缴纳的个人所得税。

②个人取得全年一次性奖金应纳个人所得税的计算方法。

第一种情形:当月工资达到缴税标准的,工资、奖金分别计算。即先将当月取

得的全年一次性奖金，除以 12 个月，按其商数确定适用税率和速算扣除数。

【例 6.6】【单项选择题】 中国公民郑某 2008 年 1—12 月每月工资 3 000 元，12 月除当月工资以外，还取得全年一次性奖金 6 000 元。郑某 2008 年奖金应缴纳个人所得税（ ）元。

A. 300　　B. 375　　C. 400　　D. 575

【答案】A

【解析】全年一次性奖金的个人所得税计算：6 000 ÷ 12 = 500（元），适用税率为 5%，全年一次性奖金应纳税额 = 6 000 × 5% = 300（元）。如果问 12 月要缴纳多少个人所得税，那么还应当加上当月工资应纳的个人所得税 = (3 000 − 2 000) × 10% − 25 = 75（元），12 月应纳个人所得税税额合计 = 300 + 75 = 375（元）。

第二种情形：当月工资达不到缴税标准，则工资、奖金合并计算。即发放年终一次性奖金的当月，雇员当月工资、薪金所得低于税法规定的费用扣除额，应将全年一次性奖金减除“雇员当月工资、薪金所得与费用扣除额的差额”后的余额，按上述办法确定全年一次性奖金的适用税率和速算扣除数。

【做一做】

【例 6.7】【计算题】 王某为中国公民，2008 年在我国境内 1—12 月每月的绩效工资为 1 200 元，12 月 31 日又一次性领取年终奖 12 400 元（兑现绩效工资）。计算王某取得该笔奖金应缴纳的个人所得税。

【解析】①该笔奖金适用的税率和速算扣除数为：

每月奖金平均额 = (12 400 + 1 200 − 2 000) ÷ 12 = 966.7（元）

根据工资、薪金 9 级超额累进税率的规定，适用的税率为 10%，速算扣除数为 25。

②该笔奖金应缴纳个人所得税为：

应纳税额 = (12 400 + 1 200 − 2 000) × 10% − 25 = 1 135（元）

③对“双薪制”的计税方法。对“双薪制”，原则上单独作为一个月的工资、薪金所得计征个人所得税，即双薪所得原则上不再扣除费用，应全额作为应纳税所得额按适用税率计算纳税。但具体又分为两种情形：

第一种情形：取得“双薪”当月的工资不够缴税，工资与双薪合并。

第二种情形：取得“双薪”当月的工资够缴税，工资与双薪各自计算。

【例 6.8】【计算题】 王某为中国公民，2008 年在我国境内 1—12 月每月的工资为 3 000 元，12 月得到双薪。计算王某 12 月应缴纳的个人所得税。

【答案】缴纳个人所得税 = [(3 000 − 2 000) × 10% − 25] + (3 000 × 15% −

125)=400(元)

(2)劳务报酬所得

表6.10　个人所得税税率表:劳务报酬所得适用

级数	每次应纳税所得额	税率	速算扣除数
1	不超过20 000元的部分	20%	0
2	超过20 000元至50 000元的部分	30%	2 000
3	超过50 000元的部分	40%	7 000

说明:

本表所称的"每次应纳税所得额",是指每次收入额减除费用800元(每次收入额不超过4 000元时)或者20%的费用(每次收入额超过4 000元时)后的余额。

①每次收入≤4 000元的:

应纳税额 = 每次应纳税所得额×20% =(每次收入-800)×20%

②每次收入>4 000元的:

应纳税额 = 每次应纳税所得额×20% = 每次收入×(1-20%)×20%

③每次收入的应纳税所得额>20 000元的:

应纳税额 = 每次应纳税所得额×适用税率-速算扣除数

= 每次收入×(1-20%)×适用税率-速算扣除数

(3)偶然所得

应纳税额 = 应纳税所得额×适用税率 = 每次收入额×20%

【做一做】

【6.18】【计算题】　王先生购买彩票中奖,中奖所得共计价值20 000元。请问:王先生实际可得的中奖金额是多少?

5)个人所得税减免规定

(1)下列各项所得,免征个人所得税

①省级人民政府、国务院部委和中国人民解放军军以上单位,以及外国组织、国际组织颁发的科学、教育、技术、文化、卫生、体育、环境保护等方面的奖金。

②国债和国家发行的金融债券利息。

③按照国家统一规定发给的补贴、津贴以及国务院规定免纳个人所得税的其他补贴、津贴。

④福利费、抚恤金、救济金。

⑤保险赔款。

⑥军人的转业费、复员费。

⑦按照国家统一规定发给干部、职工的安家费、退职费、退休工资、离休工资、离休生活补助费。

⑧依照我国有关法律规定应予免税的各国驻华使馆、领事馆的外交代表、领事馆官员和其他人员的所得。

⑨中国政府参加的国际条约、签订的协议中规定免税的所得。

⑩按照国家规定,单位为个人缴付和个人缴付的住房公积金、基本医疗保险、基本养老保险、失业保险费,从纳税人的应纳税所得额中扣除。

⑪个人转让自用达5年以上,并且是唯一的家庭生活用房取得的所得,暂免征收个人所得税。

⑫对个人购买福利彩票、赈灾彩票、体育彩票,一次中奖收入在1万元以下(含1万元)的暂免征收个人所得税;超过1万元的,全额征收个人所得税。

⑬经国务院财政部门批准免税的其他所得。

(2)有下列情况之一的,经批准可以减征个人所得税

①残疾、孤老人员和烈属的所得。

②因严重自然灾害造成重大损失的。

③其他经国务院财政部门批准减税的。

【做一做】

【6.19】【多项选择题】 根据个人所得税法律制度的规定,下列各项中,免征个人所得税的有(　　)。

A. 离退休人员从社保部门领取的养老金

B. 个人银行储蓄存款利息

C. 个人取得的保险赔款

D. 个人取得由单位和个人共同缴付的住房公积金

6)个人所得税的纳税申报与缴纳

(1)纳税申报

个人所得税实行代扣代缴和纳税人自行申报两种计征办法,其中以支付所得的单位或者个人为扣缴义务人。

纳税人有下列情形之一的,应当按照规定到主管税务机关办理纳税申报:

①年所得12万元以上的;

②从中国境内两处或者两处以上取得工资、薪金所得的；

③从中国境外取得所得的；

④取得应纳税所得，没有扣缴义务人的；

⑤国务院规定的其他情形。

（2）个人所得税纳税期限

①每月应纳的税款，都应当在次月 7 日内缴入国库。

②个体工商户的生产经营所得应纳的税款，按年计算，分月预缴，由纳税义务人在次月 7 日内预缴，年度终了后 3 个月内汇算清缴，多退少补。

③从中国境外取得所得的纳税义务人，应当在年度终了后 30 日内，将应纳税款缴入国库，并向税务机关报送纳税申报表。

知识链接 6.6

不征收个人所得税的无偿赠与房屋产权

①房屋产权所有人将房屋产权无偿赠与配偶、父母、子女、祖父母、外祖父母、孙子女、外孙子女、兄弟姐妹。

②房屋产权所有人将房屋产权无偿赠与对其承担直接抚养或者赡养义务的抚养人或者赡养人。

③房屋产权所有人死亡，依法取得房屋产权的法定继承人、遗嘱继承人或者受遗赠人。

摘自《关于个人无偿受赠房屋有关个人所得税问题的通知》（财税【2009】78 号）2009 年 5 月 25 日开始实施。

6.4 税收征收管理法律制度

税收在稳定经济、维护国家政权中发挥着重要的作用,而这一切离开了税收征管是远远不够的。你知道我国在税收征管方面有哪些规定呢?

【学一学】

6.4.1 税收征收管理概述

1)税收征收管理法

我国现行的税收征管法主要是指1992年9月4日通过、1995年2月28日和2001年4月28日两次修改的《中华人民共和国税收征收管理法》以及2002年9月7日公布、2002年10月15日开始实施的《税收征收管理法实施细则》。

2)税款征收管理体制

我国实行分税制财政管理体制。税款征收机关包括各级税务机关及海关。

(1)国家税务局系统主要负责征收和管理的税种

①增值税;

②消费税;

③中央企业所得税(从2002年1月1日起,新注册登记的企业所得税,一律由国家税务局征收管理)等。

(2)地方税务局系统主要负责征收和管理的税种

①营业税;

②个人所得税;

③财产、行为、资源税等小税种。

(3)海关系统主要负责征收和管理的税种

①进出口关税;

②对入境旅客行李物品和个人邮递物品征收的进口关税;

③委托代征的进口环节消费税、增值税等。

6.4.2 税务管理

税务管理是税收征管程序中的基础性环节,主要包括三项制度:税务登记、账簿凭证管理和纳税申报。

1）税务登记管理

（1）开业登记

企业和企业在外地设立的分支机构和从事生产、经营的场所，个体工商户和从事生产、经营的事业单位（以下统称从事生产、经营的纳税人）自领取营业执照之日起30日内，持有关证件，向税务机关申报办理税务登记。税务机关应当自收到申报之日起30日内审核并发给税务登记证件。

（2）变更登记

从事生产、经营的纳税人税务登记事项发生变化的，自工商行政管理机关办理变更登记之日起30日内向税务机关办理变更税务登记。

（3）注销登记

①纳税人发生解散、破产、撤销以及其他情形，依法终止纳税义务的，应当在向工商行政管理机关或者其他机关办理注销登记前，持有关证件和资料向原税务登记机关申报办理注销税务登记。但纳税人被工商行政管理部门吊销营业执照的，应当自营业执照被吊销之日起15日内，向原税务登记机关申报办理注销登记。

②注销税务登记前，向税务机关提交相关证明文件和资料，结清应纳税款、多退（免）税款、滞纳金和罚款，缴销发票、税务登记证件和其他税务证件，经税务机关核准后，办理注销税务登记手续。

2）账簿、凭证管理

（1）账簿设置

①从事生产、经营的纳税人应当自领取营业执照或者发生纳税义务之日起15日内，按照国家有关规定设置账簿。

②从事生产、经营的纳税人应当自领取税务登记证件之日起15日内，将其财务、会计制度或者财务、会计处理办法，报送税务机关备案。

【做一做】

【6.20】【单项选择题】 根据税收征收管理法律制度规定，从事生产、经营的纳税人应当自领取税务登记证件之日起的一定期限内，将其财务、会计制度或者财务、会计处理办法和会计核算软件报送税务机关备案。这里的一定期限内是指（　　）。

A. 15日内　　B. 30日内　　C. 40日内　　D. 60日内

(2)发票管理

①发票的领购。领购发票的程序:申请领购发票的单位和个人必须先提出购票申请,提供经办人身份证明、税务登记证件或者其他有关证明,以及财务印章(指单位的财务专用章或其他财务印章)或者发票专用章的印模,经主管税务机关审核后,发给发票领购簿。

税务机关对外省、自治区、直辖市来本辖区从事临时经营活动的单位和个人申请领购发票的,可以要求其提供保证人或者根据所领购发票的票面限额及数量交纳不超过10 000元的保证金,并限期缴销发票。

②发票的开具和保管。不符合规定的发票,不得作为财务报销凭证,任何单位和个人有权拒收。不符合规定的发票是指:开具或取得的发票是应经而未经税务机关监制;填写项目不齐全;内容不真实;字迹不清楚;没有加盖财务印章或发票专用章;伪造、作废以及其他不符合税务机关规定的发票。

已开具的发票存根联和发票登记簿应当保存5年。发票丢失,应于丢失当日书面报告主管税务机关,并在报刊和电视等传播媒介上公告声明作废。

③发票的检查。税务机关在发票管理中有权进行下列检查:检查印制、领购、开具、取得和保管发票的情况;调出发票查验;查阅、复制与发票有关的凭证、资料;向当事各方询问与发票有关的问题和情况;在查处发票案件时,对与案件有关的情况和资料,可以记录、录音、录像、照相和复制。

需要指出的是,税务机关需要将已开具的发票调出查验时,被调出查验发票的单位和个人不得拒绝。

【例6.9】【多项选择题】 根据税收征收管理法律制度的规定,下列各项中,单位和个人在首次申请领购发票时应向税务机关提供的有(　　)。

A.税务登记证件　　B.经办人身份证明

C.工商营业执照　　D.财务印章或发票专用章印模

【答案】ABD

【解析】本题考核首次申请领购发票需要提供的资料。根据规定,申请领购发票的单位和个人必须先提出购票申请,提供经办人身份证明、税务登记证件或者其他有关证明,以及财务印章或发票专用章印模。

(3)账簿、凭证等涉税资料的保存和管理

除法律、行政法规另有规定外,账簿、记账凭证、报表、完税凭证、发票、出口凭证及其他有关涉税资料应当保存10年。

3)纳税申报

纳税申报,是指纳税人按照税法规定,定期就计算缴纳税款的有关事项向税务机关提交书面报告的一种法定手续。

(1)纳税申报的方式

纳税申报的方式有直接申报、邮寄申报、数据电文申报和其他方式(如简易申报、简并征期等)。

需要说明的是,纳税人享受减税、免税待遇的,在减税、免税期间应当按照规定办理纳税申报。

(2)纳税申报期限

①增值税、消费税、营业税。纳税人以1个月为一期纳税的,自期满之日起15日内申报纳税;以1日、3日、5日、10日或者15日为一期纳税的,自期满之日起5日内预缴税款,于次月1日起10日内申报纳税并结清上月应纳税款。

②企业所得税。企业应当自月份或者季度终了之日起15日内,向税务机关报送预缴企业所得税纳税申报表,预缴税款。年度终了之日起5个月内,向税务机关报送年度企业所得税纳税申报表,并汇算清缴,结清应缴应退税款。

③个人所得税。个人所得税纳税人一般应在次月7日内向主管税务机关申报所得并缴纳税款。

6.4.3 税款征收

1)税款征收方式

①纳税人直接向国库经收处缴纳;
②税务机关自收税款并办理入库手续;
③代扣代缴;
④代收代缴;
⑤委托代征。

2)税款征收措施

(1)调整应纳税额

纳税人有下列情形之一的,税务机关有权核定其应纳税额:
①依照税收征收管理法可以不设置账簿的;
②依照税收征收管理法应当设置但未设置账簿的;

③擅自销毁账簿或者拒不提供纳税资料的;

④虽设置账簿,但账目混乱、难以查账的;

⑤发生纳税义务,未按照规定的期限办理纳税申报,经税务机关责令限期申报,逾期仍不申报的;

⑥纳税人申报的计税依据明显偏低,又无正当理由的;

⑦未按照规定办理税务登记的从事生产、经营的纳税人以及临时经营的纳税人。

【例6.10】【单项选择题】 某酒店2007年12月取得餐饮收入5万元,客房出租收入10万元,该酒店未在规定期限内进行纳税申报,经税务机关责令限期申报,逾期仍未申报。根据税收征收管理法律制度的规定,税务机关有权对该酒店采取的税款征收措施是( )。

A. 采取税收保全措施　　B. 责令提供纳税担保

C. 税务人员到酒店直接征收税款　　D. 核定其应纳税额

【答案】D

(2)责令缴纳和加收滞纳金

纳税人、扣缴义务人未按照规定期限缴纳税款的,税务机关可责令限期缴纳,并从滞纳税款之日起,按日加收滞纳税款0.5‰的滞纳金。

【例6.11】【单项选择题】 甲公司2008年8月应纳增值税税款300 000元,该单位会计由于去外地开会,9月18日才缴纳8月税款。根据税收征收管理法律制度的规定,税务机关依法加收的滞纳金为( )元。

A. 450　　B. 1 050　　C. 1 200　　D. 301 200

【答案】C

【解析】本题考核滞纳金的计算。滞纳天数为9月11日—9月18日,共8日,滞纳金 $=300\ 000\times0.5‰\times8=1\ 200$(元)。

(3)责令提供纳税担保

①提供纳税担保的情形。税务机关有根据认为从事生产经营的纳税人有逃避纳税义务行为,在规定的纳税期之前,责令其限期缴纳应纳税款;在限期内发现纳税人有明显的转移、隐匿其应纳税的商品、货物以及其他财产或者应纳税收入迹象的,可以责成纳税人提供纳税担保;欠缴税款、滞纳金的纳税人或者其法定代表人需要出境的,可以责成纳税人提供纳税担保;纳税人同税务机关在纳税上发生争议而未缴清税款,需要申请行政复议的,纳税人应提供纳税担保;税收法律、行政法规规定可以提供纳税担保的其他情形。

②纳税担保的范围。纳税担保的范围包括税款、滞纳金和实现税款、滞纳金的

费用。

③纳税担保的具体方式。纳税担保的具体方式包括:纳税保证、纳税抵押、纳税质押。

(4)税收保全措施

①税收保全的使用范围。具有税法规定情形的纳税人应提供纳税担保而纳税人拒绝提供纳税担保或无力提供纳税担保的情形。

②税收保全措施:冻结、扣押、查封。书面通知纳税人开户银行或其他金融机构冻结纳税人的金额相当于应纳税款的存款;扣押、查封纳税人的价值相当于应纳税款的商品、货物或其他财产。

【提示】个人及其所扶养家属维持生活必需的住房和用品,不在税收保全措施执行范围之内。

【做一做】

【6.21】【单项选择题】 根据《税收征收管理法》的规定,下列各项中,属于税收保全措施的是(　　)。

A. 暂扣纳税人的税务登记证

B. 书面通知纳税人开户银行从其存款中扣缴税款

C. 拍卖纳税人价值相当于应纳税款的货物,以拍卖所得抵缴税款

D. 查封纳税人价值相当于应纳税款的货物

(5)税收强制执行措施

①税收强制执行措施的适用范围。从事生产、经营的纳税人、扣缴义务人未按照规定的期限缴纳或者解缴税款,纳税担保人未按照规定的期限缴纳所担保的税款,由税务机关责令限期缴纳,逾期仍未缴纳的,经县以上税务局(分局)局长批准,税务机关可以采取强制执行措施。

②税收强制执行措施:扣缴、拍卖或者变卖。书面通知其开户银行或其他金融机构从其存款中扣缴税款;扣押、查封、依法拍卖或者变卖其价值相当于应纳税款商品、货物或其他财产,以拍卖或者变卖所得抵缴税款。

【例6.12】【多项选择题】 根据税收征收管理法律制度的规定,下列各项中,属于税务机关可以采取税收强制执行措施的有(　　)。

A. 书面通知纳税人开户银行暂停支付纳税人存款

B. 书面通知纳税人开户银行从其存款中扣缴税款

C. 拍卖所扣押的纳税人价值相当于应纳税款的财产,以拍卖所得抵缴税款

D. 扣押纳税人价值相当于应纳税款的财产

【答案】BC

【解析】选项 A 和 D 属于税收保全措施。注意税收保全措施与税收强制执行措施的区别。

(6)阻止出境

欠缴税的纳税人或者其法定代表人在出境前未按规定结清应纳税款、滞纳金或者提供纳税担保的,税务机关可以通知出境管理机关阻止其出境。

3)其他关于税款征收的法律规定

(1)税收优先权

①税务机关征收税款,税收优先于无担保债权,法律另有规定的除外。

②纳税人欠缴的税款发生在纳税人以其财产设定抵押、质押或者纳税人的财产被留置之前的,税收优先于抵押权、质权和留置权执行。

③纳税人欠缴税款,同时又被行政机关处以罚款,没收违法所得的,税收优先于罚款、没收违法所得。

【做一做】

【6.22】【判断说明题】 纳税人欠缴的税款发生在纳税人以其财产设定抵押之后的,税收应当优先于抵押权执行。( )

(2)税收代位权与撤销权

①代位权。欠缴税款的纳税人怠于行使其到期债权,对国家税收造成损害的,税务机关可以依照《合同法》的规定行使代位权。

②撤销权。欠缴税款的纳税人因放弃到期债权,或者无偿转让财产,或者以明显不合理的低价转让财产而受让人知道该情形,对国家税收造成损害的,税务机关可以依照《合同法》的规定行使撤销权。

税务机关行使代位权、撤销权的,不免除欠缴税款的纳税人尚未履行的纳税义务和应承担的法律责任。

【提示】税务机关行使代位权、撤销权的,不免除欠缴税款的纳税人尚未履行的纳税义务和应承担的法律责任。

【议一议】

【例 6.13】【案例分析题】 甲企业欠缴税款 20 万元,税务机关在多次催缴无效的情况下,对该企业账簿资料进行了检查,发现该企业账户上确实无钱可付,但甲企业放弃了乙企业应付的一笔刚刚到期的 20 万元货款。经了解，乙企业完全有偿债能力。

(1)分析税务机关可以采取何种措施追缴甲企业欠缴的税款，维护国家税收权益？

【解析】根据法律规定，税务机关可以行使撤销权，请求法院撤销甲企业放弃债权的行为。

(2)如果乙企业欠付的货款早已到期，而甲企业从未向乙企业追讨过欠款，分析税务机关可以采取何种措施追缴甲企业欠缴的税款，维护国家税收权益。

【解析】税务机关可以向法院提出请求，以税务机关的名义代替甲企业行使该债权，向乙企业追要这笔货款(代位权)。

(3)税款的追缴与退还

税款的追缴与退还是指纳税人多缴税款与少缴税款的原因及税务处理。

表 6.11　税款的追缴与退还的原因与处理

情　形	原　因	处　理	
税款的退还(多缴税款)	纳税人原因或税务机关原因	税务机关发现后	应当立即退还(无限制)
		纳税人发现后	自结算缴纳税款之日起 3 年内发现的，可以向税务机关要求退还多缴税款并加算银行同期存款利息，税务机关及时查实后应当立即退还
税款的追征(少缴税款)	税务机关责任	税务机关在 3 年内可要求纳税人、扣缴义务人补缴税款，但是不得加收滞纳金	
	纳税人、扣缴义务人计算失误	税务机关在 3 年内可以追征税款、滞纳金有特殊情况的追征期可以延长到 5 年	
	纳税人偷税、抗税、骗税	税务机关无限期追征未缴或者少缴的税款、滞纳金或者所骗取的税款	

【议一议】

【例 6.14】【案例分析题】　某公司 2006 年 7 月在清查账簿中发现，2005 年 6 月该公司多缴了 5 000 元税款。于是该公司向税务局请求退还多缴的税款并加算相应的利息。税务局经过核对后，证实该公司多缴税款属实。税务局同时发现，该公司 2005 年 9 月有一笔税款计算错误，少缴 2 100 元税款。分析税务局应怎么处理。

【解析】税务局应退还该公司多缴的税款 5 000 元，并加算银行同期活期存款利息。同时，追缴该公司所欠税款 2 100 元。用应退税款和利息抵扣欠缴税款后有余额的，退还纳税人。

6.4.4　税务检查

税务检查中税务机关主要有6项权利：

①查账权；

②场地检查权；

③责成提供资料权；

④询问权；

⑤在交通要道和邮政企业的查证权；

⑥查核存款账户权。

需要指出的是，税务机关无权到纳税人的生活区检查。

税务机关调查税务违法案件时，对与案件有关的情况、资料，可以记录、录音、录像、照相和复制。

6.4.5　违反税收法律制度的法律责任

【问一问】

有的企业为了规避纳税，财务上设置两本账，你觉得这样做合法吗？会有什么样的法律后果呢？

【学一学】

1)违反税务管理行为的法律责任

纳税人有下列行为之一的,由税务机关责令限期改正,可以处2 000元以下的罚款,情节严重的,处2 000元以上1万元以下的罚款:

①未按照规定的期限申报办理税务登记、变更或者注销登记的;

②未按照规定设置、保管账簿或者保管记账凭证和有关资料的;

③未按照规定将财务、会计制度或者财务、会计处理办法和会计核算软件报送税务机关备查的;

④未按照规定将其全部银行账号向税务机关报告的;

⑤未按照规定安装、使用税控装置,或者损毁或擅自改动税控装置的;

⑥纳税人未按照规定办理税务登记证件验证或者换证手续的。

此外,纳税人不办理税务登记的,由税务机关责令限期改正;逾期不改正的,经税务机关提请,由工商行政管理机关吊销其营业执照。

纳税人未按照规定使用税务登记证件,或者转借、涂改、损毁、买卖、伪造税务登记证件的,处2 000元以上1万元以下的罚款;情节严重的,处1万元以上5万元以下的罚款。

纳税人未按照规定的期限办理纳税申报的,由税务机关责令限期改正,可以处以2 000元以下的罚款;情节严重的,可以处以2 000元以上10 000元以下的罚款。

2)逃避税务机关追缴欠税行为的法律责任

纳税人欠缴应纳税款,采取转移或者隐匿财产的手段,妨碍税务机关追缴欠缴的税款的,由税务机关追缴欠缴的税款、滞纳金,并处欠缴税款50%以上5倍以下的罚款;构成犯罪的,依法追究刑事责任。

扣缴义务人应扣未扣、应收而不收税款的,由税务机关向纳税人追缴税款,对扣缴义务人处应扣未扣、应收未收税款50%以上3倍以下的罚款。

3)偷税行为的界定及其法律责任

(1)偷税的定义

纳税人伪造、变造、隐匿、擅自销毁账簿、记账凭证,或者在账簿上多列支出或者不列、少列收入,或者经税务机关通知申报而拒不申报,或者进行虚假的纳税申报,不缴或者少缴应纳税款的,是偷税。

(2)偷税行为的处理

对纳税人偷税的,由税务机关追缴其不缴或者少缴的税款、滞纳金,并处不缴或者少缴的税款50%以上5倍以下的罚款;构成犯罪的,依法追究刑事责任。

(3)偷税罪的处理

①偷税罪的界定。偷税数额占应纳税额的10%以上并且偷税数额在1万元以上。

②偷税行为处理。偷税数额占应纳税额的10%以上不满30%并且偷税数额在1万元以上不满10万元的,或者因偷税被税务机关给予两次行政处罚又偷税的,处三年以下有期徒刑或者拘役,并处偷税数额1倍以上5倍以下罚金;偷税数额占应纳税额的30%以上并且偷税数额在10万元以上的,处3年以上7年以下有期徒刑,并处偷税数额1倍以上5倍以下罚金。

【做一做】

【6.23】【多项选择题】 根据税收征收管理法律制度的规定,纳税人发生偷税行为时,税务机关可以行使的权力有(　　)。

A.追缴税款　　B.加收滞纳金　　C.处以罚款　　D.处以罚金

【6.24】【多项选择题】 根据《税收征收管理法》规定,下列各项中,属于偷税行为的有(　　)。

A.隐匿账簿、凭证、少缴应纳税款的

B.进行虚假纳税申报,少缴应纳税款的

C.在账簿上多列支出,少缴应纳税款的

D.隐匿财产,妨碍税务机关追缴欠缴税款的

4)抗税、骗税行为和其他税收违法行为的法律责任

(1)抗税

纳税人、扣缴义务人以暴力、威胁方法拒不缴纳税款的行为,除由税务机关追缴其拒缴的税款、滞纳金外,依法追究刑事责任。情节轻微,未构成犯罪的,由税务机关追缴其拒缴的税款、滞纳金,并处拒缴税款1倍以上5倍以下的罚款。

(2)骗税

纳税人以假报出口或者其他欺骗手段,骗取国家出口退税款的行为,由税务机关追缴其骗取的出口退税款,并处骗取税款1倍以上5倍以下的罚款;构成犯罪的,依法追究刑事责任。

(3)其他税收违法行为

①税务机关依照《税收征管法》的规定,到车站、码头、机场、邮政企业及其分支机构检查纳税人有关情况,有关单位拒绝的,由税务机关责令改正,可以处1万元以下的罚款;情节严重的,处1万元以上5万元以下的罚款。

②税务代理人违反税收法律、行政法规,造成纳税人未缴或者少缴税款的,对税务代理人处纳税人未缴或者少缴税款50%以上3倍以下的罚款。

【议一议】

【例6.15】【案例分析题】 某市甲公司于2006年3月1日丢失一本普通发票。该公司于3月10日到主管税务机关递交了发票遗失书面报告,并在该市报纸上公开声明作废。同年4月5日,市税务机关在对甲公司进行检查时,发现该公司存在如下问题:

(1)未按规定建立发票保管制度。

(2)将2002年度开具的发票存根联销毁。

(3)有两张已作账务处理的发票票物不符。

税务机关在对相关发票进行拍照和复印时,该公司以商业机密为由拒绝。

经税务机关核实,甲公司通过销毁发票存根联、开具票物不符发票等手段,共计少缴税款30万元(占应纳税额的20%)。

根据以上情况,市税务机关除责令其限期补缴少缴的税款30万元外,还依法对其进行了相应的处罚。

甲公司一直拖延缴纳税款,市税务机关在多次催缴无效的情况下,经局长批准于6月18日查封了甲公司的一处房产,准备以拍卖所得抵缴税款。

甲公司认为该房产已于4月22日抵押给乙公司作为合同担保,并依法办理了抵押物登记,税务机关无权查封该房产。据此,甲公司向上级税务机关提出行政复议。

要求:根据税收征收管理法律制度的规定,回答下列问题:

(1)甲公司丢失发票的补救措施是否有不符合法律规定之处?说明理由。

【答案】甲公司丢失发票向税务机关报告的时间不符合规定。

根据规定,发票丢失的,应于丢失发票当日书面报告主管税务机关,并在报刊和电视等传播媒介上公告声明作废。甲公司应在丢失发票的当日(即3月1日)向税务机关报告,而甲公司于3月10日才到主管税务机关递交发票遗失书面报告,不符合法律规定。

(2)甲公司拒绝税务机关对相关发票进行拍照和复印是否符合法律规定？说明理由。

【答案】甲公司拒绝税务机关对相关发票进行拍照和复印不符合法律规定。

根据规定，税务机关在查处发票案件时，对与案件有关的情况和资料，可以记录、录音、录像、照相和复制。

(3)甲公司少缴税款30万元属于何种行为？是否构成犯罪？

【答案】甲公司少缴税款30万元属于偷税行为。已经构成了犯罪。

根据我国《刑法》的相关规定，偷税数额占应纳税额的10%以上不满30%并且偷税数额在1万元以上不满10万元的，应当给予相应的刑事处罚。本题中，偷税数额为30万元，占应纳税额的比例为20%，“数额”标准和“比例”标准均达到了犯罪的界限，因此，甲公司的偷税构成了犯罪。

(4)税务机关在甲公司拖延纳税款，经多次催缴无效的情况下，是否可以查封其财产，以拍卖所得抵缴税款？说明理由。

【答案】可以查封其财产，以拍卖所得抵缴税款。根据规定，纳税人未按照规定的期限缴纳税款，由税务机关责令限期缴纳，逾期仍未缴纳的，经县以上税务局(分局)局长批准，税务机关可以扣押、查封、依法拍卖或变卖其价值相当于应纳税款的商品、货物或者其他财产，用以抵缴税款。

(5)甲公司认为其房产已抵押，税务机关无权查封其房产的观点是否符合法律规定？说明理由。

【答案】该观点不符合法律规定。根据规定，纳税人欠缴的税款发生在纳税人以其财产设定抵押、质押或者纳税人的财产被留置之前的，税收应当先于抵押权、质权和留置权执行。

本题中，市税务机关在同年4月5日进行纳税检查时发现该公司的欠税行为，而甲公司在4月22日将该房产抵押给乙公司作为合同担保，说明欠税的行为发生在该房产设定抵押之前，因此，税务机关有权查封其房产并以其拍卖所得抵缴税款。

【本章小结】

税收是国家为了实现其职能，凭借政治权力，依照法律规定的标准，强制无偿取得财政收入的一种经济活动，是国家参与社会产品分配和国民收入再分配的重要手段。税法是调整国家与纳税人之间税收征收关系的法律规范的总称。本章主要介绍了我国现行的税制，包括：税收和税法的基础知识、现行流转税和所得税的主要税种、税收征收管理的具体法律规定。流转税和所得税是我国目前第一和第二大类税。学习税法知识,重要的是要掌握各个税种的纳税人、征税对象、税率和应纳税额的确定等主要内容。同时,税收征管法是确保国家税收的重要法律依据,本章介绍了包括税务管理、税款征收、税务检查和法律责任四个部分的内容。

【任务检测】

一、单项选择题

1. 下列各项中,属于中央地方共享税的税种是(　　)。

A. 增值税　　B. 消费税　　C. 营业税　　D. 土地增值税

2. 根据《营业税暂行条例》的规定,下列各项中,应当征收营业税的是(　　)。

A. 以不动产投资入股,参与利润分配、共同承担投资风险的行为

B. 邮票的生产、调拨

C. 典当行的死当物品销售业务

D. 单位将不动产无偿赠与他人

3. 根据《个人所得税法》的有关规定,下列各项中,不属于个人所得税免税项目的是(　　)。

A. 退休工资　　B. 彩票中奖所得

C. 保险赔款　　D. 福利费、抚恤金、救济金

4. 根据《税收征收管理法》的规定,纳税人未按规定期限缴纳税款的,税务机关除责令其限期缴纳外,从滞纳税款之日起,按日加收滞纳金,该滞纳金的比例是滞纳税款的(　　)。

A. 万分之一　　B. 万分之五　　C. 千分之一　　D. 千分之二

5. 根据《税收征收管理法》的规定,经县以上税务局(分局)局长批准,税务机关可以依法对纳税人采取税收保全措施。下列各项中,不属于税收保全措施的是(　　)。

A. 责令纳税人暂时停业,直至缴足税款

B. 扣押纳税人的价值相当于应纳税款的商品

C. 查封纳税人的价值相当于应纳税款的货物

D. 书面通知纳税人开户银行冻结纳税人的金额相当于应纳税款的存款

二、多项选择题

1. 根据《增值税暂行条例》的规定,下列各项中,应缴纳增值税的有(　　)。

A. 将自产的货物用于投资　　B. 将自产的货物分配给股东

C. 将自产的货物用于集体福利　　D. 将自建的厂房对外投资

2. 下列各项中,属于消费税征收范围的是(　　)。

A. 汽车销售公司销售小轿车　　B. 木材公司销售自产的实木地板

C. 百货公司销售的化妆品　　D. 烟草公司销售自产的烟丝

3. 根据《消费税暂行条例》的规定，下列各项中，属于消费税征税范围的消费品有(　　)。

A. 高档手表　　B. 木制一次性筷子

C. 实木地板　　D. 高档西服

4. 根据《营业税暂行条例》的规定，下列各项中，属于营业税征收范围的有(　　)。

A. 广告业　　B. 旅游业　　C. 租赁业　　D. 修理修配业

5. 根据《税收征收管理法》的规定，下列情形中，税务机关有权核定纳税人应纳税额的有(　　)。

A. 有偷税、骗税前科的

B. 拒不提供纳税资料的

C. 按规定应设置账簿而未设置的

D. 虽设置账簿，但账目混乱，难以查账的

三、判断说明题

1. 营业税纳税人兼营增值税应税劳务不能分别核算的，其应税劳务应一并征收营业税。(　　)

2. 汽车制造厂既销售自产汽车，又提供汽车修理修配服务，属于增值税的混合销售业务。(　　)

3. 个人将不动产无偿赠送他人的行为，视同销售不动产，应当征收营业税。(　　)

4. 对欠缴税款且怠于行使到期债权的纳税人，税务机关依法行使代位权后，可以免除欠缴税款的纳税人尚未履行的纳税义务和应承担的法律责任。(　　)

5. 纳税人多缴税款自结算缴纳税款之日起5年内发现的，可以向税务机关要求退还多缴的税款并加算银行同期贷款利息。(　　)

四、计算分析题

1. 某企业为增值税小规模纳税人。2009年6月取得销售收入(含增值税)185 400元，购进原材料支付价款(含增值税)128 700元。已知小规模纳税人适用的增值税征收率为3%。该企业2009年6月应缴纳的增值税税额为多少?

2. 某烟草公司11月销售自产卷烟3 000箱，取得不含增值税的价款2 000万元(适用税率36%，适用税额为每箱150元)，销售自产雪茄烟200箱，取得不含增值税的价款300万元(适用税率36%)。计算该公司当月应纳消费税税额。

3. 某旅行社组织50人的旅游团赴太湖旅游,每人收取旅游费2 000元。旅行社实际为每人支付住宿费500元、餐费500元、交通费400元、门票80元。已知旅游业营业税税率为5%。计算该旅行社此次旅游业务应缴纳的营业税税额。

4. 某小型微利企业经主管税务机关核定,2007年度亏损20万元,2008年度盈利35万元。计算该企业2008年度应缴纳的企业所得税。

5. 王某为中国公民,2008年在我国境内1—12月每月的工资为1 200元,12月得到双薪。计算王某12月应缴纳的个人所得税。

第 7 章
会计法律制度

任务目标

1. 了解会计法律制度的构成和会计工作管理体制。
2. 理解会计核算的要求和规定。
3. 掌握会计监督的主体和规定。
4. 掌握会计人员和会计机构的设置要求和规定。
5. 了解会计法律责任。
6. 能够根据会计法律制度判断违法行为,合法开展工作。

学时建议

1. 知识性学习 3 课时。
2. 案例学习讨论 1 课时。

【情景导入】

由于公司业务发展的需要，广州蓝信贸易有限公司决定成立财务科。由董事长丘波颁发下列聘书：

张芳担任财务科科长；杨红担任出纳员；王强、廖华、陈美、李晨担任会计，分管财产、往来账、收入成本核算和总账工作；副总经理姜志分管财务工作。

【问一问】

你知道企业的会计工作由谁负责吗？对会计人员的任职资格有什么要求？哪些人员可以担任会计主管？

【想一想】

会计法律制度有哪些方面的规定？这些规定都是由谁制定的？

【学一学】

7.1 会计法律制度的构成和管理体制

7.1.1 会计法律制度的构成

1）会计法律制度的概念

会计法律制度，是指国家权力机关和行政机关制定的调整会计关系的法律规范的总称，是有关会计工作的法律规范。会计关系是各单位在办理会计事务以及国家在管理会计工作过程中发生的经济关系。会计关系包括对单位的经济活动、财务收支进行核算和监督而产生的社会关系，以及在会计机构的设置和会计人员的从业资格管理等方面发生的社会关系。

2）我国会计法律制度的构成

按照会计法律制度制定者的地位和法律效力的不同，我国会计法律制度的体系主要包括四个层次，即会计法律、会计行政法规、会计行政规章和地方性会计法规。

(1)会计法律

会计法律,是指调整我国经济活动中基本会计关系的法律规范。我国会计法律的适用范围很广,我国境内的国家机关、社会团体、公司、企业、事业单位和其他组织必须依法办理会计事务。个体工商户会计管理的具体办法,由国务院财政部门根据《会计法》的原则另行规定。

(2)会计行政法规

会计行政法规,是指调整经济生活中某些方面会计关系的法律规范。

(3)会计行政规章

会计行政规章,是指调整会计工作某些方面的规范性文件。

(4)会计地方性法规

会计地方性法规,是指省、自治区、直辖市人大及其常委会在与会计法律、会计行政法规不相抵触的情况下制定的地方性会计法规。地方性会计法规也是我国会计法律制度的组成部分。

表 7.1 会计法律制度的构成

法律制度层次	制定机构	法律地位、适用范围	举　例
会计法律	全国人大及常委	最高准则	《中华人民共和国会计法》
会计行政法规	国务院	其次	《总会计师条例》 《企业财务会计报告条例》
会计行政规章	国务院财政部门	第三	《企业会计准则》 《会计基础工作规范》 《会计档案管理办法》
地方性会计法规	地方人大及常委	最低,地域性	

知识链接 7.1

我国《会计法》的立法与修订简介

1985 年 1 月 21 日,第六届全国人大常委会第九次会议通过《中华人民共和国会计法》,自 1985 年 5 月 1 日起实施,这是新中国的第一部《会计法》。

1993 年 12 月 29 日,第八届全国人大常委会第五次会议,对《会计法》进行了修订。

1999 年 10 月 31 日,第九届全国人大常委会第十二次会议对《会计法》进行了全面的修改和补充,于 2000 年 7 月 1 日正式实施,沿用至今。

目前《会计法》包括7个方面的内容,分别是:总则、会计核算、公司企业会计核算的特别规定、会计监督、会计机构和会计人员、法律责任和附则。

【想一想】

会计工作由政府的哪个部门管理?这些部门都管些什么?

【学一学】

7.1.2 会计工作管理体制

1)会计工作的主管部门

我国会计工作管理体制实行的是"统一领导,分级管理"的原则。国务院财政部门主管全国的会计工作,县级以上地方各级人民政府财政部门管理本行政区域内的会计工作。

2)会计制度的制定权限

国家实行统一的会计制度。国家统一的会计制度由国务院财政部门根据《会计法》制定并公布。国务院有关部门有特殊要求的,依照《会计法》和国家统一的会计制度,制定实施具体办法或者补充规定,报国务院财政部门审核批准。

3)会计工作的监督检查

根据《会计法》的规定,财政部门对各单位的会计工作实施监督检查,具体包括:监督检查各单位是否依法设置会计账簿;各单位的会计凭证、会计账簿、财务会计报告和其他会计资料是否真实、完整;各单位会计核算是否符合会计法和国家统一的会计制度的规定;各单位从事会计工作的人员是否具备从业资格。其他部门依法监督检查有关单位的会计资料。

4)会计人员的管理

对会计人员的管理包括对会计人员的业务管理和人事管理。财政部门负责会计人员的业务管理,包括会计人员从业资格管理、会计专业技术资格管理、会计人员评优表彰以及会计人员的继续教育。对会计人员的人事管理,由会计人员的所在单位管理。

【做一做】

【7.1】【判断说明题】 国务院有关部门制定有特殊要求的行业会计制度时，可以不符合《会计法》的规定。

【情景导入】

广州蓝信贸易有限公司主要向以下部门人员提供财务会计报告：送交税务机关作为计算税款的依据；送交银行作为申请贷款的参考依据；送交董事会和股东会，作为企业财务状况和成果的说明；提供给公司内部管理人员使用，作为日常经营决策的参考依据。

【想一想】

会计信息使用者为什么可以比较不同时期、不同企业的会计信息？

【学一学】

7.2 会计核算

7.2.1 会计核算的一般要求

1）依法建账

建账是如实记录和反映经济活动情况的重要前提。各单位应当依法设置会计账簿，进行会计核算。不具备建账条件的，应当实行代理记账，不得私设会计账簿。

2）对会计核算依据的基本要求

各单位必须根据实际发生的经济业务事项进行会计核算，填制会计凭证，登记会计账簿，编制财务会计报告。不得以虚假的经济业务事项或资料进行会计核算。

3）对会计资料的基本要求

会计资料是会计核算的重要成果，是会计信息使用者做出决策、进行管理的重要依据。会计资料的真实性和完整性，是会计资料的最基本的质量要求，是会计工作的生命。

会计资料的真实性，主要是指会计资料所反映的内容和结果，应当同单位实际发生的经济业务的内容及其结果相一致。会计资料的完整性，主要是指构成会计资料的各项要素必须齐全，以使会计资料的使用者如实、全面、准确地了解经济活动情况。

造成会计资料的不真实、不完整的原因是多方面的，但伪造、变造会计资料是重要手段之一。伪造、变造会计资料的结果是造成会计资料失实、失真，误导会计资料的使用者，损害投资者、债权人、国家和社会公众利益。

4）正确采用会计处理方法

会计处理方法是指在会计核算中所采用的具体方法，例如存货计价方法、坏账核算方法、固定资产折旧方法等。

采用不同的会计处理方法，都会影响会计资料的一致性和可比性，进而影响会计资料的使用。因此，各单位采用的会计处理方法前后各期应当保持一致，不得随意变更。确需变更的，应在财务会计报告中说明。

5）正确使用会计记录文字

会计记录的文字应使用中文，民族自治地方单位的会计记录文字可以同时使用当地通用的一种民族文字。在中国境内设立的外商投资企业、外国企业和其他外国组织的会计记录文字可以同时使用一种外国文字。

6）使用电子计算机进行会计核算必须符合法律规定

实行会计电算化的单位，所使用的会计软件和电子计算机生成的会计凭证、会计账簿、财务会计报告等会计资料应当符合《会计电算化管理办法》《会计电算化工作规范》和《会计核算软件基本功能规范》的规定，以保证会计核算的质量。

【做一做】

【7.2】【判断说明题】　各单位应当依法设置会计账簿，进行会计核算。不具备建账条件的，可以不设账簿。

【7.3】【判断说明题】　各单位采用的会计处理方法前后各期应当保持一致，不得变更。

7.2.2　会计年度和记账本位币

1）会计年度

会计年度，是指以年度为单位进行会计核算的时间区间。我国是以公历年度为会计年度，即每年公历1月1日起至12月31日止，为一个会计年度。每个会计年度还可以按公历日期划分为半年度、季度、月度。

2）记账本位币

记账本位币，是指日常登记账簿和编制财务会计报告用以计量的货币，就是进行会计核算业务时所使用的货币。我国《会计法》规定，会计核算以人民币作为记账本位币，业务收支以人民币以外的货币为主的单位，可以选定其中一种货币为记账本位币，但是编制财务会计报告应当折算为人民币。

【做一做】

【7.4】【单项选择题】　我国是以(　　)为一个会计年度。

A. 开始生产经营之日起至下一年的此日止

B. 每年公历1月1日起至12月31日止

C. 领取营业执照之日起至下一年的此日止

D. 每年公历7月1日起至下一年的6月30日止

【7.5】【判断说明题】　会计核算以人民币作为记账本位币，业务收支以人民币以外的货币为主的单位，可以选定其中一种货币为记账本位币。

7.2.3　会计核算的内容

会计核算的内容，是指应当进行会计核算的经济业务事项。主要包括以下几个方面：

①款项和有价证券的收付；

②财物的收发、增减和使用；

③债权债务的发生和结算；

④资本、基金的增减；

⑤收入、支出、费用、成本的计算；

⑥财务成果的计算和处理；

⑦需要办理会计手续、进行会计核算的其他事项。

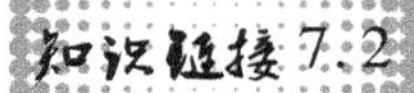

会计年度的类型介绍

目前,国际上会计年度划分主要有以下类型:

①历年制,如德国、法国、俄罗斯、中国等。

②十月制,即以每年10月1日起至次年9月30日止,如美国、墨西哥、古巴、泰国等。

③七月制,即以每年7月1日起至次年6月30日止,如澳大利亚、瑞典、瑞士、巴基斯坦等。

④四月制,即每年4月1日起至次年3月31日止,如英国、加拿大、日本、印度等。

另外,还有个别国家采用三月制、五月制和十一月制。一些国家还采用特殊的时间区间为会计年度,如伊朗以公历3月21日起至次年3月20日止为一个会计年度,尼泊尔以公历每年7月16日起至次年7月15日止为一个会计年度等。

各国对会计年度的划分和运用,与该国(或地区)政治、历史、地理、气候、习惯等因素有密切关系。

【想一想】

会计核算包括哪几个方面的具体工作?这些工作有什么具体要求?

7.2.4 会计核算的方法与程序

1)填制与审核会计凭证

会计凭证,是记录经济业务、明确经济责任的书面证明,也是登记账簿的依据。按其填制程序和用途的不同,分为原始凭证和记账凭证。

(1)原始凭证的填制、取得、审核和更正

原始凭证,是在经济业务发生时填制(或取得)的,用以证明经济业务发生或完成情况的文字依据。按其来源不同,分为自制原始凭证和外来原始凭证。自制原始凭证有借款单、收料单、报销单等;外来原始凭证有发票、银行结算凭证等。

原始凭证的填制必须符合的要求:记录要真实;内容要完整;手续要完备;书写要清楚、规范;编号要连续;不得涂改、刮擦、挖补;填制要及时。

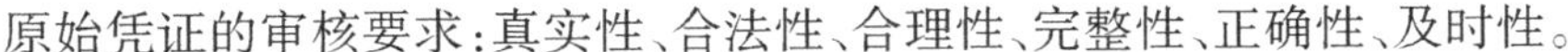

原始凭证的审核要求：真实性、合法性、合理性、完整性、正确性、及时性。

原始凭证的错误更正要求：原始凭证记载的各项内容均不得涂改，随意涂改的原始凭证无效，不能作为记账依据；原始凭证记载的内容有错误的，应当由开具原始凭证的单位重开或更正，并在更正处加盖出具单位印章；原始凭证记载的金额有错误的，不得更正，只能由开具单位重开；原始凭证开具单位应当依法开具准确无误的原始凭证，对于填制错误的原始凭证负有更正和重开的法律义务，不得拒绝。

知识链接7.3

大小写金额填写的要求

①小写金额用阿拉伯数字逐个书写，不得连笔，金额一律写到角分，无角分的要用“00”或“—”，有角无分的，分位应写“0”，不得用“—”代替。

②小写金额前应写货币符号，例如“￥”，货币符号和金额之间不得留有空白。

③大写金额用汉字壹、贰、叁、肆、伍、陆、柒、捌、玖、拾、佰、仟、万、亿、元、角、分、零、整(正)等，一律用正楷或行书书写。

④大写金额前要有货币名称，例如“人民币”字样，货币名称和金额之间不得留有空白。

⑤阿拉伯数字中间有“0”的，中文大写只写一个“零”。大写金额要写到元或角为止，后面要写“整”或“正”字。大写金额有分位的，“分”后面不写“整”或“正”字。

(2)记账凭证的填制和审核

记账凭证，是会计人员根据审核无误的原始凭证，按照经济业务的性质和内容加以归类，并据以确定会计分录后所填制的会计凭证，它是登记账簿的直接依据。

记账凭证的编制要求：记账凭证各项内容必须完整；记账凭证应连续编号；记账凭证的书写应清楚、规范；记账凭证可以根据每一张原始凭证填制，或根据若干张同类原始凭证汇总编制，也可以根据原始凭证汇总表填制，但不得将不同内容和类别的原始凭证汇总填制在一张记账凭证上；除结账和更正错误的记账凭证可以不附原始凭证外，其他记账凭证必须附有原始凭证；填制记账凭证时如果发生错误，应当重新编制。已登记入账的记账凭证发现错误，用规定的方法更正；记账凭证填制完后，如有空行，应在空白的金额栏划线注销。

记账凭证的审核要求：内容是否真实；项目是否齐全；科目是否正确；金额是否正确；书写是否正确。

2)设置与登记会计账簿

(1)设置会计账簿的要求

会计账簿,是指由一定格式、相互联系的账页组成,用来序时或分类地记录和反映一个单位经济业务事项的簿籍。

依法设置会计账簿,是单位进行会计核算的最基本要求,所有独立核算的单位,都必须依法设置、登记会计账簿,保证其真实、完整。

各单位应当依法设置的账簿包括:总账、明细账、日记账和其他辅助账簿。

(2)启用会计账簿的要求

启用新的会计账簿时应当按规定在账簿的扉页上填写“账簿启用表”,注明启用日期、账簿名称和页数、记账人员、会计机构负责人(会计主管人员),并加盖姓名章和单位公章。当记账人员或会计机构负责人(会计主管人员)变动时,也要在“启用表”上注明交接事项,并由双方签名或盖章。

(3)登记会计账簿的要求

会计账簿的登记,必须以经过审核的会计凭证为依据,并符合有关法律、行政法规和国家统一的会计制度的规定。

登记账簿时,应将会计凭证的日期、编号、业务内容、金额和其他有关资料逐项记入账内。要按页次顺序连续登记,不得跳行、隔页。凡须结出余额的账户,应当定期结出余额。会计账簿记录发生错误时,应按规定的方法进行更正。更正的方法有:划线更正法、补充登记法、红字更正法3种。及时对账,做到账证相符,账账相符,账实相符。

3)编制财务会计报告

财务会计报告,是指单位对外提供的反映单位某一特定日期财务状况和某一会计期间经营成果、现金流量的文件。

财务会计报告应当根据经过审核的会计账簿记录和有关资料编制,并符合《会计法》和国家统一的会计制度关于财务会计报告的编制要求、提供对象和提供期限的规定。其他法律、行政法规另有规定的,从其规定。

财务会计报告由会计报表、会计报表附注和财务情况说明书组成。其中,财务报表包括资产负债表、利润表、现金流量表等。向不同的会计资料使用者提供的财务会计报告,其编制依据应当一致。有关法律、行政法规规定会计报表、会计报表附注和财务情况说明书须经注册会计师审计的,注册会计师及其所在的会计师事务所出具的审计报告应当随同财务会计报告一并提供。

财务会计报告应当由单位负责人和主管会计工作的负责人、会计机构负责人(会计主管人员)签名并盖章。设置总会计师的单位,还须由总会计师签名并盖章。单位负责人应当保证财务会计报告真实、完整。

【做一做】

【7.6】【多项选择题】 企业下列人员中应当在财务会计报告上签名并盖章的有( )。

A. 单位负责人　　B. 主管会计工作的负责人

C. 会计机构负责人(会计主管人员)　　D. 总会计师　　E. 上级主管人员

【7.7】【多项选择题】 单位负责人对会计工作的( )负责。

A. 真实性　　B. 合法性　　C. 完整性　　D. 准确性

知识链接 7.4

《会计法》上的所称的单位负责人是指哪些人?

单位负责人,是指单位法定代表人或者法律、行政法规规定代表单位行使职权的主要负责人。

单位的法定代表人,是指依法代表法人单位行使职权的负责人,如国有工业企业的厂长(经理),公司制企业的董事长或者总经理,国家机关或者事业单位的最高行政官员,等等。

按照法律、行政法规的规定代表单位行使职权的负责人,即依法代表非法人单位行使职权的负责人,例如代表合伙企业执行合伙企业事务的合伙人、个人独资企业的投资人等。

特别要指出的是,新修订的《公司法》规定的公司制企业的法定代表人是董事长或总经理,具体到某一个公司,要看其公司章程的规定。

4)会计档案管理的要求

会计档案,是记录和反映经济业务事项的重要历史资料和证据,一般包括会计凭证、会计账簿、财务会计报告及其他会计资料等。各单位对以上会计资料应当建立档案,并妥善保管。

(1)会计档案的归档和移交

各单位每年形成的会计档案,应由单位会计部门按照归档要求负责整理立卷或装订。当年形成的会计档案在会计年度终了后,可暂由本会计部门保管一年。

保管期满后，由会计部门编制归档清册。

会计机构在向单位档案部门移交会计档案时要编制移交清册，便于分清责任，加强管理。档案部门接受保管的会计档案，应当保持原卷册的封装，不得随意拆封。

会计档案原则上不得借出，以保证其安全和完整，防止丢失。如有特殊需要或公检法等部门需要查阅会计资料，须经本单位负责人批准，在不拆散原卷册的前提下，可以提供查阅或复制件。

（2）会计档案的保管期限

会计档案的保管期限分永久和定期两类，定期保管的又分为3年、5年、10年、15年和25年5类。保管期限从会计年度终了后的第一天算起。

（3）会计档案的销毁

会计档案保管期满需要销毁的，除特殊规定外，可以按下列程序予以销毁：

①编造会计档案销毁清册。

②专人负责监销。一般企业、事业单位和组织，应当由单位档案机构和会计机构共同派员监销。

未结清债权债务的原始凭证、涉及其他未了事项（如档案保管期满但尚未报废的固定资产购买凭证）的原始凭证，不得销毁，应单独保管到未了事项完结后方可按照规定程序销毁。

【做一做】

【7.8】【多项选择题】 按照会计法的相关规定，需要建立会计档案并按要求保管的会计资料包括：（　　）。

A. 会计凭证　　B. 会计账簿　　C. 财务会计报告　　D. 年度财务分析

【7.9】【多项选择题】 会计档案的销毁，一般企业、事业单位和组织，应当由（　　）共同派员监销。

A. 上级审计部门　　B. 上级财政部门　　C. 上级主管部门

D. 本单位会计机构　　E. 本单位档案机构

【议一议】

【7.10】【判断说明题】 某企业业务员李某持发票到出纳员处办理报销手续，出纳员发现发票金额有修改现象。李某解释说是开票单位作出修改的，出纳员拒绝办理。

问题:出纳员拒绝办理报销是否合法?为什么?

【7.11】【判断说明题】　因为司法调查需要,检察机关准备到某企业进行查账,厂长说没有时间和地方接待,提议让检察机关办理借出有关会计凭证和账簿的手续,等调查完毕以后再归还给企业。

问题:厂长的提议是否合法?为什么?

【情景导入】

广州蓝信贸易有限公司有关财务报销制度有如下规定:5 000元以下属于小额支出,由负责分管财务工作的副总经理姜志审批;5 000 ~20 000 元的支出由总经理梁鸿审批;20 000 ~50 000 元的支出由董事长丘波审批;超过 50 000 元的支出属于公司重大项目,要经过董事会讨论决定。所有支出凭证都必须经过财务科长张芳审核后,才能到出纳员杨红处办理报销手续。出纳员杨红办理好报销手续后把有关原始凭证交给会计员李晨编制记账凭证和登记账簿。

【问一问】

办理经济业务或会计事项,为什么要设置如此繁复严格的制度和程序?

【想一想】

到底谁有权对单位的会计工作进行监督?主要监督哪些方面?

【学一学】

7.3　会计监督

7.3.1　会计监督的概念

会计监督,是指会计机构、会计人员在办理财务会计事务过程中,对本单位执行国家财政制度和财务制度的情况以及生产经营活动所实行的监察督促。我国会计监督的体系包括 3 个层次,具体见表 7.2。

表7.2　会计监督的层次

监督层次	监督主体	补充性规定
单位内部监督	会计机构和会计人员	单位负责人负最终责任
政府监督	财政部门为主	审计、税务、人行、证监、保监等均可
社会监督	注册会计师及其所在事务所	任何个人和单位均有权检举

7.3.2　单位内部会计监督

各单位应当建立、健全本单位内部会计监督制度。单位内部会计监督制度应当符合下列要求：

①记账人员与经济业务事项和会计事项的审批人员、经办人员、财物保管人员的职责权限应当明确，并相互分离、相互制约。

②重大对外投资、资产处置、资金调度和其他重要经济业务事项的决策和执行的相互监督、相互制约程序应当明确。

③财产清查的范围、期限和组织程序应当明确。

④对会计资料定期进行内部审计的办法和程序应当明确。

单位负责人应当保证会计机构、会计人员依法履行职责，不得授意、指使、强令会计机构、会计人员违法办理会计事项。会计机构、会计人员对违反《会计法》和国家统一的会计制度规定的会计事项，有权拒绝办理或者按照职权予以纠正。

会计机构、会计人员发现会计账簿记录与实物、款项及有关资料不相符的，按照国家统一的会计制度的规定有权自行处理的，应当及时处理；无权处理的，应当立即向单位负责人报告，请求查明原因，作出处理。

【做一做】

【7.12】【判断说明题】　单位内部会计监督的主体是会计机构和会计人员，所以，内部会计监督仅仅是会计机构、会计人员的事情。

【7.13】【判断说明题】　会计机构和会计人员对违反会计法律、法规和制度的会计事项，有权拒绝办理或按照职权予以纠正。

【7.14】【单项选择题】　会计机构和会计人员发现账实不符时，无权自行处理的，应立即向(　　)报告，请求查明原因，作出处理。

A.单位负责人　　B.总会计师　　C.会计机构负责人　　D.会计主管人员

7.3.3　会计工作的政府监督

国务院财政部门和县级以上地方各级人民政府财政部门，对各单位会计工作

行使监督权，对违法会计行为实施行政处罚。

财政部门实施会计监督的对象是会计行为，可以依法对各单位的下列情况实施监督：

①是否依法设置会计账簿；

②会计凭证、会计账簿、财务会计报告和其他会计资料是否真实、完整；

③会计核算是否符合会计法律、法规和制度的规定；

④从事会计工作的人员是否具备会计从业资格。

另外，财政部门对会计师事务所出具审计报告的程序和内容进行监督。

财政、审计、税务、人民银行、证券监管、保险监管等部门应当依照有关法律、行政法规规定的职责，对有关单位的会计资料实施监督检查。前款所列监督检查部门对有关单位的会计资料依法实施监督检查后，应当出具检查结论。有关监督检查部门已经作出的检查结论能够满足其他监督检查部门履行本部门职责需要的，其他监督检查部门应当加以利用，避免重复查账。

7.3.4 会计工作的社会监督

会计工作的社会监督，主要是指由注册会计师及其所在的会计师事务所依法对受托单位的经济活动进行审计、鉴证的一种监督制度。

会计工作的社会监督主体，主要是注册会计师及其所在的会计师事务所，此外，还包括任何其他单位或个人。

有关法律、行政法规规定，须经注册会计师进行审计的单位，应当向受委托的会计师事务所如实提供会计资料及有关情况。任何单位或个人不得以任何方式要求或示意注册会计师及事务所出具不实或者不当的审计报告。

任何单位和个人对违反会计法和国家统一的会计制度规定的行为，有权检举。收到检举的部门有权处理的，应当依法按照职责分工及时处理；无权处理的，应当及时移送有权处理的部门处理。收到检举的部门、负责处理的部门应当为检举人保密，不得将检举人姓名和检举材料转给被检举单位和被检举人个人。

知识链接7.5

注册会计师及注册会计师事务所的业务范围

注册会计师，是指依法取得注册会计师证书并接受委托从事审计和会计咨询、服务业务的执业人员。

注册会计师及事务所的业务范围：

①审查企业财务会计报告、出具审计报告；

②验证企业资本，出具验资报告；

③办理企业合并、分立、清算事宜中的审计业务并出具有关的报告；

④法律、行政法规定的其他审计业务。

【做一做】

【7.15】【单项选择题】 会计工作的政府监督主体是(　　)。

A. 审计部门　　B. 工商行政管理部门　　C. 税务部门　　D. 财政部门

【7.16】【多项选择题】 财政部门可以依法对各单位的下列情况实施监督(　　)。

A. 是否依法设置会计账簿

B. 会计凭证、会计账簿、财务会计报告和其他会计资料是否真实、完整

C. 会计核算是否符合会计法律、法规和制度的规定

D. 从事会计工作的人员是否具备会计从业资格

【议一议】

【7.17】【判断说明题】 某公司会计接到市财政局要来公司检查会计工作情况的通知，而公司董事长认为，本公司是一家中外合资经营企业，不应该接受财政部门的检查，不受《会计法》约束。

问题：该公司董事长的这种想法是否正确？为什么？

【7.18】【判断说明题】 某公司2009年度亏损20万元。为了向股东交代，公司董事长授意会计科长采用虚开发票30万元的方法增加收入，使公司利润调整为盈利10万元。

问题：董事长和会计科长的行为是否违反了《会计法》？如果是，他们违反了哪些规定？

【情景导入】

广州蓝信贸易有限公司财务科各项工作分工如下：张芳担任财务科科长，负责审核会计凭证和财务会计报告；杨红担任出纳员，负责管理现金和存款；王强负责财产明细账工作；廖华负责管理往来账；陈美负责核算收入成本；李晨负责编制记账凭证和总账、报表。

【问一问】

该公司如此分工的目的是什么?

【想一想】

如果企业规模小、业务量少,从节约成本上考虑,是否可以由一人承担全部的会计工作?

【学一学】

7.4 会计机构和会计人员

7.4.1 会计机构的设置

会计机构,是指各单位办理会计事务的职能部门。这些职能部门按规定配备的从事会计工作的人员,即会计人员。

一个单位是否单独设置会计机构,往往取决于以下几个因素:一是单位规模的大小;二是经济业务和财务收支的繁简;三是经营管理的要求。《会计法》对各单位是否设置会计机构及如何设置会计机构,提出了3个层次的原则规定,具体情况见表7.3。

表7.3 会计机构的设置

设置情况	要 求	适用范围
单独设置会计机构	配备会计人员,指定会计机构负责人	大中型企业、有一定规模的单位、团体、组织
不单独设置会计机构	在有关机构中设置会计人员,指定会计主管人员	收支金额小、会计业务较简单的企事业单位
不设置会计机构	委托中介机构代理记账	不具备会计机构设置条件的单位

知识链接7.6

代理记账及相关规定

代理记账,是指从事代理记账业务的社会中介机构,即会计咨询、服务机构、会计师事务所等接受委托人委托，为其办理会计业务的一种社会性会计服务活动。

我国《会计法》规定，对不具备设置会计机构条件的单位，可以委托经批准设立的从事代理记账的中介机构代理记账。代理记账机构的业务范围包括：根据委托人提供的会计资料进行会计核算；对外提供财务会计报告；向税务机关提供税务资料；委托人委托的其他会计业务。

委托人对代理记账机构在委托合同约定范围内的行为承担责任，代理记账机构对其专职从业人员和兼职从业人员的业务活动承担责任。

【想一想】

什么人可以担任会计？会计人员的专业职务技术等级有哪些？

【学一学】

7.4.2　会计机构负责人(会计主管人员)的任职资格

会计机构负责人(会计主管人员)，是指在一个单位内具体负责会计工作的中层领导人员。各单位必须依法配备合格的会计机构负责人或指定会计主管人员。担任单位会计机构负责人(会计主管人员)的，除取得会计从业资格证书外，还应当具备会计师以上专业技术职务资格或者从事会计工作3年以上经历。

7.4.3　会计从业资格

会计从业资格，是指进入会计执业，从事会计工作的一种法定资质，是进入会计执业的“门槛”。一切实行独立核算、办理会计事务的经济组织中，凡是从事会计工作的人员，都必须取得会计从业资格，持有会计从业资格证书。

1)会计从业资格的取得

会计从业资格的取得实行考试制度。考试科目为：财经法规与会计职业道德、会计基础、初级会计电算化(或珠算五级)。会计从业资格考试工作由各省、自治区、直辖市、计划单列市的财政部门等负责组织实施。

2)会计从业资格证书的管理

会计从业资格证书的管理包括：上岗注册登记、离岗备案、调转登记等方面。

3)会计人员继续教育

会计人员继续教育的对象为持有会计从业资格证书的人员。会计继续教育的内容主要包括:会计理论、财政法规、业务知识、技能训练和会计职业道德。会计人员应当接受继续教育,每年接受培训(面授)的时间累计不得少于24小时。

4)会计专业职务与会计专业技术资格

会计专业职务,是区别会计人员业务技能的技术等级,分为高级会计师、会计师、助理会计师和会计员。

会计专业技术资格,是担任会计专业职务的任职资格。其中会计师、助理会计师、会计员技术资格实行全国统一考试制度,以考代评。高级会计师资格实行考试与评审相结合的办法。

通过会计专业技术资格考试合格者,由省级人事部门颁发由国家人事部门、财政部统一印制的会计专业技术资格证书。取得专业技术资格证书的,用人单位可以聘任其相应的会计职务。

【议一议】

【7.19】【判断说明题】 只有取得会计从业资格证书的人员,才能从事会计工作,未取得会计从业资格证书的人员,不得从事会计工作。

【7.20】【判断说明题】 某企业新厂长李某上任后,将原会计科科长赵某调到计划科任科长,提拔从事会计工作两年的会计钱某任科长,并将其朋友的女儿张某调入该厂担任出纳,张某没有会计证。

问题:以上行为是否符合会计法的有关规定?为什么?

【想一想】

会计人员分别有哪些岗位?会计人员岗位设置要注意哪些问题?

【学一学】

7.4.4 会计工作岗位设置

1)根据本单位会计业务需要设置会计工作岗位

会计工作岗位,是指一个单位会计机构内部根据业务分工而设置的职能岗位。

各单位要根据本单位会计业务的需要设置会计工作岗位。会计工作岗位可以一人一岗、一人多岗或一岗多人。

会计工作岗位可以分为:总会计师,会计机构负责人(会计主管人员),出纳,稽核,资本和基金核算,收入、费用、支出、债权债务核算,工资核算,成本费用核算,财务成果核算,财产物资的收发、增减核算,总账,对外财务会计报告编制,会计电算化,会计档案保管,等。

2)符合内部牵制制度的要求

出纳人员不得兼管稽核、会计档案保管和收入、费用、债权债务账目的登记工作。在设置会计工作岗位时,必须遵循“不相容职务相分离原则”。

3)建立会计轮岗制度

各单位对会计人员的工作岗位要有计划地进行轮岗,以促进会计人员全面熟悉业务和不断提高业务素质。

4)建立岗位责任制

各单位要建立岗位责任制,明确各项会计工作的职责范围、具体内容和要求,并落实到每个工作岗位或会计人员上,做到事事有人管,人人有专责。

【做一做】

【7.21】【多项选择题】 会计工作岗位设置,可以(　　)。

A. 一人一岗　　B. 一人多岗　　C. 一岗多人　　D. 多人多岗

【7.22】【多项选择题】 出纳人员不得兼管(　　)工作。

A. 稽核　　B. 会计档案保管

C. 财产保管　　D. 收入、费用、债权债务账目的登记

7.4.5 会计人员回避制度

回避制度,是指为了保证执法或执业的公正性,对可能影响其公正性的执法或执业的人员实行职务回避和业务回避的一种制度。

国家机关、国有企业、事业单位任用会计人员应当实行回避制度。单位负责人的直系亲属不得担任本单位的会计机构负责人、会计主管人员;会计机构负责人、会计主管人员的直系亲属不得在本单位会计机构中担任出纳工作。

【做一做】

【7.23】【单项选择题】 会计机构负责人的直系亲属不得在本单位中担任( )。

A. 稽核 B. 会计档案保管 C. 出纳 D. 会计

【议一议】

【7.24】【判断说明题】 张某出资成立了一家私营企业,自任董事长。为了保证企业财产安全,张某让自己的妻子担任会计主管,让自己的妹妹担任出纳。

问题:张某的做法是否符合法律规定?为什么?

知识链接7.7

我国法律中关于直系亲属的规定

①夫妻。

②直系血亲,即祖父母、父母、子女及养父母、养子女。

③三代以内旁系血亲,即自己的兄弟姐妹及其子女、父母的兄弟姐妹及其子女。

④近姻亲,即配偶的父母、兄弟姐妹、儿女的配偶、儿女配偶的父母。

【想一想】

会计人员离开本岗位前要做些什么工作?

【学一学】

7.4.6 会计人员工作交接

会计人员调动工作或者离职,必须与接管人员办清交接手续。一般会计人员办理交接手续,由会计机构负责人(会计主管人员)监交;会计机构负责人(会计主管人员)办理交接手续,由单位负责人监交,必要时主管单位可以派人会同监交。没有办清交接手续的,不得调动或离职。

1)交接的程序

①提出交接申请。会计人员提出调动工作或离职时,应同时向会计机构提出交接申请。

②做好办理移交手续前的准备工作。移交人员要完成未了的会计核算工作,并在账簿最后一笔余额加盖经办人员印章;整理好移交资料,编制移交清册。

③移交点收。移交人员将经管的工作向接替人员移交清楚,接替人员按照移交清册逐项点收。

④专人负责监交。

⑤交接后的事宜。交接完毕后,交接双方和监交人员在移交清册上签名盖章,注明交接内容和需要说明的问题、意见等。接管人员应继续使用移交前的账簿,不得擅自另立账簿,以保证会计记录前后衔接,内容完整。移交清册一式三份,交接双方各持一份,存档一份。

2)交接的责任

移交人对自己经办且已经移交的会计资料的真实性、完整性承担法律责任。

【做一做】

【7.25】【判断说明题】 会计人员完成工作交接后,接替人员既可以继续使用移交的会计账簿,也可以另立新账。

【7.26】【单项选择题】 会计主管人员办理交接手续时,应由(　　)负责监交。

A. 总会计师　　B. 会计机构负责人　　C. 上级主管人员　　D. 单位负责人

【议一议】

【7.27】【判断说明题】 某公司的会计科长李某准备退休,由原会计科副科长张某接任。因为公司董事长马某出差在外,公司决定在办理会计工作交接的时候,由总经理何某进行监交。根据该公司的章程规定,总经理并非公司的法定代表人。

问题:该公司的决定是否符合法律规定?为什么?

【想一想】

违反会计法律法规和制度的行为有哪些?这些违法行为需要承担什么责任?

【学一学】

7.5 违反会计法的法律责任

7.5.1 违反会计法的责任形式

违反会计法的法律责任,是指违反《会计法》和有关会计法律、法规及国家统一的会计制度规定的行为应当承担的法律后果。主要有以下两种责任形式:

1)行政责任

在会计法律法规和制度中,有很多规范是属于国家行政机关对于会计活动进行行政管理的内容,其性质属于行政法律规范。因此,违反会计法律制度,应由行政机关追究相应的行政责任。行政责任包括以下两种形式:

(1)行政处罚

行政处罚,是指国家特定行政机关依法定职权和程序,对违反行政法律规范尚未构成犯罪的相对人给予行政制裁的具体行政行为。

对违反会计法律制度有权实施行政处罚的行政机关,是违法行为发生地的县级以上人民政府财政部门,可以实施的处罚有4种:责令限期改正、通报、罚款、吊销会计从业资格证书。

(2)行政处分

行政处分又称纪律处分,是指国家工作人员或单位负责人违反行政法律规范所应承担的一种行政制裁。实施行政处分的机关只能是依法有权作出行政处分决定的机关或者其他组织。

2)刑事责任

刑事责任,是指行为人实施犯罪行为所必须承担的法律后果,即对犯罪分子依照刑事法律的规定追究的法律责任。刑事责任只能由司法机关依照《刑法》的规定来追究,比追究行政责任要严厉得多。刑事责任包括主刑和附加刑两类。

【问一问】

你知道吗?违反会计法律制度的行为有违反会计制度行为和违反会计法行为的区别,它们所承担的法律责任是不一样的。

7.5.2　违反会计制度的行为及法律责任

1)违反会计制度的行为

以下行为属于违反会计制度的行为:

①不依法设置会计账簿的;

②私设会计账簿的;

③未按照规定填制、取得原始凭证或者填制、取得的原始凭证不符合规定的;

④以未经审核的会计凭证为依据登记会计账簿或者登记会计账簿不符合规定的;

⑤随意变更会计处理方法的;

⑥向不同的会计资料使用者提供的财务会计报告编制依据不一致的;

⑦未按照规定使用会计记录文字或者记账本位币的;

⑧未按照规定保管会计资料,致使会计资料毁损、灭失的;

⑨未按照规定建立并实施单位内部会计监督制度或者拒绝依法实施的监督或者不如实提供有关会计资料及有关情况的;

⑩任用不符合《会计法》规定的会计人员的。

2)违反会计制度的法律责任

对以上违法行为,由县级以上人民政府财政部门追究行政责任:

①责令限期改正。

②对单位并处三千元以上五万元以下的罚款;对其直接负责的主管人员和其他直接责任人员,可以处两千元以上两万元以下的罚款。

③属于国家工作人员的,还应当由其所在单位或者有关单位依法给予行政处分。

④对情节严重的会计人员,吊销其会计从业资格证书。

7.5.3　违反会计法的行为及法律责任

1)提供虚假会计信息的法律责任

单位或者个人伪造、变造会计凭证、会计账簿,编制虚假财务会计报告,由县级以上人民政府财政部门予以通报,可以对单位并处五千元以上十万元以下的罚款;对其直接负责的主管人员和其他直接责任人员,可以处三千元以上五万元以下的罚款;属于国家工作人员的,还应当由其所在单位或者有关单位依法给予撤职直至开除的行政处分;对其中的会计人员,并由县级以上人民政府财政部门吊销会计从业资格证书。情节严重构成犯罪的,依法追究刑事责任。

2)隐匿或者故意销毁会计资料的法律责任

隐匿或者故意销毁依法应当保存的会计凭证、会计账簿、财务会计报告,由县级以上人民政府财政部门予以通报,可以对单位并处五千元以上十万元以下的罚款;对其直接负责的主管人员和其他直接责任人员,可以处三千元以上五万元以下的罚款;属于国家工作人员的,还应当由其所在单位或者有关单位依法给予撤职直至开除的行政处分;对其中的会计人员,并由县级以上人民政府财政部门吊销会计从业资格证书。情节严重构成犯罪的,依法追究刑事责任。

3)授意、强令提供虚假会计信息的法律责任

授意、指使、强令会计机构、会计人员及其他人员伪造、变造会计凭证、会计账簿,编制虚假财务会计报告,或者隐匿、故意销毁依法应当保存的会计凭证、会计账簿、财务会计报告,可以处五千元以上五万元以下的罚款。属于国家工作人员的,还应当由其所在单位或者有关单位依法给予降级、撤职、开除的行政处分。情节严重构成犯罪的,依法追究刑事责任。

4)打击报复依法履行会计职责的会计人员的法律责任

单位负责人对依法履行职责、抵制违反会计法规定行为的会计人员以降级、撤职、调离工作岗位、解聘或者开除等方式实行打击报复的,由其所在单位或者有关单位依法给予行政处分。构成犯罪的,依法追究刑事责任。对受打击报复的会计人员,应当恢复其名誉和原有职务、级别。

5)国家机关及其工作人员违法行为的法律责任

财政部门及有关行政部门的工作人员在实施监督管理中滥用职权、玩忽职守、徇私舞弊或者泄露国家秘密、商业秘密,构成犯罪的,依法追究刑事责任。尚不构成犯罪的,依法给予行政处分。有关国家机关将检举人姓名和检举材料转给被检举单位和被检举人个人的,由所在单位或者有关单位依法给予行政处分。

【议一议】

【7.28】【判断说明题】 某公司在销售商品时,顾客不要求开发票的一律只开给收据,这部分收入只记入公司内部账,不记入外部账。这样就可以少交税。

问题:该公司的上述做法是否违反会计法律制度?为什么?如果判断违法,相关会计人员应承担什么法律责任?

【7.29】【判断说明题】 某公司的业务张某出差报销差旅费。财务科长李某发现其中有一张住宿发票的地址和张某出差地不相符,不同意报销该发票金额。该公司经理陈某认为张某对公司贡献大,要求财务科长全额报销。

问题:财务科长李某、公司经理张某的行为是否符合会计法律制度规定?为什么?如果判断违法,他们应承担什么法律责任?

【7.30】【判断说明题】 市财政局对某公司的会计工作进行检查。检查中了解到以下情况:负责会计档案保管的林某因为休产假,公司领导安排出纳肖某暂时兼管;在会计档案销毁清册中,发现一张保管期满但尚未办理报废的固定资产购买发票。

问题:以上行为违反了哪些会计法律制度规定?公司应承担哪些法律责任?

【本章小结】

会计是以货币为统一尺度,运用一整套科学的专门方法,对企业、事业、机关、团体等单位的经济活动进行全面、连续、系统、综合的核算与监督,为会计信息的使用者提供有用的经济信息,并参与经济预测和决策的一种经济管理活动。

会计法是调整会计关系的法律规范的总称。广义的会计法是指国家颁布的有关会计方面的法律、法规和规章的总称。狭义的会计法专门指全国人民代表大会常务委员会通过的《中华人民共和国会计法》。

会计法律制度主要包括会计核算、会计监督、会计机构和会计人员的设置、会计人员的职业道德,以及违反会计法的法律责任。这些方面的法律规定,既包括会计工作的内容和要求,也包括会计工作的程序,还包括会计机构和会计人员的职责权限、相关的义务及会计人员的法律责任。

【任务检测】

一、单项选择题

1. 会计档案的保管期限是从(　　)算起。

A. 会计档案形成时　　B. 会计档案装订时

C. 会计档案经审计后　　D. 会计年度终了后的第一天

2. 主管全国会计工作的是(　　)。

A. 国务院财政部门　　B. 国务院　　C. 审计署　　D. 国家税务总局

3. 担任会计机构的负责人,除取得会计从业资格证书外,还应具备(　　)。

A. 会计师以上专业技术职务资格并从事会计工作三年以上经历
B. 会计师以上专业技术职务资格或从事会计工作三年以上经历
C. 助理会计师以上专业技术职务资格并从事会计工作三年以上经历
D. 助理会计师以上专业技术职务资格或从事会计工作三年以上经历

4. 对各单位的会计工作进行社会监督的主体是(　　)。
A. 财政部门　　B. 任何单位和个人
C. 注册会计师及其所在会计师事务所　　D. 本单位会计机构和会计人员

5. 下列各项中,不属于会计档案的有(　　)。
A. 原始凭证　　B. 记账凭证　　C. 经济合同　　D. 财务会计报告

二、多项选择题

1. 一般会计人员办理交接手续,应由(　　)负责监交。
A. 会计机构负责人　　B. 会计主管人员
C. 单位负责人　　D. 出纳或其他会计人员

2. 会计档案的定期报告期限分为(　　)。
A. 3 年　　B. 5 年　　C. 10 年　　D. 15 年　　E. 20 年

3. 按编报时间,企业财务会计报告可分为(　　)。
A. 年报　　B. 半年报　　C. 季报　　D. 月报

4. 一个单位是否单独设置会计机构,取决于以下因素(　　)。
A. 单位规模的大小　　B. 经济业务和财务收支的繁简
C. 经营管理的要求　　D. 上级管理的要求

5. 违反会计法律制度,接受的行政处罚包括(　　)。
A. 责令限期改正　　B. 通报
C. 吊销会计从业资格证书　　D. 行政处分

三、判断说明题

1. 会计核算必须以实际发生的经济业务事项为依据。(　　)
2. 为了保持会计工作的连续性,会计人员的工作岗位最好不要轮换。(　　)
3. 我国规定会计核算必须以人民币作为记账本位币。(　　)
4. 原始凭证记载的内容有错误的,应当由开具原始凭证的单位重开。(　　)
5. 会计人员回避制度适用于所有在中国境内的企业。(　　)

第 8 章 劳动与社会保障法律制度

任务目标

1. 知道劳动法的概念。

2. 清楚劳动者的基本权利和义务。

3. 熟悉劳动合同的订立和解除。

4. 能够叙述劳动纠纷的解决办法。

5. 能够简述我国社会保险的基本法律制度。

6. 能够列出社会保险项目和各项社会保险制度。

学时建议

1. 知识性学习 6 课时。

2. 案例学习讨论 4 课时。

【对话导入】

你想过了没有,当你从学校毕业,如果被一家公司聘用了,要不要签订一份劳动合同?假如不签订劳动合同,会有什么后果?你认为是对你不利还是对公司老板不利?

【想一想】

在现实社会生活中,在你身边看到听到的事例中,有哪些事例属于违反劳动法并侵犯劳动者合法权益的?

当你学完本章内容后,你就会有一个崭新的认识,就会用《劳动法》的内容来保护你的合法权益不受侵害。

【学一学】

8.1 劳动法概述

8.1.1 劳动法的概念和调整对象

1)劳动法的概念

劳动法是调整劳动关系以及与劳动关系有密切联系的其他社会关系的法律规范的总称。

2)劳动法的调整对象

劳动法的调整对象,包括两个方面的关系:一是劳动关系,是指劳动者在劳动过程中与用人单位之间所形成的关系，如工资分配、劳动保护等方面的关系，这是劳动法调整的最基本、最重要的关系；二是与劳动关系密切相关的其他关系，即那些对劳动关系的产生、发展有着重要影响的关系或由劳动关系直接或间接产生的关系，主要包括：

①劳动行政部门管理劳动工作而发生的关系；

②劳动保险关系；

③劳动争议关系；

④劳动监察部门监督劳动法执行情况而发生的关系；

⑤因职工的就业培训而发生的关系等。

知识链接 8.1

《劳动法》简介

《中华人民共和国劳动法》由中华人民共和国第八届全国人民代表大会常务委员会第八次会议于 1994 年 7 月 5 日通过，于 1995 年 1 月 1 日起施行。该法共 13 章 107 条，包括：总则、促进就业、劳动合同和集体合同、工作时间和休息休假、工资、劳动安全卫生、女职工和未成年工特殊保护、职业培训、社会保险和福利、劳动争议、监督检查、法律责任和附则。

8.1.2 劳动法律关系

1）劳动法律关系的概念

劳动法律关系，是指由劳动法调整的具有劳动权利和劳动义务内容的劳动关系。劳动法律关系是建立在劳动关系的前提下，劳动关系是劳动法调整的对象，而劳动法律关系则是劳动法调整的结果。

2）劳动法律关系的构成要素

（1）劳动法律关系的主体

劳动法律关系的主体，又称劳动法律关系当事人，是指劳动权利的享有者和劳动义务的承担者，其中，劳动者和用人单位是最主要的主体。

这里所指的劳动者，包括在我国各类企业和经济组织劳动和工作并建立劳动关系的职工，以及与国家机关、事业组织和社会团体建立劳动合同关系的职工两部分。用人单位则包括国有企业、集体企业、“三资企业”(即中外合资经营企业、中外合作经营企业和外商独资企业)、私营企业以及个体经营单位。

(2)劳动法律关系的客体

劳动法律关系的客体,是指劳动法律关系当事人权利和义务所指向的对象,包括物、行为和精神财富。物是指具有使用价值和价值的物质资料,可以是物质形式的商品,也可以是货币形态的工资。行为是指劳动法律关系主体有目的、有意识的活动,如岗前劳动技能培训、签订劳动合同等。精神财富是主体从事智力劳动取得的成果,如技术革新、发明创造、学术成果等。

(3)劳动法律关系的内容

劳动法律关系的内容,是指劳动法律关系主体享有的权利和承担的义务,包括劳动者享有的权利和承担的义务、用人单位享有的权利和承担的义务。

①劳动者的基本权利和义务。劳动者享有的权利:平等就业和选择职业的权利;取得劳动报酬的权利;休息、休假的权利;获得劳动安全卫生保护的权利;接受职业技能培训的权利;享受社会保险和福利的权利;提请劳动争议处理的权利。劳动者承担的义务:完成劳动合同规定的劳动任务和其他公益任务;遵守劳动纪律和职业道德;执行劳动安全卫生规定;提高劳动技能。

②用人单位的基本权利和义务。用人单位的基本权利义务与劳动者的权利义务相对应,劳动者的义务即是用人单位的权利,而劳动者的权利就是用人单位的最基本的义务。正如马克思所说:“没有无义务的权利,也没有无权利的义务。”

8.2 劳动合同法律制度

8.2.1 劳动合同的概念和种类

1)劳动合同的概念

劳动合同,是指劳动者与用人单位之间确立劳动关系,明确双方权利义务的协议。

【案例分析示例】

2008年3月1日,李某与某冶炼厂签订劳动合同,约定合同期为3年,试用期6个月。同年7月5日,李某在工作中违章操作,发生事故,给冶炼厂造成重大损失,厂方要求解除劳动合同,李某认为合同期限未到,不同意解除。

请问:冶炼厂能否解除劳动合同?为什么?

【答案】冶炼厂可以解除劳动合同。

【解析】我国《劳动法》规定，劳动者严重违反劳动纪律或用人单位的规章制度，同人单位可以解除劳动合同。本案例中，李某因违章操作，造成冶炼厂重大损失，故厂方可以解除与李某的劳动合同。

我国《劳动法》规定，建立劳动关系应当订立劳动合同，劳动合同的主体在劳动合同订立阶段其法律地位是平等的，但在劳动合同履行阶段，双方具有从属关系，即劳动者有义务服从用人单位的指挥和命令，处于从属地位。当然，前提是用人单位必须依法行使管理权，不能侵犯劳动者的合法权益。

2）劳动合同的种类

劳动合同分为固定期限劳动合同、无固定期限劳动合同和以完成一定工作任务为期限的劳动合同。

（1）固定期限劳动合同

固定期限劳动合同，是指用人单位与劳动者约定合同终止时间的劳动合同。用人单位与劳动者协商一致，可以订立固定期限劳动合同。

（2）无固定期限劳动合同

无固定期限劳动合同，是指用人单位与劳动者约定无确定终止时间的劳动合同。用人单位与劳动者协商一致，可以订立无固定期限劳动合同。

有下列情形之一，劳动者提出或者同意续订、订立劳动合同的，除劳动者提出订立固定期限劳动合同外，应当订立无固定期限劳动合同：

①劳动者在该用人单位连续工作满 10 年的；

②用人单位初次实行劳动合同制度或者国有企业改制重新订立劳动合同时，劳动者在该用人单位连续工作满 10 年且距法定退休年龄不足 10 年的；

③连续订立两次固定期限劳动合同，且劳动者没有《劳动法》第 39 条和第 40 条第 1 项、第 2 项规定的情形，续订劳动合同的。

（3）以完成一定工作任务为期限的劳动合同

以完成一定工作任务为期限的劳动合同，是指用人单位与劳动者约定以某项工作的完成为合同期限的劳动合同。用人单位与劳动者协商一致，可以订立以完成一定工作任务为期限的劳动合同。

【议一议】

【8.1】【单项选择题】　无固定期限劳动合同，是指用人单位与劳动者约定无

确定(　　)时间的劳动合同。

A. 解除　　B. 续订　　C. 终止　　D. 中止

【8.2】【单项选择题】 劳动者(　　),劳动者提出或者同意续订劳动合同的,除劳动者提出订立固定期限劳动合同外,应当订立无固定期限劳动合同。

A. 在该用人单位连续工作满十年　　B. 工龄满十年

C. 距法定退休年龄不足十年　　D. 距法定退休年龄超过十年

【做一做】

【8.3】【案例分析】

农民李某能否订立无固定期限劳动合同?

李某原为农村个体司机,驾驶技术较好,故在1998年2月被某企业招为临时工,专职在单位开车,先签了5年的劳动合同,到了2003年2月又续签了5年的劳动合同。2008年2月,该企业实行全员劳动合同制,由于李某技术和劳动态度都较好,该企业提出再与李某续签5年劳动合同,李某不干,提出要签无固定期限劳动合同,双方发生争执并向劳动仲裁部门申诉。

请问:李某的请求能否得到相关部门的支持?

知识链接 8.2

《劳动合同法》简介

《中华人民共和国劳动合同法》是在2007年6月29日第十届全国人民代表大会常务委员会第二十八次会议通过并由中华人民共和国主席令发布的关于劳动合同的法律条文。《中华人民共和国劳动合同法》自2008年1月1日起施行。该法共分8章98条,包括:总则、劳动合同的订立、劳动合同的履行和变更、劳动合同的解除和终止、特别规定、监督检查、法律责任和附则。

8.2.2 劳动合同订立的原则

1)合法原则

合法原则,是指用人单位与劳动者订立劳动合同时,不得违反有关法律、法规规定。包括劳动合同的主体、内容及形式均应合法。

2)公平原则

公平原则,是指用人单位和劳动者订立劳动合同时应当遵循符合社会正义、公平的理念和原则,确定双方的权利和义务。

3)平等自愿原则

平等,是指用人单位和劳动者双方在订立劳动合同时具有平等的法律地位,一方不能将自己的意志强加给另一方。自愿,是指在订立劳动合同时,用人单位和劳动者选择对方当事人、决定劳动合同内容都是真实的意思表示。

4)协商一致的原则

协商一致,是指订立劳动合同的双方当事人经协商达成一致意见。

5)诚实信用原则

订立劳动合同时遵循诚实信用原则,要求当事人诚实地告知对方有关情况,不隐瞒真相。出于真诚的目的与对方磋商以期订立劳动合同。

8.2.3 劳动合同的内容

劳动合同的内容,是指劳动合同中双方当事人的权利和义务及必备条款。根据我国《劳动合同法》规定,劳动合同的内容可分为必备条款和约定条款两部分。

1)劳动合同的必备条款

劳动合同的必备条款,是指《劳动合同法》规定劳动合同应当具备的条款,包括:

①用人单位的名称、住所和法定代表人或者主要负责人;
②劳动者的姓名、住址和居民身份证或者其他有效身份证件号码;
③劳动合同期限;
④工作内容和工作地点;
⑤工作时间和休息休假;
⑥劳动报酬;
⑦社会保险;
⑧劳动保护、劳动条件和职业危害防护;
⑨法律、法规规定应当纳入劳动合同的其他事项。

2)劳动合同的约定条款

劳动合同的约定条款,是指法律不作强制性规定,由当事人根据意愿选择是否在合同中约定的内容。我国《劳动合同法》规定:劳动合同除前款规定的必备条款外,用人单位与劳动者可以约定试用期、培训、保守秘密、补充保险和福利待遇等其他事项。

【议一议】

【8.4】【多项选择题】　以下属于劳动合同必备条款的是(　　)。

A. 劳动报酬　　B. 试用期　　C. 保守商业秘密　　D. 社会保险

8.2.4　劳动合同的订立

1)劳动关系的建立和劳动合同订立

①劳动关系的确立以用工事实为依据。用人单位自用工之日起即与劳动者建立劳动关系,用人单位应当建立职工名册备查。用人单位与劳动者在用工前订立劳动合同的,劳动关系自用工之日起建立。

②建立劳动关系,应当订立书面劳动合同。劳动合同由用人单位与劳动者协商一致,并经用人单位与劳动者在劳动合同文本上签字或者盖章生效。劳动合同文本由用人单位和劳动者各执一份。

已建立劳动关系,未同时订立书面劳动合同的,应当自用工之日起一个月内订立书面劳动合同。用人单位自用工之日起满一年不与劳动者订立书面劳动合同的,视为用人单位与劳动者已订立无固定期限劳动合同。

③用人单位自用工之日起超过一个月不满一年未与劳动者订立书面劳动合同的,应当向劳动者每月支付两倍的工资。

【做一做】

【8.5】【单项选择题】　已建立劳动关系,未同时订立书面劳动合同的,应当自用工之日起(　　)订立书面劳动合同。

A. 六个月　　B. 一年　　C. 一个月内　　D. 两个月

【8.6】【单项选择题】　用人单位自用工之日起超过一个月不满一年未与劳动者订立书面劳动合同的,应当向劳动者每月支付(　　)的工资。

A. 两倍　　B. 一倍　　C. 三倍　　D. 四倍

2)劳动合同的试用期

①劳动合同期限三个月以上不满一年的,试用期不得超过一个月;劳动合同期限一年以上不满三年的,试用期不得超过两个月;三年以上固定期限和无固定期限的劳动合同,试用期不得超过六个月。同一用人单位与同一劳动者只能约定一次试用期。以完成一定工作任务为期限的劳动合同或者劳动合同期限不满三个月的,不得约定试用期。试用期包含在劳动合同期限内。劳动合同仅约定试用期的,试用期不成立,该期限为劳动合同期限。

②在试用期中,除劳动者有《劳动法》第 39 条和第 40 条第 1 项、第 2 项规定的情形外,用人单位不得解除劳动合同。用人单位在试用期解除劳动合同的,应当向劳动者说明理由。

③用人单位违反《劳动法》规定与劳动者约定试用期的,由劳动行政部门责令改正;违法约定的试用期已经履行的,由用人单位以劳动者试用期满月工资为标准,按已经履行的超过法定试用期的期间向劳动者支付赔偿金。

【议一议】

【8.7】【单项选择题】 劳动合同期限三个月以上不满一年的,试用期不得超过(　　)。

A. 一个月　　B. 两个月　　C. 三个月　　D. 六个月

【8.8】【单项选择题】 违法约定的试用期已经履行的,由用人单位以劳动者(　　)为标准,按已经履行的超过法定试用期的期间向劳动者支付赔偿金。

A. 试用期满月工资　　B. 试用期的工资

C. 两倍的工资　　D. 工资的百分之五十

3)劳动报酬的有关规定

①用人单位未在用工的同时订立书面劳动合同,与劳动者约定的劳动报酬不明确的,新招用的劳动者的劳动报酬按照集体合同规定的标准执行。没有集体合同或者集体合同未规定的,实行同工同酬。

劳动合同对劳动报酬和劳动条件等标准约定不明确,引发争议的,用人单位与劳动者可以重新协商;协商不成的,适用集体合同规定;没有集体合同或者集体合同未规定劳动报酬的,实行同工同酬;没有集体合同或者集体合同未规定劳动条件等标准的,适用国家有关规定。

②劳动者在试用期的工资不得低于本单位相同岗位最低档工资的 80%,或者

不得低于劳动合同约定工资的80%，并不得低于用人单位所在地的最低工资标准。

【8.9】【单项选择题】　劳动者在试用期的工资不得低于本单位相同岗位最低档工资或者劳动合同约定工资的百分之(　　)，并不得低于用人单位所在地的最低工资标准。

A. 五十　　B. 六十　　C. 七十　　D. 八十

4)可以约定违约金的情形

《劳动合同法》取消了《劳动法》规定的劳动合同必备条款“违反劳动合同的责任”，同时，将劳动者承担违约责任设定为禁止性规定。根据《劳动合同法》的规定，劳动者需要承担责任情况有两种，除此之外，用人单位不得与劳动者约定由劳动者承担违约金。

(1)违反服务期约定

用人单位为劳动者提供专项培训费用，对其进行专业技术培训的，可以与该劳动者订立协议，约定服务期。

劳动者违反服务期约定的，应当按照约定向用人单位支付违约金，违约金的数额不得超过用人单位提供的培训费用。违约时，劳动者所支付的违约金不得超过服务期尚未履行部分所应分摊的培训费用。

(2)违反竞业限制约定

用人单位与劳动者可以在劳动合同中约定保守用人单位商业秘密和与知识产权相关的保密事项。对负有保密义务的劳动者，用人单位可以在劳动合同或者保密协议中与劳动者约定竞业限制条款，并约定在解除或者终止劳动合同后，在竞业限制期限内按月给予劳动者经济补偿。

【做一做】

【8.10】【案例分析】

陈某为甲广告公司客户开发部经理，与甲公司签订了四年的劳动合同，合同中约定陈某保守公司的商业秘密，合同到期后，如果离开该公司，两年内不得到与本公司有竞争业务关系的其他广告公司任职，但没有约定该公司对陈某遵守该条款应给予一定的经济补偿的规定。

合同终止后，陈某没有与公司续约，而应聘到本市另一家广告公司仍担任客户开发经理。甲公司得知后，以乙公司与本公司有竞争业务关系为由，要求陈某离开乙公司，遭到陈某拒绝。于是甲公司诉请劳动仲裁。

请依照《劳动合同法》的有关规决定对本案例进行分析。

5)劳动者应承担赔偿责任的情形

(1)劳动者违法解除劳动合同

劳动者违法解除劳动合同，给用人单位造成损失的，应当承担赔偿责任。具体指：

①未经双方协商一致辞职的；

②劳动者不履行提前30天(在试用期内提前3天)的预先期辞职的；

③无用人单位违法的情形，劳动者滥用即时辞职权。

(2)劳动者违反劳动合同中约定的保密义务或者竞业限制

劳动者违反劳动合同约定的保密义务或者竞业限制，对用人单位造成损失的，应当对用人单位的实际损失承担赔偿责任。

【案例分析示例】

劳动者违约也要承担赔偿责任

甲某和乙某均是某航空公司机长，都于1996年进入某航空公司，因职业的特殊性，两人都与公司签订的是无固定期限劳动合同。合同约定，当劳动双方一方“消失”后才能终止合同。

2005年12月底，两名机长各向公司递交辞职书，公司以两机长违约为由要求索赔。赔付金包括违约金、培训费等多个项目。2006年4月19日，此案经浙江省劳动仲裁委员会审理后认为：两名机长和航空公司之间是一种劳动合同关系。两机长单方解除劳动合同已构成违约，应承担赔偿责任，裁定甲某与乙某各支付航空公司赔偿金196万元。

8.2.5 集体合同

1)集体合同的概念

集体合同，是指工会组织或职工代表代表职工与企业订立的以劳动条件为核心内容的关于企业内部劳动关系的协议。

集体合同是对那些合同无法包括的内容，即企业与全体劳动者之间的关系问题用集体合同来协调解决，以利于改善劳动关系，减少劳动纠纷。

2）集体合同的内容

集体合同的主要内容包括：劳动报酬、工作时间、休息休假、劳动安全卫生、保险福利等。

3）集体合同的订立

我国《劳动法》规定，集体合同由工会代表职工与企业签订。没有建立工会的企业，由职工推荐的代表与企业签订。集体合同草案应当提交职工代表大会或全体职工讨论通过。集体合同签订后应当报送劳动行政部门，劳动行政部门自收到集体合同文本之日起15日内未提出异议的，集体合同即行生效。

8.2.6　劳动合同的无效

1）无效劳动合同的概念

无效劳动合同，是指劳动合同虽经过当事人双方同意订立，但因劳动合同条款违反法律、行政法规的要求，因而不具有法律效力。

2）劳动合同无效的情形

下列劳动合同无效或者部分无效：

①以欺诈、胁迫的手段或者乘人之危，使对方在违背真实意思的情况下订立或者变更劳动合同的；

②用人单位免除自己的法定责任、排除劳动者权利的；

③违反法律、行政法规强制性规定的。

3）无效劳动合同的认定及处理

对劳动合同的无效或者部分无效有争议的，由劳动争议仲裁机构或者人民法院确认。劳动合同部分无效，不影响其他部分效力的，其他部分仍然有效。

劳动合同被确认无效，给对方造成损害的，有过错的一方应当承担赔偿责任。劳动者已付出劳动的，用人单位应当向劳动者支付劳动报酬。

【做一做】

【8.11】【案例分析】

某公司向社会公开招聘职员，张某应聘。在张某与该公司商谈条件的过程中，张某称自己是高级工程师，懂技术，有管理经验，要求公司每月付给他的工资不能少于5 000元。公司由于刚成立，资金有困难，只答应每月付给他2 000元工资。最后双方妥协，以每月付给张某3 000元工资达成协议，并签订了劳动合同。而张某在公司工作期间不能很好地胜任公司委派的工作，并给公司造成了一定的财产损失。公司对张某进行了调查，发现张某原是某国有企业工人，因犯罪被企业开除，刑满释放后一直在社会上闲荡，公司决定解除与张某的劳动合同。张某不同意，遂告到劳动仲裁委员会。

请问：劳动仲裁委员会该如何处理这起劳动争议？

8.2.7 劳动合同的变更、解除和终止

1）劳动合同的变更

用人单位与劳动者协商一致，可以变更劳动合同约定的内容。变更劳动合同，应当采用书面形式。

2）劳动合同的解除

劳动合同的解除，是指合同当事人双方依法提前终止劳动合同中的权利和义务的行为。可分为双方协商一致解除、劳动者单方解除和用人单位单方解除三种情形。

（1）双方协商一致解除

用人单位与劳动者协商一致，可以解除劳动合同。用人单位向劳动者提出解除劳动合同并与劳动者协商一致解除劳动合同的，用人单位应当向劳动者支付经济补偿，补偿标准为每满一年支付一个月的工资作为经济补偿。劳动者提议解除的，用人单位不需支付经济补偿。

（2）劳动者单方解除合同

劳动者提前30日以书面形式通知用人单位，或是在试用期内提前3日通知用人单位可以解除合同。

《劳动合同法》规定，用人单位有下列情形之一的，劳动者可以解除劳动合同：

①未按劳动合同约定提供劳动保护或者劳动条件的；

②未及时足额支付劳动报酬的；

③未依法为劳动者缴纳社会保险费的；

④用人单位的规章制度违反法律、法规的规定，损害劳动者权益的；

⑤因以欺诈、胁迫的手段或者乘人之危，使对方在违背真实意思的情况下订立

或者变更劳动合同，致使劳动合同无效的；

⑥法律、行政法规规定劳动者可以解除劳动合同的其他情形。

劳动者可以立即解除劳动合同，不用提前通知用人单位的情形：用人单位以暴力、威胁或者非法限制人身自由的手段强迫劳动者的，或者用人单位违章指挥、强令冒险作业危及劳动者人身安全的。

（3）用人单位单方解除合同

①即时解除。劳动者有下列情况形之一的，用人单位可以解除劳动合同：在试用期间被证明不符合录用条件的；严重违反用人单位的规章制度的；严重失职，营私舞弊，给用人单位的利益造成重大损害的；劳动者同时与其他用人单位建立劳动关系，对完成本单位的工作任务造成严重影响的，经用人单位提出，拒不改正的；被依法追究刑事责任的。

②预告解除。用人单位提前30天以书面形式通知劳动者或者额外支付劳动者1个月工资后，可以解除劳动合同：劳动者患病或者非因工负伤，医疗期满后，不能从事原工作也不能从事由用人单位另行安排的工作；劳动者不能胜任工作的，经过培训或者调整工作岗位，仍不能胜任工作的；劳动合同订立时所依据的客观情况发生重大变化，致使原劳动合同无法履行，经用人单位与劳动者协商，未能就变更劳动合同内容达成协议的。

③经济性裁员。即用人单位按照法定程序与被裁减人员解除劳动合同。《劳动合同法》规定：用人单位濒临破产进行法定整顿期间或者生产经营状况发生严重困难，确须裁减人员的，应当提前30日向工会或者全体职工说明情况，听取工会或者职工的意见，经向劳动行政部门报告后，可以裁减人员。裁减人员时，应当优先留用与本单位订立较长期限的固定期限劳动合同的；与本单位订立无固定期限劳动合同的；家庭负担较重的。如果用人单位在6个月内重新录用人员的，应优先录用被裁减人员。

另外，《劳动合同法》规定，劳动者有下列情况之一的，用人单位不得解除劳动合同：从事接触职业病危害作业的劳动者未进行离岗前职业健康检查，或疑似职业病患者在诊断或者医学观察期间的；患职业病或者因工负伤并被确认丧失或者部分丧失劳动能力的；患病或者非因工负伤，在规定的医疗期内的；女职工在孕期、产期、哺乳期内的；在本单位连续工作满15年且距法定退休年龄不足5年的；法律法规规定的其他情形。

【做一做】

【8.12】【单项选择题】　劳动者提前（　　）以书面形式通知用人单位，可以解

除劳动合同。劳动者在试用期内提前(　　)通知用人单位,可以解除劳动合同。

A. 30 日　5 日　　B. 30 日　3 日　　C. 7 日　3 日　　D. 30 日　30 日

【8.13】【单项选择题】　用人单位(　　),劳动者可以立即解除劳动合同,不需要事先告知用人单位。

A. 未按照劳动合同约定提供劳动保护或者劳动条件的

B. 未及时足额支付劳动报酬的

C. 以暴力、威胁或者非法限制人身自由的手段强迫劳动者劳动的

D. 规章制度违反法律、法规的规定,损害劳动者权益的

【8.14】【单项选择题】　职工患病,在规定的医疗期内劳动合同期满时,劳动合同(　　)。

A. 即时终止　　　　　　B. 续延半年后终止

C. 续延一年后终止　　　D. 续延到医疗期满时终止

3)劳动合同的终止

《劳动合同法》规定,有下列情况之一的,劳动合同终止:

①劳动合同期满的;

②劳动者开始依法享受基本养老保险待遇的;

③劳动者死亡或者被人民法院宣告死亡或宣告失踪的;

④用人单位被依法宣告破产的;

⑤用人单位被吊销营业执照、责令关闭、撤销或者用人单位决定提前解散的;

⑥法律、法规规定的其他情形。

8.3　劳动安全卫生与女职工、未成年工特殊劳动保护

8.3.1　劳动安全卫生的概念

劳动安全卫生,是指国家为了改善劳动条件,保护劳动者在劳动过程中的安全健康而制定的各种法律规范的总称,包括劳动安全、劳动卫生两类法律规范。前者是国家为了保障劳动者在劳动过程中的安全,防止和消除伤亡事故而制定的各种法律规定;后者是国家为了保护劳动者在劳动过程中的健康,预防和消除职业病、职业中毒和各种职业危害而制定的各种法律规范。

8.3.2　劳动安全卫生保护的法律制度

劳动安全卫生保护的法律规定主要包括:

①安全生产责任制；
②编制劳动安全技术措施计划制度；
③劳动安全卫生教育制度；
④劳动安全卫生检查制度；
⑤劳动防护用品发放和管理制度；
⑥特种作业人员的专门培训和资格审查制度；
⑦职业危害作业劳动者的健康检查制度；
⑧伤亡事故和职业病统计报告处理制度。

8.3.3 女职工特殊劳动保护

女职工特殊劳动保护，是指根据女职工生理特点和抚育子女的需要，对其在劳动过程中的安全健康所采取的有别于男职工的特殊保护。

①禁止安排女职工从事矿山井下、国家规定的第四级体力劳动强度的劳动和其他禁忌从事的劳动。

②不得安排女职工在经期从事高处、低温、冷水作业和国家规定的第三级体力劳动强度的劳动。

③不得安排女职工在怀孕期间从事国家规定的第三级体力劳动强度的劳动和孕期禁忌从事的劳动。对怀孕7个月以上的女职工，不得安排其延长工作时间和夜班劳动。

④女职工生育享受不少于90天的产假。

⑤不得安排女职工在哺乳未满1周岁的婴儿期间从事国家规定的第三级体力劳动强度的劳动和哺乳期禁忌从事的其他劳动，不得安排其延长工作时间和夜班劳动。

知识链接8.3

女职工禁忌从事的劳动的范围

女职工禁忌从事的劳动范围有：森林伐木、归楞及流放作业；建筑业脚手架的组装和拆除作业以及电力、电信行业的高空架线作业；连续负重（指每小时负重次数在6次以上）每次负重超过20千克，间断负重每次负重超过25千克的作业；已婚待孕女职工禁忌从事铅、汞、苯、镉等作业场所属于《有毒作业分级》标准中第三、第四级的作业。

8.3.4 未成年工特殊劳动保护

未成年工特殊保护是指年满16周岁未满18周岁的劳动者,根据其生长发育的特点和接受教育的需要,对其在劳动过程中的安全健康所采取的特殊保护。

①上岗前培训;

②不得安排未成年工从事矿山井下、有毒有害、国家规定的第四级体力劳动强度的劳动和其他禁忌从事的劳动;

③提供适合未成年工身体发育的生产工具;

④用人单位应当对未成年工定期进行健康检查。

【做一做】

【8.15】【案例分析】

2007年8月,某企业招聘员工,1991年10月出生的王某应聘,双方签订了1年期劳动合同,试用期30天,主要从事货物装卸工作,并规定如王某提前解除合同则视为违约,应支付1 000元违约金。王某工作2个月后,感到货物装卸工作过于繁重,体力不支,于是向该企业提出解除劳动合同。该企业认为王某的行为构成违约,要求其支付违约金,王某不同意,双方发生争议。于是该企业即向劳动争议仲裁委员会提出申诉,要求裁决王某承担违约责任,支付违约金。

问题:

①王某与某企业是否存在劳动法律关系?

②劳动争议仲裁委员会是否应支持某企业的主张?

8.4 劳动争议处理法律制度

8.4.1 劳动争议的概念和种类

1)劳动争议的概念

劳动争议是指劳动者和用人单位(包括社会组织和个人)之间因劳动权利和义务而产生的争执和纠纷。

2)劳动争议的类型

根据劳动争议的主体不同,一般分为个人劳动争议和集体劳动争议。按劳动争议的起因,可将劳动争议划分为以下类型:

①因确认劳动关系发生的争议；
②因订立、履行、变更、解除和终止劳动合同发生的争议；
③因除名、辞退和辞职、离职发生的争议；
④因工作时间、休息休假、社会保险、福利、培训以及劳动保护发生的争议；
⑤因劳动报酬、工伤医疗费、经济补偿或者赔偿金等发生的争议；
⑥法律、法规规定的其他劳动争议。

8.4.2 劳动争议处理的原则

1）调解原则

劳动争议当事人的根本利益是一致的。这就决定了劳动争议处理机构在处理劳动争议时必须坚持调解原则。调解原则包括两个方面的内容：一是处理劳动争议时，调解作为基本手段贯穿于争议处理的全过程，不仅劳动争议调解委员会是这样，而且劳动争议仲裁和劳动争议诉讼也必须先行调解，调解不成才能仲裁和诉讼；二是调解必须在争议双方当事人自愿的基础上进行，不能强制，否则将不发生法律效力。

2）合法、公正、及时处理原则

合法原则是指劳动争议处理机构处理劳动争议的所有活动和行为都要符合法律规定，用人单位的规章不能与法律法规相违背，经职工代表大会通过，也可作为处理劳动争议的参考依据；公正原则是指争议双方当事人法律地位平等，争议机构不得偏袒任何一方；及时处理原则指劳动争议处理机构在处理劳动争议时，应当在法律规定的时限内受理、审查和裁决，以确保劳动者的利益和生产秩序的稳定。

8.4.3 劳动争议处理的方式

1）协商解决

当事人自行协商解决劳动争议是本着互谅互让的精神解决纠纷的一种形式，这种形式简单方便，不伤感情、有利和谐。

2）申请调解

劳动争议调解委员会是设立在用人单位，由职工代表、用人单位代表、用人单位工会代表三方构成，负责调解用人单位发生的劳动争议的组织。调解委员会主任由工会代表担任。没有成立工会的用人单位，调解委员会的设立及其组成由职工代表和用人单位代表协商解决。劳动争议调解委员会在调解本单位发生的劳动争议中,应本着自愿、民主的原则进行调解。劳动争议达成调解协议书的,经双方签字即具有法律效力,当事人应当履行。

3)申请仲裁

劳动争议仲裁委员会是由劳动行政部门代表、同级工会代表、用人单位代表组成,负责处理本委员会管辖范围内的劳动争议的组织。其主任由劳动行政部门代表担任。

仲裁委员会对受理的劳动争议,应当在查明事实的基础上先行调解,调解达成协议应当制作调解书。经调解无效或调解书送达前一方反悔的,应及时进行仲裁,并制作仲裁决定书。当事人一方或双方对仲裁裁决不服的,可以自收到仲裁裁决书之日起15日内向人民法院提起诉讼。逾期不起诉,裁决即发生法律效力,已生效的裁决,与人民法院判决效力同等。当事人如果不履行裁决书所规定的义务,另一方当事人可以申请人民法院强制执行。

4)提起诉讼

劳动争议仲裁是人民法院受理劳动争议案件的前提,劳动争议双方对仲裁裁决不服的,可以在收到仲裁裁决书之日起15日内向人民法院起诉。

【议一议】

【8.16】【判断说明题】 劳动争议发生后,劳动合同的当事人既可以向劳动争议仲裁机构申请仲裁,也可以向人民法院起诉。( )

【做一做】

【8.17】【案例分析】

甲、乙为某企业的技术员,两人受企业指派完成一项技术革新项目。该企业领导承诺如按期完成项目则每人奖励1万元。后两人按期完成了任务,要求领导兑现。而领导说1万元太多,其他员工有意见,只能每人给2 000元。甲提请劳动争议仲裁,而乙认为应把企业告上法庭。

请问:本案争议能否直接向法院起诉?

8.5　社会保险法律制度

8.5.1　社会保险的概念和特征

1)社会保险的概念

社会保险,是指国家通过立法设立社会保险金,使劳动者在暂时或永久丧失劳动能力以及失业后获得物质帮助和补偿的一种社会保障制度。

2)社会保险的特征

(1)强制性

它是国家通过立法强制实施社会保险。用人单位和劳动者必须依法参加社会保险,缴纳社会保险费,双方均不能自愿。

(2)社会性

社会保险具有普遍性,保障对象可以是一切自然人,保障责任和义务体现出社会化,保障功能反映的是公益性。

(3)福利性

社会保险不以营利为目的,而在于保障社会成员的基本生活,是造福于大众的社会公益事业。

(4)补偿性

它是对劳动者所遇劳动风险的补偿,劳动者在年老、患病、残疾、失业、生育等方面丧失劳动能力或劳动机会时,从社会获得物质帮助和补偿。

(5)互助性

社会保险所遵循的基本原理是广泛集聚众多资金,分散风险损失的互助共济原则。

8.5.2　社会保险制度概述

1)社会保险制度的三个层次

(1)基本社会保险

基本社会保险,是指国家立法强制实施的社会保障,是满足所遇劳动风险的劳动者基本生活需要的保险制度。它是第一层次,也是最主要的保险方式。其特点包括:一是覆盖面广,适用于各类企业、个体经济组织和与之形成劳动关系的劳动者,以及国家机关、事业组织、社会团体和与之建立劳动合同关系的劳动者;二是标准统一,各地区、各类企业、各种劳动者,实行统一的保险项目缴费比例和统一的保险待遇标准;三是强制程度高,基本社会保险是法定的强制保险,保险金统一筹集和使用。

(2)单位补充保险

单位补充保险,是指除了社会基本保险以外,用人单位根据自己的经济条件为劳动者投保高于社会基本保险标准的补充保险,也是第二层次的保险。补充保险以用人单位所具有的经济承受能力为前提条件,由用人单位自愿投保。

(3)个人储蓄保险

个人储蓄保险,是指劳动者个人以储蓄形式参加社会保险,它是第三层次的保险。劳动者根据自己的经济能力和意愿决定是否投保,具有自愿性。

知识链接8.4

你知道什么是"三金"吗?

"三金"是指养老保险金、失业保险金和医疗保险金。《劳动法》明确规定:用人单位和劳动者必须依法缴纳"三金"。用人单位不按时足额缴纳"三金"的,劳动者可以到劳动监察机构去举报和投诉,也可以申请劳动争议仲裁。

2)具有中国特色的社会保障体系

(1)社会救助

社会救助,是一种最低层次的生活保障,其目标是扶危济贫,救助社会弱势群体,对象是社会的低收入人群和困难人群。

(2)社会保险

社会保险,是指国家通过立法强制实行的,由劳动者、企业(雇主)或社区以及国家三方共同筹资,建立保险基金,对劳动者失业或失去劳动力后所给予的基本生活保障。

(3)社会福利

社会福利,国家发展社会福利事业,兴建公共福利设施,为劳动者休息、休养和疗养提供条件。用人单位应当创造条件,改善集体福利,提高福利待遇。

(4)社会优抚

社会优抚,是指国家或社会对现役、退伍、复员、伤残军人以及烈士家属等法定范围的特殊群体给予抚恤和优待的一种社会保障制度。抚恤是对因公伤残人员、因公牺牲及病故人员家属采取的一种物质抚慰方式,包括伤残抚恤和死亡抚恤。优待是指从政治上和物质上给予优待对象良好的物质或资金待遇,优先照顾与专项服务。

3)社会保险的基本内容

社会保险的基本内容,就是通常所说的“五险一金”,具体包括:养老保险、医疗保险、失业保险、生育保险、工伤保险和住房公积金。

“五险”方面,单位和个人的承担比例一般是:养老保险单位承担20%,个人承担8%;医疗保险单位承担6%,个人2%;失业保险单位承担2%,个人1%;生育保险1%全由单位承担,工伤保险0.8%也是全由单位承担,职工个人不承担生育和工伤保险。

对职工而言公积金就是“住房公积金”。按照个人全年平均工资计算,根据国家规定:住房公积金不低于工资的10%,效益好的单位可以高些,职工和单位各承担50%。

8.5.3 养老保险

1)养老保险的概念

养老保险,是指国家依法为达到一定年龄或因工、因病丧失劳动能力和退出劳动岗位的劳动者提供基本生活保障而建立的一项社会保险制度,是社会保障制度中最为重要的内容。我国养老保险的费用一般由国家、单位和个人三方共同承担。

2)享受养老保险的条件

①退休职工男年满60周岁,女工人年满50周岁,女干部年满55周岁,从事井下、高温、高空、特别繁重体力劳动或有害身体健康工作的,退休年龄男年满55周岁,女年满45周岁。

②因病或非因工致残,由医院证明并经劳动鉴定委员会确认完全丧失劳动能力的,退休年龄为男年满50周岁,女年满45周岁,因工伤完全丧失劳动能力且不符合退休年龄条件或工龄条件或其他退休条件的,应当办理退职,享受养老保险待遇。

3)养老保险待遇

根据《国务院关于完善企业职工基本养老保险制度的决定》(以下简称《决定》)的规定,刚参加工作的参保人员属于"新人",缴费年期累计满 15 年,退休后将按月发给基本养老金,其基本养老金待遇水平与缴费年限的长短,缴费基数的高低,退休时间的早晚直接挂钩,实施《决定》前已经离退休的参保人员属于"老人",他们仍然按国家原来的规定发给基本养老金,同时随着基本养老金调整而增加养老保险待遇;实施前参加工作,本《决定》实施后,退休的参保人员属于"中人",由于这部分人以前个人账户的积累很少,缴费年限累计满 15 年的,退休后在发给基础养老金和个人账户养老金的基础上,再发给过渡性养老金。

按照新制度的设计,职工退休后的养老金分为两个部分:一是基础养老金,月标准为上年度职工月平均工资的 20%;二是个人账户养老金,标准为每月发放个人账户累计储存额的 1/120。

以"中人"为例,养老金的计算公式:基本养老金 = 基础养老金 + 个人账户养老金 + 过渡性养老金。具体算法为退休前一年全市职工月平均工资 ×20%(缴费期不满 15 年的按 15%)+ 个人账户本息之和 ÷120。

【做一做】

【8.18】【案例分析】

北京居民田某是"中人",他的平均月薪为 3 000 元,养老保险缴费期限为 10 年,假设 10 年后北京月平均工资是 3 000 元,那退休后,田某能领到多少退休金呢?

8.5.4 工伤保险

1)工伤保险的概念

工伤保险,是指劳动者因公受伤、患病、致残或死亡,依法从国家和社会获得经济补偿和物质帮助的社会保险制度。

中华人民共和国境内的各类企业,有雇工的个体户应当依法参加工伤保险,为本单位全部职工缴纳工伤保险费,职工个人不缴纳工伤保险费。

2)工伤保险的认定

(1)可认定为工伤的情形

职工有下列情形的可认定为工伤:

①在工作时间和工作场所内，因工作原因受到事故伤害的。

②工作时间前后在工作场所内，从事与工作有关的预备性或收尾性工作受到事故伤害的；在工作时间和工作场所内，因履行工作职责受到暴力等意外伤害的。

③患职业病的。

④因工外出期间，由于工作原因受到伤害或发生事故下落不明的。

⑤在上下班途中，受到机动车事故伤害的。

⑥法律、行政法规规定应当认定为工伤的其他情形。

（2）视同工伤的情形

职工有下列情形之一的，视同工伤：

①在工作时间和工作岗位上，突发疾病死亡或者在48小时之内经抢救无效死亡的；

②在抢险救灾等维护国家利益、公共利益活动中受到伤害的；

③职工原在军队服役，因战、因公负伤致残已取得革命伤残军人证，到用人单位后旧伤复发的。

职工有前款第三项情况的，按《工伤保险条例》的有关规定享受除一次性伤残补助金以外的工伤保险待遇。

（3）不认定为工伤的情形

有下列情况之一的，不能认定为工伤或视同工伤：

①因犯罪或者违反治安管理伤亡的；

②醉酒导致伤亡的；

③自残或自杀的。

3）工伤认定的程序

职工发生事故伤害或者被诊断、鉴定为职业病的，所在单位应当自事故伤害发生之日或者被诊断、鉴定为职业病之日起30日内，向当地劳动保障行政部门提出工伤认定申请，遇有特殊情况，经报劳动行政部门同意，申请时限可以适当延长。

用人单位未提出工伤认定申请的，工伤职工或者其直系亲属、工会组织在事故伤害发生之日或者被诊断、鉴定为职业病之日起1年内，可以直接向用人单位所在地劳动保障行政部门提出工伤认定申请。

【做一做】

【8.19】【案例分析】

2004年3月，周某与某公司签订了劳动合同，其中有“员工在工作中发生的一切意外伤害事故由员工自行负责,本公司概不负责”的内容,周某当时未表示异议。2004 年 10 月,周某按公司规定外出时发生车祸,肇事车逃逸,周某向单位申报工伤,公司称:双方已在合同中约定工伤概不负责,周某应自行承担责任。

请问:劳动合同中“工伤概不负责”的约定合法吗? 本案应如何处理?

4)劳动能力鉴定

根据劳动功能障碍程度将伤残分为十个等级,最重的为一级,最轻的为十级。根据生活自理障碍程度将生活自理能力分为三个等级:生活完全不能自理、生活大部分不能自理、生活部分不能自理。

职工发生工伤,经治疗伤情相对稳定后存在残疾,影响劳动能力的,应当进行劳动能力鉴定。劳动能力鉴定委员会应当自收到劳动能力鉴定申请之日起 60 日内作出鉴定结论;必要时,做出结论的期限可延长 30 日。

劳动能力鉴定结论应及时送达申请鉴定的单位或个人。对鉴定结论不服的,可在收到该鉴定结论之日起 15 日内向省一级鉴定委员会再次提出鉴定申请,省级劳动能力鉴定委员会作出的劳动能力鉴定结论为最终结论。如果一年后,工伤职工或者其直系亲属,所在单位或者经办机构认为伤残情况发生变化的,可以申请劳动能力复查鉴定。

5)工伤保险待遇

职工因工作遭受事故伤害或者患职业病进行治疗,享受工伤医疗待遇。工伤职工因日常生活或者就业需要,经劳动能力鉴定委员会确认,可以安装假肢、矫形器、假眼、假牙和配置轮椅等辅助器具,所需费用按国家规定的标准从工伤保险基金中支付。

职工因工遭受事故伤害或者患职业病需要暂停工作接受工伤医疗的,在停工留薪期内,原工资福利待遇不变,由所在单位按月支付。工伤职工已经评定伤残等级并经劳动能力鉴定委员会确认需要生活护理的,从工伤保险基金中按月支付生活护理费。

职工因工致残被鉴定为一级至十级伤残的,保留劳动关系,退出工作岗位或安排适当工作,享受不同的待遇直到退休或解除劳动合同。工伤职工工伤复发,确认需要治疗的,享受规定的工伤待遇。

职工因工死亡,其直系亲属按规定从工伤保险基金领取丧葬补助金,供养亲属抚恤金和一次性伤亡补助金。

职工因工外出期间发生事故或在抢险救灾中下落不明的,从事故发生当月起 3 个月内照发工资,从第 4 个月起停发工资,由工伤保险基金向其供养亲属按月支付供养亲属抚恤金。生活有困难的,可以预支一次性工亡补助金的50%。职工被人民法院宣告死亡的,按照职工因公死亡的规定处理。

工伤职工有下列情形之一的,停止享受工伤保险待遇:丧失享受待遇条件的;拒不接受劳动能力鉴定的;拒绝治疗的;被判刑在收监执行中的。

8.5.5　失业保险

1)失业保险的概念

失业保险,是指国家通过立法强制实行的,由社会集中建立基金,对因失业而暂时中断生活来源的劳动者提供物质帮助的制度。

2)享受失业保险的条件

我国《失业保险条例》规定,失业人员是在法定劳动年龄内有劳动能力的就业转失业人员。能享受失业保险待遇的,必须是我国《失业保险条例》适用的人员。在用人单位及劳动者已按规定缴纳了保险费之后,如果劳动者失业就可以享受规定的待遇。

我国目前失业保险包括城镇企、事业失业人员,其中城镇企业人员包括国有企业、集体企业、外商投资企业、私营企业以及其他城镇企业的失业人员。

保险费的缴纳:城镇企、事业单位按本单位工资总额的2%缴纳失业保险费,职工按本人工资的1%缴纳失业保险费。

3)失业保险待遇

(1)失业保险金

失业保险金由失业保险经办机构按月发放,失业保险金的标准,按照低于当地最低工资标准,高于城市居民最低生活保障标准的审评,由省、自治区、直辖市人民政府确定。失业职工领取失业救济金的期限,按职工失业前在企业连续工作的时间确定。失业前所在单位和本人按规定累计缴费时间满1年不足5年的,领取期限最长为12个月;累计缴费时间满5年不足10年的,领取期限最长为18个月;累计缴费时间满10年以上的,领取期限最长为24个月。重新就业后,再次失业的缴费时间重新计算,但最长不超过24个月。

(2)医疗补助金

失业人员医疗补助金的发放标准,由省级人民政府规定。失业人员在领取失业保险金期间死亡的,参照当地对在职职工的规定,对其家属一次性发给丧葬补助金和抚恤金。

失业保险待遇在失业人员有下列情形之一时丧失:重新就业的;应征入伍的;移居境外的;享受基本养老保险待遇的;被判刑收监执行中或者被劳动教养的;无正当理由,拒不接受当地人民政府指定的部门或机构介绍的工作的;由法律、行政法规规定的其他情形的。

【做一做】

【8.20】【案例分析】

赵某失业在家,按规定可以享受8个月失业保险待遇(从2006年2月算起)。同年3月,赵某经介绍到一家餐饮店工作,该店与赵某签订了为期半年的合同,可是到了5月,该店关闭,赵某到当地领取失业保险金。当地失业保险管理机构人员告诉赵某:你在餐饮店工作不满1年,上次失业前的工作年限又不能算,所以不能享受失业保险待遇。赵某能否享受失业保险待遇呢?

8.5.6 医疗保险

1)医疗保险的概念

医疗保险,是当人们生病或受伤后,为了分担疾病所带来的经济损失而由国家或社会给予的一种物质帮助,即提供医疗服务或经济补偿的一种社会保险制度。

2)城镇职工基本医疗保险制度的覆盖范围

城镇职工基本医疗保险制度的覆盖范围为:城镇所有用人单位,包括企业(国有企业、集体企业、外商投资企业、私营企业等)、机关、事业单位、社会团体、民办非企业单位及其职工。

3)医疗保险费的缴纳

医疗保险费由用人单位和个人共同缴纳,用人单位缴纳费率控制在职工工资总额的6%左右,职工缴费率一般为本人工资收入的2%。退休人员参加基本医疗保险,个人不缴纳基本医疗保险费。

4)医疗保险期间待遇

(1)医疗待遇

职工患病或非因公负伤确需停止工作治病休息的,根据本人连续工龄和本单位工龄的长短,给予3~24个月的医疗。难以治愈的疾病,由医疗机构提出,本人申请,劳动行政部门批准后,可适当延长医疗期。

在医疗期内,职工一般在指定的医院就医,所需检查费用、医疗费用、药品费用、住院费用,在规定的标准内的,按规定比例分别从医疗保险社会统筹基金和个人账户中支付。规定范围和标准之外的费用,由职工个人负担。

医疗期内的职工,工资停发,由用人单位按工龄长短给付相当于本人一定比例的疾病医疗津贴(病假工资)。

(2)致残待遇

职工患病或非因公致残的,在医疗期内医疗终结或医疗期满后,经用人单位申请,劳动能力鉴定委员会确定残废等级。致残一级至四级的应退出劳动岗位终止关系,享受退休或退职待遇。致残五级至十级的,在规定医疗期内不得辞退,用人单位应为其另行安排工作,不能从事所安排工作的,可以按规定发给疾病津贴;规定医疗期满后,可解除劳动合同并按规定给予经济补偿。

8.5.7 生育保险

1)生育保险的概念

生育保险是社会保险的其中一项,是国家通过立法,对怀孕、分娩女职工给予生活保障和物质帮助的一项社会政策。其宗旨在于通过向职业妇女提供生育津贴、医疗服务和产假,帮助她们恢复劳动能力,重返工作岗位。

1994年12月14日劳动部发布的《企业职工生育保险试行办法》,适用于城镇企业及职工。

2)生育保险基金筹集

企业按照一定比例向社会保险经办机构缴纳生育保险费,建立生育保险基金。生育保险费的提取比例由当地人民政府确定。但是最高不得超过工资总额的1%。职工个人不缴纳保险费。

3)生育保险待遇

主要包括:女职工生育按照法律、法规规定享受产假;产假期间的生育津贴按照本企业上年度职工月平均工资计发,由生育保险基金支付;女职工生育的检查费、接生费、手术费、住院费和药费由生育保险基金支付。超出规定的医疗服务费和药费(含自费药品和营养药品的药费)由职工个人负责;女职工生育出院后,因生育引起疾病的医疗费,按照医疗保险待遇办理。

【本章小结】

劳动法是调整劳动关系以及与劳动关系有密切联系的其他社会关系的法律规范的总称。我国《劳动法》作为调整劳动关系的基本法,规定了劳动者的基本权利义务和基本的劳动制度。同时,制定了《劳动合同法》,具体规定了劳动合同的订立、劳动合同的履行和变更、劳动合同的解除和终止、特别规定、监督检查和法律责任。《劳动合同法》在明确劳动合同双方当事人的权利和义务的前提下,重在对劳动者合法权益的保护,为构建与发展和谐稳定的劳动关系提供法律保障。《劳动合同法》的颁布实施有着深远的意义。

社会保障法是调整社会保障关系的法律规范的总称。社会保险是社会保障的重要组成部分,是国家通过立法设立社会保险金,使劳动者在暂时或永久丧失劳动能力以及失业后获得物质帮助和补偿的一种社会保障制度,包括养老保险、工伤保险、失业保险、医疗保险和女工生育保险五个方面的法律制度。

【任务检测】

一、单项选择题

1. 按《劳动法》的规定,下列哪一项纠纷属于劳动争议?(　　)。

A. 某私营企业职工王某与某市劳动保障行政部门的工伤认定机关因工伤认定结论而发生的争议

B. 农民工冯某与雇主某个体户之间因支付工资报酬发生的争议

C. 某股份制公司职工张某是该公司的股东之一,因股息分配与该公司发生的争议

D. 某国有企业退休职工丁某与社会保险经办机构因退休费用的发放而发生的争议

2. 在某企业试用的职工肖某,试用期未满便想解除劳动合同,请问下列哪一项是正确表述?(　　)。

A. 肖某应当提前 30 日以书面形式通知企业解除合同

B. 肖某应当提前 30 日以口头或书面形式通知企业解除合同

C. 肖某在试用期内不能解除合同

D. 肖某可以随时通知企业解除合同

3. 未成年工吴某是某公司招聘的职工,双方订立了书面劳动合同。在试用期内,吴某为泄私愤,在公司生产的饮料中放入了污物,请判断下列哪项表述是正确

的？（　　）。

A. 吴某与公司订立的劳动合同是可撤销的合同

B. 吴某与公司之间订立的劳动合同无效

C. 公司可以解除吴某的劳动合同

D. 在试用期内，公司不能解除与吴某的劳动合同

4. 下列哪一项情况中，劳动者可以随时通知用人单位解除劳动合同？（　　）。

A. 在试用期内　　B. 用人单位不安排食宿

C. 找到新的用人单位　　D. 因患病或者负伤

5. 下列哪种情况下，用人单位可以招用未满16周岁的未成年人，并须报县级以上劳动行政部门批准？（　　）。

A. 某国有企业招用清洁工　　B. 某职业介绍所招用职员

C. 某私人餐馆招用勤杂工　　D. 某俱乐部招用足球运动员

二、多项选择题

1. 劳动法律关系的构成要素包括下列哪些内容？（　　）。

A. 主体　　B. 客体　　C. 内容　　D. 标的

2. 劳动合同订立的原则，你认为正确的有哪些？（　　）。

A. 平等自愿原则　　B. 公平原则　　C. 协商一致原则

3. 劳动合同的期限可分为：（　　）劳动合同。

A. 短期　　B. 有固定期限的

C. 无固定期限的　　D. 以完成一定的工作为期限的

4. 劳动合同的解除，你认为哪些是正确的？（　　）。

A. 即时解除　　B. 预告解除　　C. 经济性裁员

5. 在劳动用工领域里，人们通常所讲的“三金”指的是（　　）。

A. 养老保险金　　B. 医疗保险金

C. 残疾保险金　　D. 失业保险金

三、判断说明题

1.《劳动法》规定，建立劳动关系，应当订立劳动合同，所以，未订立劳动合同而与用人单位建立的事实劳动关系应是无效的。（　　）

2. 劳动者严重违反劳动纪律，用人单位可以解除劳动合同。（　　）

3. 劳动者未满18周岁属于未成年工。（　　）

4. 医疗保险制度规定，个人均不需要缴纳医疗保险金。（　　）

5. 我国社会保险的项目只适用于国家机关、事业单位、社会团体和国有企业。（　　）

四、案例分析题

1. 张某在一家私营企业工作已有15年,该企业与张某签订的是无固定期限劳动合同。但是,从2007年开始,该企业效益不好,生产经营发生了严重困难,故准备辞退一部分职工。张某很想知道:他会被辞退吗?请问你有何见解?

2. 李某与某企业签订了为期5年的劳动合同,合同中有一条款:"鉴于本企业工作繁忙,凡在本企业工作的女职工,合同期内不得结婚,否则企业有权解除劳动合同。"合同履行两年后,李某的男友单位集资建房,为能分到住房,李某与男友结婚,不久怀了孕,该企业知道后,以李某违约为由,提出解除与李某的劳动合同。

请问:劳动合同中关于禁止结婚的条款是否有效?该案中企业能否单方解除劳动合同?

3. 申某应招谋得某食品厂的工作并签订了劳动合同,2006年10月15日申某在车间工作时不幸发生了手被机器扎伤的事故,后经医院及时治疗,手总算是保住了,但落下了轻微残疾。申某欣慰的是他的医疗费是厂方出的,可出院后,申某发现他的工资被停发了,包括住院期间的工资也被扣发了。申某问厂长是什么原因,厂长告诉他,扣掉的工资是为了支付医疗费用。申某多次与厂方协商未果,即向当地劳动争议仲裁委员会申诉,要求补办社会保险,补发工资。

请问:仲裁部门能够支持申某的主张吗?

五、思考题

1. 劳动者的权利和义务有哪些?

2. 劳动合同的种类有哪些?

3. 劳动合同的内容有哪些条款?

4. 社会保险的主要内容有哪些?

5. 工伤保险的认定范围有哪些?

第 9 章
经济纠纷的仲裁与诉讼法律制度

任务目标

1. 了解解决经济纠纷的途径有哪些。
2. 掌握仲裁、仲裁协议的概念。
3. 明确仲裁协议的内容。
4. 了解仲裁的程序。
5. 申请撤销仲裁裁决的概念。
6. 掌握经济纠纷案件的管辖和诉讼程序。

学时建议

1. 知识性学习 6 课时。
2. 案例学习讨论 2 课时。

【情景导入】

2009 年 9 月,黄女士在市区某品牌专营店花 2 000 多元购买了一辆电动自行车。骑行一段时间后,发现电瓶达不到说明书上的行驶里程。从开始充一次电行驶 20 多千米,到现在过了 10 千米就“报警”。再后来不仅行驶里程越来越短,连电机都出了问题——先是发热,行驶一段时间后开始发烫,感觉像要爆炸。黄女士找到商家,但商家初步检测后认为:电瓶合格,电机发热也属正常现象。所以,不能满足黄女士退车的要求。

按照电动自行车“三包”的相关规定,电动自行车电瓶在售出 15 日至 6 个月之内,如果容量低于原车标示容量 60% 的,或电机线圈因故障被烧掉的,均可更换。同时,问题的确认都需要以相关部门的检测结论为准,而检测费用一般需要 4 000 多元。

【问一问】

在现实生活中,如果你作为消费者,遇到类似问题,首先想到的是什么?准备通过什么途径解决?反过来,如果你作为销售电动自行车的商家,又如何对待这样的事情?

【想一想】

发生了消费方面或者经济方面的纠纷,可以通过什么途径来解决?你认为通过什么途径解决纠纷是最理想的?

【学一学】

9.1 解决经济纠纷的途径

经济纠纷,是指当事人之间因经济权益受侵犯或有争议而发生的冲突或争执。包括民法及其他部门法调整的财产关系和人身关系中的纠纷。

经济法律关系主体在经济交往中发生经济纠纷在所难免,依法及时、客观、公正地处理好经济纠纷,是社会主义法治经济的客观要求和重要体现。目前,我国对经济纠纷的处理主要有协商、调解、仲裁和经济诉讼 4 种方式。

9.1.1 协商

1)协商的概念

协商,又称谈判,是争议当事人在自愿、互谅的基础上,按照有关法律和合同规定,直接进行磋商,自行和解达成协议,从而解决争议的一种方式。由于这种方式是通过协商或谈判实现争议的和解,故这种方式又称为和解。

一旦当事人经协商就争议的解决依法达成协议,该协议即具有法律效力,当事人应自觉和认真履行,否则就构成违约。

2)协商的原则

协商应当坚持自愿、平等和合法的原则。只有在协商一致的基础上,达成公平合理的协议,才能使新达成的协议顺利执行。

3)协商的优越性

①协商自始至终都是在自愿基础上进行的,当事人一旦就争议的解决达成协议,一般都能自愿遵守。

②协商一般是当事人在友好气氛中进行的,其结果不仅可以解决双方的争议,而且可以增进彼此的了解和理解,从而促进其合作关系进一步发展。

③协商不需要经过严格的法律程序,可以节省时间和费用,有利于及时解决争议。

④协商不必严格按照实体法的规定作出决定,在不违反法律基本原则的前提下,当事人可以根据实际情况灵活解决争议。

⑤协商中没有第三者参与,从而有效地保守了当事人的商业秘密。

4)协商的局限性

①对当事人来说,协商并无达成协议的义务,有时争议会拖延甚久而无法解决。

②谈判往往取决于当事人各自讨价还价的力量,在当事人实力不对等的情况下,实力较弱的一方可能感到压力太大而无法达成协议,即使达成协议,力量较弱一方的利益常常得不到应有的保护。

③在当事人对争议有严重分歧时,双方常常很难通过协商解决争议,不得不求助于第三者解决争议。

9.1.2 调解

【案例导入】

要举报，要投诉，拨打“12315”

消费者王女士遭遇了一件烦心事：新买的凉鞋仅穿了两天就出现鞋帮和鞋底处开胶的现象，且鞋跟也出现了裂痕。超市售货员说是王女士人为造成的，且服务态度很是不好。正无计可施的王女士听到有人提醒：“这事可能12315能帮你！”于是带着这双“破旧”的新凉鞋向当地工商所消费者协会分会投诉，希望其工作人员能够帮助维权。

工商所消协分会的工作人员当即与该超市的负责人取得联系。超市的负责人表示，凉鞋出现这种情况，是因为当事人在雨天穿着凉鞋进水造成的，不属于三包的范围，不能退换，当事人也承认这一点。在了解了事情的原委后，经工作人员耐心的调解，本着互谅互让的原则，双方达成了调解协议：超市与王女士各承担一半的费用，由超市负责修好凉鞋。这起申诉案件得到了圆满解决。

1）调解的概念

调解，是当事人自愿将争议提交第三者，并在第三者的主持下，查清事实，分清是非，明确责任，通过第三者的劝说引导，促使当事人在互谅互让的基础上达成和解，从而解决争议的一种方法。

调解和协商的相同之处主要在于：两者都是在当事人自愿的基础上进行的，两者都需要通过当事人的协商来达成解决争议的协议。

两者的主要区别：调解是在第三者介入的情况下进行的，协商则没有第三者介入。调解中的第三者称为调解人。调解人可以是组织，也可以是个人。就个人而言，可以是单个，也可以是数个。调解人可以由当事人指定，也可以由调解机构指定。在一般情况下，如果调解成功，当事人应当签订协议。如果协议上仅有当事人签字，该协议被称为和解书或和解协议。

2）调解的类型

根据不同的标准，调解可作不同的分类。根据调解人的性质为标准，调解可分为民间调解和官方调解。根据调解人是否为一个机构，调解可分为机构调解和个人调解。根据调解人的数量，调解可分为一人调解和数人调解。在我国，调解大体上可分为:民间调解、人民调解、机构调解、仲裁调解和司法调解。

需要说明的是,这些类型的调解如果成功,依法达成的协议所制作的调解书,均具有法律效力。但是,其法律效力的性质是有区别的。民间调解、人民调解和机构调解,所制作的调解书属于合同性质的法律效力;而仲裁调解和司法调解所制作的调解书具有强制执行的法律效力。

3)调解的特点

调解可以快捷地解决争议,一般也不伤及当事人之间的友好合作关系。同时,调解人的介入及其专业性增加了争议解决的可能性,根据调解达成的协议而制作的调解书对当事人有法律约束力。同时,调解也有一定的局限性。因为调解是否成功有赖于当事人的意愿,而在调解书生效前,任何一方都可以反悔,常使调解前功尽弃,浪费各方的时间。

4)调解的原则

调解应当坚持自愿、平等、合法的原则,在公平合理的基础上通过协商一致达成协议,并且不得违反法律、行政法规的强制性规定。

对于调解人而言,调解还应贯彻查明事实、分清是非的原则。因为只有是非责任分明,才能使双方当事人知道自己哪些行为遵守了法律,哪些行为违反了法律,才能依照法律规定协商解决问题。同时,只有是非责任分明,调解人的说服劝导才能有力量,达成的协议也才能真正维护双方当事人的合法权益并得到执行。

【议一议】

【9.1】【判断说明题】 在以调解方式解决经济纠纷方面,经行政机关调解达成了协议并制作出的调解书是不具有法律效力的。( )

【案例阅读】

茶冲多了就会淡,心平和了气就会消

德化县交通巡警大队办案民警在实践中发现,一些轻微的交通事故纠纷只要能让当事人心平气和地协商,就能有效地化解他们之间的矛盾。为此,交通事故发生后,办案民警及时召集当事人双方在事故调解室坐下来,给他们泡上一壶清茶,一边喝茶,一边交谈,协商解决交通事故赔偿问题。"许多矛盾纠纷恰如茶叶一般,冲着冲着,就变淡了。"这是许多当事人的感言。这种亲民的交通事故"茶桌调解

法”，不仅深受当事人的欢迎，而且有效降低了交通事故的起诉率。据统计，仅2008年该县53起轻微交通事故经过“茶桌调解”后，赔偿问题都得到圆满解决，调解成功率达100%。这对处理好人民内部矛盾，构建和谐社会具有重大的意义。

9.1.3 仲裁

1)仲裁的概念

仲裁，是指发生争议的当事人在发生争议时，提请第三者对争议的事实进行审理，并由第三者作出对双方当事人都具有约束力的裁决的活动。

从仲裁的概念可以看出，仲裁具有三个要素：

①以当事人自愿协商为基础。

②由当事人自愿选择的中立的第三方进行仲裁。

③裁决对双方都具有约束力。

2)仲裁的适用范围

根据我国《仲裁法》的规定，平等主体的公民、法人和其他组织之间发生的合同纠纷和其他财产纠纷，可以仲裁。婚姻、收养、监护、抚养、继承纠纷不能仲裁。同时，人事争议、劳动争议和农业承包合同纠纷应分别依据其他规定由相应的仲裁机构仲裁。

3)仲裁的基本制度

①协议仲裁制度，是指申请仲裁应当有仲裁协议，没有仲裁协议，一方申请仲裁，仲裁委员会不予受理。

②或裁或审制度，是指当事人发生争议只能在仲裁或诉讼两种方式中选择一种解决争议。

③一裁终局制度，即仲裁裁决自作出之日起发生法律效力。裁决作出后，当事人就同一纠纷再次申请仲裁或向人民法院起诉的，仲裁委员会或人民法院不予受理。

【9.2】【判断说明题】 根据我国《仲裁法》的规定，当事人发生经济纠纷时，必须首先申请仲裁，否则，任何一方都不能向人民法院起诉。(　　)

【9.3】【多项选择题】 下列有关仲裁的说法中，正确的是(　　)。

A. 平等主体的公民、法人和其他组织之间发生财产权益纠纷，可以仲裁

B. 仲裁实行自愿的原则

C. 由于仲裁组织要依法独立行使仲裁权，因此，仲裁委员会与其他行政机关没

有隶属关系

D. 仲裁裁决作出后，当事人一方不服裁决的，可以向人民法院提起诉讼

9.1.4 经济诉讼

1)经济诉讼的概念

经济诉讼，也称经济审判，是指人民法院在当事人和其他诉讼参与人的参与下，按照法定程序审理经济纠纷案件并作出裁判的活动。

发生经济纠纷后，当事人可向有管辖权的人民法院起诉，通过诉讼方式来解决纠纷。在我国，经济诉讼程序所依据的法律是我国《民事诉讼法》。

2)经济诉讼的基本原则

经济诉讼的基本原则，是指由法律规定的人民法院、当事人和其他诉讼参与人在经济诉讼活动中所必须遵守的基本准则。主要包括：

①以事实为根据，以法律为准绳。

②公开审判。但涉及国家秘密的案件不公开审理。涉及商业秘密的案件，当事人申请不公开审理的，也可以不公开审理。

③两审终审制。经济纠纷案件经过两级人民法院审理，即告终结。

④合议原则。

⑤回避原则。

⑥当事人诉讼权利平等。

⑦辩论原则。

⑧处分原则。

3)经济审判机关

目前，在我国各级人民法院均设立有民事审判一、二、三、四庭及专门审判庭，分别审理经济纠纷案；还有军事法院、海事法院、铁路运输法院等专门法院受理一定范围内的经济纠纷案件。

知识链接9.1

《民事诉讼法》简介

《中华人民共和国民事诉讼法》于1991年4月9日第七届全国人民代表大会第四次会议通过，根据2007年10月28日第十届全国人民代表大会常务委员会第三十次会议《关于修改〈中华人民共和国民事诉讼法〉的决定》修正,经重新公布后自2008年4月1日起施行。

9.2 经济仲裁

9.2.1 经济仲裁的概念与特征

1)经济仲裁的概念

经济仲裁,是指仲裁机构依照法定程序对当事人在经济活动中所产生的经济争议居中调解、进行裁决的活动。

2)经济仲裁的特征

①仲裁机构属于民间组织,其成员多为各行业的专家。由于民事纠纷与商事纠纷往往涉及专业知识领域,因而,聘请相关行业的专家担任仲裁员,有利于案件的正确处理。

②仲裁是当事人自愿选择的解决争议的方式,这就能使双方更容易接受仲裁的处理,自觉执行裁决。

③仲裁程序比较简单,不仅耗时少,而且费用低,与诉讼制度相比,对当事人更具有吸引力。

④仲裁一般不实行公开审理,有利于保护当事人不愿泄露的商业秘密。

表9.1 仲裁与诉讼法律特征比较

特点 方式	受理机构	受理机构性质	受理依据	裁决依据	裁判制度
仲裁	仲裁委员会	民间组织	仲裁协议	仲裁法	一裁仲局
诉讼	人民法院	审判机关	管辖法律规定	民事诉讼法	两审终审

【做一做】

【9.4】【多项选择题】 下列各项中,正确的是( )。

A. 仲裁必须由双方当事人自愿达成仲裁协议方可进行,而诉讼只要有一方当事人起诉即可进行

B. 仲裁实行一裁终局制度,而诉讼实行两审终审制度

C. 仲裁不公开进行,诉讼一般公开进行

D. 仲裁不实行回避制度,诉讼实行回避制度

9.2.2　仲裁委员会

1)仲裁委员会的性质

仲裁委员会,是以仲裁方式,独立、公正地解决仲裁争议,以保护当事人双方的合法权益的组织。我国《仲裁法》第15条规定:"仲裁委员会是中国仲裁协会的会员,中国仲裁协会是社会团体法人,是公断性质的、非政府性的专门仲裁组织。"

2)仲裁委员会应具备的条件

①有自己的名称、住所和章程;
②有必要的财产;
③有仲裁委员会的组成人员;
④有聘任的仲裁员。

仲裁委员会由主任1人,副主任2~4人和委员7~11人组成;仲裁委员会的主任、副主任和委员由法律、经济贸易专家和有实际工作经验的人员担任;仲裁委员会的组成人员中,法律、经济专家不得少于2/3;

知识链接9.2

仲裁委员会的设置

根据《中华人民共和国仲裁法》的规定,仲裁委员会可以在直辖市和省、自治区人民政府所在地的市设立,也可以根据需要在设区的市设立,由人民政府组织有关部门和商会统一组建。属社会团体法人性质。仲裁委员会的仲裁员实行聘任制。仲裁员应具备的条件是,从事仲裁工作、律师工作、审判工作满8年以上,以及从事法律研究、教学工作或经济贸易等专业的工作具有高级职称的经聘任才能担任仲裁员。

9.2.3　仲裁协议

1)仲裁协议的概念

仲裁协议,是指双方当事人自愿把他们之间可能发生或者已经发生的经济纠纷提交仲裁机构裁决的书面约定。

2）仲裁协议的形式和内容

（1）仲裁协议的形式

仲裁协议应当以书面形式订立，包括在纠纷发生前或者纠纷发生后以书面形式达成的仲裁协议和合同中订立的仲裁条款。口头达成仲裁的意思表示无效。

（2）仲裁协议的内容

仲裁协议应当具有下列内容：

①请求仲裁的意思表示；

②仲裁事项；

③选定的仲裁委员会。

仲裁协议对仲裁事项或者仲裁委员会没有约定或者约定不明确的，当事人可以补充协议。达不成补充协议的，仲裁协议无效。

3）仲裁协议的效力

仲裁协议一经依法成立，即具有法律约束力。仲裁协议独立存在，合同的变更、解除、终止或者无效，不影响仲裁协议的效力。

仲裁协议不仅具有一般协议对当事人产生的约束力，而且对管辖权也产生一定的约束力，具体表现在：

①仲裁协议对双方当事人有约束力。即仲裁协议一旦依法成立，当事人因此丧失了就特定事项向法院起诉的权利；如果仲裁协议的一方当事人违背协议向法院提起诉讼，另一方有权依据仲裁协议，要求法院中止诉讼程序。

②仲裁协议是仲裁机构行使管辖权的依据。仲裁机构的管辖权来自当事人的仲裁协议，如果没有仲裁协议或者仲裁协议无效，当事人不得将该争议提交仲裁，仲裁机构也无权受理该项争议。

③仲裁协议排除了法院的管辖权。即当事人双方自愿达成书面仲裁协议的，任何一方不得向人民法院起诉，一方向人民法院起诉的，人民法院不予受理，当事人只能向仲裁机构申请仲裁。

④仲裁协议是取得司法监督的依据。即当事人提出证据证明，裁决没有仲裁协议或裁决的事项不属于仲裁协议的范围，可以向仲裁委员会所在地的中级人民法院申请撤销裁决，人民法院经组成合议庭审查核实，裁决不予执行。

⑤仲裁协议是外国承认和执行的根据，根据有关公约规定，当事人在外国申请承认和执行时，应提交仲裁条款或仲裁协议，各缔约国可以承认仲裁裁决的约束力，并援引裁决地的程序规则予以执行。

对仲裁协议法律效力的确认机构是仲裁委员会和人民法院。

4)仲裁协议的无效

有下列情形之一的,仲裁协议无效:
①约定的仲裁事项超出法律规定的仲裁范围;
②无民事行为能力人或限制民事行为能力人订立的仲裁协议;
③一方采取胁迫手段,迫使对方订立仲裁协议的。

【议一议】

【9.5】【多项选择题】 关于仲裁协议的效力,下列说法正确的是(　　)。

A. 合同的变更、解除、终止或无效,将影响到仲裁协议的效力

B. 仲裁协议中为当事人设定的一定义务,不能任意更改、终止或撤销

C. 在当事人双方发生协议约定的争议时,任何一方都可以向法院起诉

D. 对于仲裁组织来说,仲裁协议具有排除诉讼管辖权的效力

【9.6】【判断分析题】 当事人对仲裁协议的效力有异议的,一方请求仲裁委员会作出决定,另一方请求人民法院作出裁定的,由仲裁委员会裁定。(　　)

【9.7】【多项选择题】 合同纠纷的当事人依法达成了仲裁协议,则(　　)。

A. 当事人即丧失了就该纠纷向法院起诉的权利

B. 一方向法院起诉的,法院不予受理

C. 当事人只能向仲裁机构申请仲裁

D. 一方向法院起诉的,另一方有权要求法院中止诉讼程序

知识链接9.3

仲裁协议书(样式)

甲方:
地址:
法定代表人:　　　　职务:
乙方:
法定代表人:　　　　职务:

当事人双方愿意提请__________市仲裁委员会按照《中华人民共和国仲裁法》规定,仲裁如下争议:

双方于2010年3月签订大豆买卖合同。合同履行中,因买方对卖方提供的大

豆质量等级提出异议,导致双方发生争议,经协商解决不成。双方一致同意选择__________市仲裁委员会依据《中华人民共和国仲裁法》及该会仲裁规则,对双方合同中所涉及大豆的质量等级和双方如何继续履行合同作出裁决。

甲方:(盖章) 乙方:(盖章)

法定代表人: 法定代表人:

______年____月____日 ______年____月____日

9.2.4 仲裁程序

仲裁程序,是指双方当事人将所发生的争议根据仲裁协议的规定提交仲裁时应办理的各项手续。仲裁程序包括申请和受理、仲裁庭的组成、开庭审理和裁决。

1)仲裁的申请和受理

(1)申请仲裁的条件

①有仲裁协议;

②有具体的仲裁请求和所依据的事实、理由;

③属于仲裁委员会受理的范围。

(2)申请仲裁的方式和仲裁申请书的内容

当事人申请仲裁,应当向仲裁委员会递交仲裁协议、仲裁申请书及副本。即当事人申请仲裁,必须采用书面形式。仲裁申请书应当载明下列事项:

①当事人的姓名、性别、年龄、职业、工作单位和住所,法人或者其他经济组织的名称、住所和法定代表人或者主要负责人的姓名、职务;

②仲裁请求和依据的事实、理由;

③证据和证据来源,证人姓名和住所。

(3)仲裁的受理

①受理的准备。仲裁委员会自收到仲裁申请书之日起5日内,认为符合受理条件的,应当书面通知当事人;认为不符合受理条件的,应当书面通知当事人,并说明理由。如果一方当事人向人民法院起诉,经人民法院审查确定当事人之间有仲裁协议的,不予受理;或另一方在首次开庭前提交仲裁协议,人民法院驳回起诉的,当事人向仲裁委员会申请仲裁的,则应予受理。如果人民法院受理后,在首次开庭前,当事人未对人民法院受理该案件提出异议的,应视为放弃仲裁协议,人民法院则应继续审理。

②受理后的准备工作。仲裁委员会受理仲裁申请后,应当在仲裁规则规定的

期限内将仲裁规则和仲裁员名单送达被申请人。被申请人收到仲裁申请书副本后，应当在仲裁规则规定的期限内向仲裁委员会提交答辩书。仲裁委员会收到答辩书后，应当在仲裁规则规定的15日内将答辩书副本送达申请人。被申请人未提交答辩书的，不影响仲裁程序的进行。

③当事人的几项重要权利：申请人可以放弃或变更仲裁请求；被申请人可以承认或者反驳仲裁请求，有提出反请求的权利；一方当事人因另一方当事人的行为或其他原因可能使裁决不能执行或难以执行的，可以申请财产保全。仲裁委员会接到财产保全申请后，应当将当事人的申请依照《民事诉讼法》的规定提交人民法院。申请有错误的，申请人应当赔偿被申请人因财产保全所遭受的损失。仲裁当事人、法定代理人可以委托律师和其他代理人进行仲裁活动，受委托的代理人应当向仲裁委员会提交授权委托书。

2）仲裁庭的组成

仲裁庭，是代表仲裁委员会仲裁经济纠纷案件的仲裁组织，它是为仲裁某一具体案件而设置的临时性组织。

（1）仲裁庭的组成形式

仲裁庭有合议庭和独任庭两种形式，当事人可以约定合议庭或独任庭。

独任庭是由一名仲裁员组成的仲裁庭。采用独任庭形式的，仲裁员产生的方式是双方当事人在仲裁规则规定的期限内共同选定或各自委托仲裁委员会主任指定。合议庭由三名仲裁员组成。其产生的方式是由双方当事人在仲裁规则规定的期限内，各自选定或各自委托仲裁委员会主任指定一名仲裁员，再由双方当事人共同选定或共同委托仲裁委员会主任指定另外一名仲裁员担任首席仲裁员。

（2）仲裁员的回避

仲裁员有下列情形之一的，必须回避，当事人也有权提出回避申请：

①是本案当事人或者当事人、代理人的近亲属；

②与本案有利害关系；

③与本案当事人、代理人有其他关系，可能影响公正仲裁的；

④私自会见当事人、代理人，或者接受代理人请客送礼的。

当事人提出回避申请，应当说明理由，在首次开庭前提出。回避事由在首次开庭后知道的，可以在最后一次开庭终结前提出。仲裁员是否回避，由仲裁委员会主任决定。仲裁委员会主任担任仲裁员时，由仲裁委员会集体决定。

仲裁员因回避或者其他原因不能履行职责的，应当依法重新选定或指定仲裁员。因回避而重新选定或者指定仲裁员后，当事人可以请求已进行的仲裁程序重新进行,是否准许,由仲裁庭决定。仲裁庭也可以自行决定已进行的仲裁程序是否重新进行。

3)开庭审理

(1)开庭的方式

在仲裁中,一般情况下都应开庭,如果当事人协议不开庭仲裁的,可以由仲裁庭书面审理,即由仲裁庭根据仲裁申请书、答辩书以及其他材料作出裁决。仲裁原则上不公开进行,当事人协议公开的,可以公开进行,但涉及国家机密的除外。

(2)开庭审理的程序

仲裁委员会应当在仲裁规则规定的期限内将其确定的开庭日期通知双方当事人。当事人有正当理由的,可以在仲裁规则规定的期限内请求延期开庭,是否延期,由仲裁庭决定。申请人经书面通知,无正当理由不到庭或者未经仲裁庭许可中途退庭的,可以视为撤回申请。被申请人经书面通知,无正当理由不到庭或者未经仲裁庭许可中途退庭的,可以缺席裁决。

开庭进程一般要经过调查、辩论、当事人最后陈述、调解等阶段。

(3)仲裁证据

在仲裁中实行谁主张谁举证的原则。也就是说,当事人对自己提出的主张有责任提出证据加以证明。仲裁庭认为有必要收集的证据可以自行收集。

(4)开庭笔录

仲裁应当将开庭情况记入笔录,当事人和其他仲裁参与人对自己陈述的记录有遗漏或差错的,有权申请补正;如果不予补正,应当记录申请。笔录由仲裁员、记录人员、当事人和其他参与人签名或者盖章。

4)作出裁决

(1)和解与调解

当事人申请仲裁后,可以自行和解。达成和解协议的,可以请求仲裁庭根据和解协议作出裁决书,也可以撤回申请。当事人达成和解协议,撤回申请,在和解协议履行前反悔的,可以根据原达成的仲裁协议重新申请仲裁。

仲裁庭在作出裁决前,可以先行调解。当事人自愿调解的,仲裁庭应当调解。调解不成的,应当及时作出裁决。调解达成协议的,仲裁庭应当制作调解书或者根据协议的结果制作裁决书。调解书和裁决书具有同等的法律效力。调解书应当载明仲裁请求和当事人协议的结果。调解书应由仲裁员签名,并加盖仲裁委员会印章，送达双方当事人。调解书经双方当事人签收后，即发生法律效力。在调解书签收前当事人反悔的，仲裁庭应当及时作出裁决。

（2）仲裁裁决

仲裁裁决，是指仲裁委员会通过对当事人之间经济纠纷案件的审理，根据已查明的案件事实和法律规定而作出的，确认当事人之间权利义务关系的仲裁决定。

由于仲裁实行一裁终局制度，因此，裁决一经作出，即发生法律效力。

仲裁裁决应当按多数仲裁员的意见作出。仲裁庭不能形成多数意见时，裁决应当按首席仲裁员的意见作出。

裁决书应当写明仲裁请求、争议的事实、裁决理由、裁决结果、仲裁费用的负担和裁决日期。当事人协议不愿写明争议事实和裁决理由的，可以不写。仲裁裁决书还应由仲裁员签名、加盖仲裁委员会印章。对裁决持不同意见的仲裁员，可以签名，也可以不签名。

仲裁庭仲裁纠纷时，其中一部分事实已经清楚，可以就该部分先行裁决。此外，对仲裁裁决书的文字、计算错误或者仲裁庭已经裁决并在裁决书中遗漏的事项，仲裁庭应当补正。当事人自收到裁决书之日起30天内，可以请求仲裁庭补正。

【议一议】

【9.8】【单项选择题】　甲、乙因合同纠纷达成仲裁协议，甲选定A仲裁员，乙选定B仲裁员，另由仲裁委员会主任选定1名首席仲裁员，3人组成仲裁庭。仲裁庭在作出裁决时产生了两种不同意见。根据《仲裁法》的规定，仲裁庭应当采取的做法是（　　）。

A. 按多数仲裁员的意见作出裁决　　B. 按首席仲裁员的意见作出裁决

C. 提请仲裁委员会作出裁决　　D. 提请仲裁委员会主任作出裁决

【9.9】【单项选择题】　仲裁机构或者人民法院在受理经济纠纷案件以后，经调解达成协议的，应当制作调解书，调解书（　　），即发生法律效力。

A. 经双方当事人签收后

B. 制作后

C. 在达成协议时

D. 在签收后15日内没有向人民法院起诉的

【9.10】【单项选择题】　仲裁机构依法作出的裁决，（　　）发生法律效力。

A. 自作出之日起

B. 当事人自收到裁决书15日内未向法院起诉的

C. 当事人自收到裁决书之日起

D. 双方当事人收到裁决书之日起

【9.11】【判断说明题】 经济纠纷的当事人对仲裁庭依法作出的裁决不服的，应当在法定期限内向人民法院起诉，过期不起诉的，裁决即发生法律效力。（ ）

9.2.5 仲裁裁决的撤销

撤销仲裁裁决是司法监督仲裁的一种重要方式，旨在使已经生效但确实有错误的裁决得到纠正，保护当事人的合法权益。但是，撤销仲裁裁决应由当事人提出申请，人民法院一般不主动行使司法监督权而撤销裁决，除非仲裁裁决违背社会公共利益。

1）裁决撤销的申请

申请撤销仲裁裁决，由仲裁案件的当事人自收到裁决书之日起6个月内向仲裁委员会所在地中级人民法院提出申请，申请人须提供证据证明裁决有法定的应予撤销的情形。

2）裁决应予撤销的情形

①没有仲裁协议；

②仲裁的事项不属于仲裁协议的范围；

③仲裁庭的组成或者仲裁的程序违反法定程序；

④裁决所依据的证据是伪造的；

⑤对方当事人隐瞒了足以影响公正裁决的证据的；

⑥仲裁员在仲裁该案时有索贿受贿、徇私舞弊、枉法裁决行为的。

人民法院经组成合议庭审查核实裁决有以上情形之一的，应当裁定撤销。人民法院应当在受理撤销裁决申请之日起2个月内作出撤销裁决或驳回申请的裁定。

人民法院受理撤销裁决的申请后，认为可以由仲裁庭重新仲裁的，通知仲裁庭在一定期限内重新仲裁，并裁定中止撤销程序。

9.2.6 仲裁裁决的执行

1）仲裁裁决执行的概念

仲裁裁决的执行，即仲裁裁决的强制执行，是指人民法院经当事人申请，采取强制措施将仲裁裁决书中的内容付诸实施的行为和程序。

当事人应当履行裁决。一方当事人不履行的，另一方当事人可以依照我国《民事诉讼法》的有关规定向人民法院申请执行，受理的人民法院应予执行。由于仲裁委员会制作的调解书与裁决书具有同等的法律效力，因此，我国对仲裁裁决的有关规定，也同样适用于对仲裁调解书的执行。

2）执行仲裁裁决的条件

①必须有当事人的申请。一方当事人不履行仲裁裁决时，另一方当事人（权利人）须向人民法院提出执行申请，人民法院才可能启动执行程序。人民法院没有主动采取执行措施、对仲裁裁决予以执行的职权。

②当事人必须在法定期限内提出申请。双方或一方当事人是公民的期限为1年，双方是法人或者其他组织的期限为6个月。超过了法定期限再提出申请执行时，人民法院不予受理。

③当事人必须向有管辖权的人民法院提出申请。当事人申请执行仲裁裁决，必须向有管辖权的人民法院提出，即当事人应向被执行人住所地或者被执行人财产所在地的人民法院申请执行仲裁裁决。

3）执行措施

被执行人未按执行通知履行仲裁裁决确定的义务，人民法院有权采取以下执行措施：

①冻结、划拨被执行人的存款，但其交存在人民银行的存款准备金和备付金不得冻结和划扣，同时不得查封其营业场所。

②有权扣留、提取被执行人应当履行义务部分的财产或收入。

③有权强制被执行人迁出房屋或者退出土地。

④有权强制被执行人交付指定的财物或票证。

⑤有权强制被执行人履行指定的行为。

⑥对被执行人到期债权的执行：第三人直接向申请执行人履行其对被执行人的债务，不得向被执行人清偿。在收到履行通知后的15日内向申请执行人履行债务。有异议的，在收到履行通知后的15日内向法院提出。

⑦强制支付迟延履行金或延期利息。

知识链接9.4

什么是执行担保、执行承担？

执行担保，是指在执行过程中，被执行人确有困难缺乏偿付能力时，向人民法院提供担保，并经申请执行人同意的，人民法院可以决定暂缓执行的期限。被执行人逾期仍不履行的,人民法院有权执行被执行人的担保财产或担保人的财产。

执行承担,是指在执行过程中,其他公民、法人或组织履行被执行人义务的一种制度。发生在被执行人死亡、组织分立、合并、被撤销等情况。

【议一议】

【9.12】【判断说明题】 一方当事人不履行仲裁裁决的,当事人可以申请仲裁机构强制执行。(   )

9.3 经济诉讼

【案例导入】

偷换笔记本 CPU ,戴尔"芯"事未了身陷诉讼漩涡

2006 年 7 月 26 日,上海卢湾区某 IT 公司工程师张敏收到了卢湾区人民法院正式受理他诉戴尔(中国)有限公司商业欺诈一案的立案通知书。这意味着,戴尔"换芯门"事件将从用户投诉阶段进入司法阶段。张敏是在戴尔"换芯门"事件爆发 1 个月后,首位将戴尔公司推上被告席的中国消费者。

9.3.1 经济诉讼的概念

经济诉讼,也称经济审判,指人民法院在当事人和其他诉讼参与人的参加下,按照法定程序审理经济纠纷案件并作出裁判的活动。

9.3.2 经济纠纷案件的主要类别

经济纠纷案件主要包括:合同纠纷案件、侵权纠纷案件、知识产权纠纷案件、不

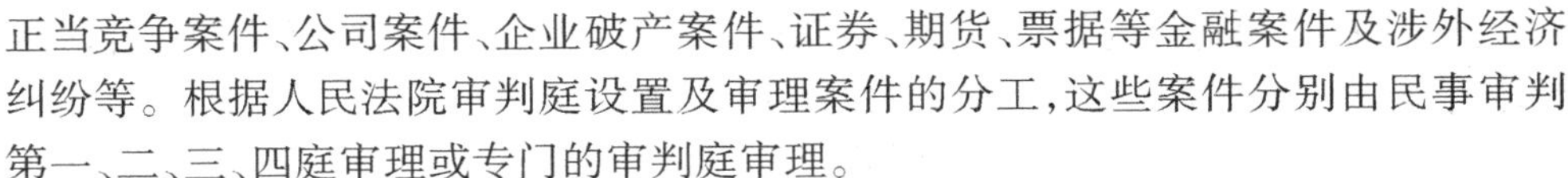

正当竞争案件、公司案件、企业破产案件、证券、期货、票据等金融案件及涉外经济纠纷等。根据人民法院审判庭设置及审理案件的分工,这些案件分别由民事审判第一、二、三、四庭审理或专门的审判庭审理。

9.3.3 经济纠纷案件的管辖

经济纠纷案件的管辖,是指上下级人民法院之间以及同级人民法院之间,在受理第一审经济纠纷案件上的分工和权限。

1)级别管辖

基层人民法院管辖第一审经济纠纷案件,但本法另有规定的除外。

中级人民法院管辖以下三类经济纠纷案件:

①重大的涉外案件;

②在本辖区有重大影响的案件;

③最高人民法院确定由中级人民法院管辖的案件。

此外,高级人民法院管辖在本辖区有重大影响的案件,最高人民法院管辖在全国有重大影响的案件和认为应当由其审理的案件。

2)地域管辖

根据我国《民事诉讼法》的规定,经济纠纷案件的地域管辖一般原则是"原告就被告",即经济纠纷案件一般由被告住所地的人民法院管辖。

因合同纠纷提起的诉讼,由被告住所地或合同履行地的人民法院管辖。

合同双方当事人可以在书面合同中协议选择被告住所地、合同履行地、合同签订地、原告住所地、标的物所在地人民法院管辖,但不得违反法律对级别管辖和专属管辖的规定。

因侵权行为提起的诉讼,由侵权行为地或者被告住所地人民法院管辖。

3)专属管辖

①因不动产纠纷提起的诉讼,由不动产所在地人民法院管辖。

②因港口作业中发生纠纷提起的诉讼,由港口所在地人民法院管辖。

【议一议】

【9.13】【多项选择题】 因合同纠纷提起的诉讼,由( )人民法院管辖。

A. 被告住所地 B. 合同履行地 C. 合同签订地 D. 原告住所地

【9.14】【单项选择题】 合同双方当事人(　　)协议选择被告住所地、合同履行地、合同签订地、原告住所地、标的物所在地人民法院管辖。

A. 必须在书面合同中　　B. 可以在书面合同中

C. 不能通过书面合同　　D. 应当在书面合同中

9.3.4 经济纠纷案件的诉讼程序

经济诉讼程序,是指法律规定司法机关、当事人和其他诉讼参与人在诉讼活动中所必须遵守的原则、步骤、方式和方法。经济纠纷案件的诉讼程序包括一审、二审、审判监督、督促程序、公示催告和执行程序。下面仅就经济纠纷案件诉讼的一般程序作简要介绍。

1)第一审普通程序

(1)起诉和受理

①当事人起诉必须符合法定的起诉条件。起诉的条件包括:原告必须是与提起诉讼案件有直接利害关系的公民、法人和其他组织;有明确的被告;有具体的诉讼请求和事实、理由;属于人民法院管辖范围和受诉人民法院管辖。

②起诉应当采用书面起诉状形式。起诉状的内容应包括:原告、被告的基本情况,即法人或者其他组织的名称、住所和法定代表人主要责任人的姓名、职务,或者个人的姓名、性别、年龄、民族、职业、工作单位、住所;诉讼请求和所根据的事实与理由;证据和证据的来源、证人的姓名和住所等。原告应当按照被告的人数向人民法院递交起诉状副本。

人民法院收到起诉状,经审查,认为符合起诉条件的,应当在7日内立案,并通知当事人;认为不符合起诉条件的,应当在7日内裁定不予受理;原告对裁定不服的,可以提起上诉。

(2)审理前的准备

人民法院应当在立案之日起5日内将起诉状副本发送被告,被告在收到之日起15日内提出答辩状。被告提出答辩状的,人民法院应当在收到之日起5日内将答辩状副本发送原告。被告不提出答辩状的,不影响人民法院的审理。

人民法院对决定受理的案件,应当在受理案件通知书和应诉通知书中向当事人告知有关的诉讼权利义务,或者口头告知。合议庭组成人员确定后,应当在3日内告知当事人。

值得注意的是,最高人民法院《关于民事诉讼证据的若干规定》对于民事诉讼中的有关证据制度作了具体规定。

①当事人应当在举证期限内向人民法院提交证据材料，否则，视为放弃举证权利。人民法院应当在送达案件受理通知书和应诉通知书的同时向当事人送达举证通知书。举证通知书应当载明举证责任的分配原则与要求，可以向人民法院申请调查取证的情形，人民法院根据案件情况指定的举证期限以及逾期提供证据的法律后果。举证期限可以由当事人协商一致，并经人民法院认可。由人民法院指定举证期限的，指定的期限不得少于30日，自当事人收到案件受理通知书和应诉通知书的次日起计算。对于当事人逾期提交的证据材料，人民法院审理时不组织质证。但对方当事人同意质证的除外。

②当事人增加、变更诉讼请求或者提起反诉的，应当在举证期限届满前提出。

(3)开庭审理

人民法院应当在开庭前3日通知当事人和其他诉讼参加人。公开审理的，应当公告当事人名称、案由和开庭的时间、地点。当事人经传票传唤，无正当理由拒不到庭，或者未经法庭许可中途退庭，是原告的，按撤诉处理(被告反诉的，可以缺席判决)；是被告的，可以缺席判决。

宣判前，原告申请撤诉的，是否准许，由人民法院裁定。人民法院裁定不准许撤诉的，原告经传票传唤，无正当理由拒不到庭的，可以缺席判决。

开庭审理前，书记员应当查明当事人和其他诉讼参加人是否到庭，宣布法庭纪律。开庭审理时，由审判长核对当事人，宣布案由，宣布审判人员、书记员名单，告知当事人有关的诉讼权利义务，询问当事人是否提出回避申请。

正式开庭过程一般经过法庭调查、法庭辩论两个主要阶段。

①法庭调查，按下列顺序进行：

第一，当事人陈述；

第二，告知证人的权利义务，证人作证，宣读未到庭的证人证言；

第三，出示书证、物证和视听资料；

第四，宣读鉴定结论；

第五，宣读勘验笔录。

当事人在法庭上可以提出新的证据。当事人经法庭许可，可以向证人、鉴定人、勘验人发问。当事人要求重新调查、鉴定或者勘验，是否准许，由人民法院决定。

原告增加诉讼请求，被告提出反诉，第三人提出与本案有关的诉讼请求，可以合并审理。

②法庭辩论。双方当事人在法庭上，就法庭调查中提出的诉讼请求和反驳诉讼请求以及事实根据和法律的适用提出主张和展开辩驳。法庭辩论按下列顺序

进行：

第一，原告及其诉讼代理人发言；

第二，被告及其诉讼代理人答辩；

第三，第三人及其代理人发言或者答辩；

第四，双方相互辩论。

法庭辩论终结，由审判长按原告、被告顺序，征询双方最后意见。

在法庭作出判决前，能够进行调解的，应当进行调解。调解应坚持自愿的原则，调解协议的内容不得违反法律规定。

调解达成协议的，应当制作调解书，由审判人员、书记员署名，并加盖人民法院印章。调解书送达双方当事人后，即发生法律效力。调解不成或调解书送达前一方反悔的，人民法院应当及时判决。

(4)判决

人民法院对公开审理或不公开审理的案件，一律公开宣告判决。当庭宣判的，应当在10日内发送判决书；定期宣判的，宣判后立即发给判决书。

判决书应当写明：案由、诉讼请求、争议的事实和理由；判决认定的事实、理由和适用的法律依据；判决结果和诉讼费用的负担；上诉期间和上诉的法院。判决书由审判人员、书记员署名，加盖人民法院印章。

2)第二审程序

(1)二审程序的概念

二审程序，是指诉讼当事人不服地方人民法院一审判决或裁定，有权向上一级人民法院提起上诉，由上一级人民法院进行审理的程序，也叫上诉审理程序。

(2)上诉的期限及形式

当事人不服地方人民法院第一审判决的，有权在判决书送达之日起15日内向上一级人民法院提起上诉；当事人不服地方人民法院第一审裁定的，有权在裁定书送达之日起10日内向上一级人民法院提起上诉。上诉状应当通过原审人民法院提出，并按照对方当事人或者代表人的人数提出副本。当事人直接向第二审人民法院上诉的，第二审人民法院应当在5日内将上诉状移交原审人民法院。

(3)二审法院的审理

第二审人民法院应当对上诉请求的有关事实和适用法律进行审理。第二审人民法院对上诉案件，应当组成合议庭，经过调查和审理，按下列情形，分别处理：

第一，原判决认定事实清楚，适用法律正确的，判决驳回上诉，维持原判；

第二，原判决适用法律错误的，依法改判；

第三，原判决认定事实错误，或者原判决认定事实不清，证据不足的，裁定撤销原判决，发回原审人民法院重审，或者查清事实后改判；

第四，原判决违反法定程序，可能影响案件正确判决的，裁定撤销原判，发回原审人民法院重审。

当事人对重审案件的判决、裁定可以上诉。第二审案件的判决、裁定是终审的判决、裁定，不准上诉。

3）审判监督程序

（1）审判监督程序的概念

审判监督程序，是指人民法院对已经发生法律效力的判决、裁定发现有错误的，依法重新进行审理的程序，也称再审程序。

（2）依法提起再审的情形

①各级人民法院院长对本院已经发生法律效力的判决、裁定，发现确有错误，认为需要再审的，应当提交审判委员会讨论。

②最高人民法院对地方人民法院已经发生法律效力的判决、裁定以及上级人民法院对下级人民法院已经发生法律效力的判决、裁定，发现确有错误的，有权提审或者指令下级人民法院再审。

③当事人对已经发生法律效力的判决、裁定，认为有错误的，可以向原审人民法院或者上级人民法院申请再审，但不停止判决、裁定的执行。

④最高人民检察院对各级人民法院已经发生法律效力的判决、裁定以及上级人民检察院对下级法院已经发生法律效力的判决、裁定，发现确有错误的，有权按照审判监督程序提出抗诉。

人民检察院提出抗诉的案件，人民法院应当再审。再审时，应通知人民检察院派员出席法庭。

（3）再审的申请与审理

当事人申请再审，应当在判决、裁定发生法律效力后两年内提出。人民法院决定再审的案件，原来是一审的，按一审程序审理；原来是二审的，按二审程序审理。人民法院审理再审案件，应当另行组成合议庭。

9.3.5 督促程序和公示催告程序

1)督促程序

(1)督促程序的概念

督促程序,又称债务催偿程序,是指人民法院根据债权人的申请,向债务人发出支付令,催促债务人在法定期限内向债权人清偿债务的法律程序。

(2)督促程序的适用范围

根据我国《民事诉讼法》第191条及最高人民法院有关司法解释,督促程序适用于债权人请求债务人给付金钱、有价证券的案件。金钱是指货币,有价证券是指设立并证明持券人有权取得一定财产权利的书面凭证,包括汇票、本票、支票以及股票、债券、国库券、可转让的存款单等。

(3)适用督促程序的步骤

①申请。申请支付令必须具备的条件:债权人与债务人没有其他债务纠纷;支付令能够送达债务人;必须是请求给付金钱或者有价证券;申请人只能向有管辖权的基层人民法院提出。

申请应以书面形式提出,申请书应写明请求给付金钱、有价证券的数量和所根据的事实、证据。

②审查与受理。债权人提出申请后,人民法院经审查应当在5日内通知债权人是否受理,申请不成立的裁定予以驳回。

③发布支付令。人民法院受理申请后,应当在受理之日起15日内向债务人发出支付令。支付令与判决具有相同的法律效力,即债务人自收到支付令之日起15日内既不提出书面异议,又不履行支付令的,债权人可以申请强制执行。

④支付令失效。当人民法院发出支付令后,债务人在规定的期限内有权向人民法院提出书面异议。人民法院收到债务人提出的书面异议后,应裁定终结督促程序,支付令自行失效,债权人可以起诉。

2)公示催告程序

(1)公示催告程序的概念

公示催告程序,是指人民法院公开告示,要求不确定的或者不明确的权利人在法律规定的期间内申报权利,如不申报即丧失其权利的程序。

(2)公示催告程序的适用范围

①可以背书转让的票据被盗、遗失或灭失的事项。我国目前可以背书转让的

票据有支票、汇票、本票三种。另外,《公司法》还规定记名股票被盗、遗失或者灭失,股东可以申请人民法院公示催告并作出除权判决。

②依照法律规定的其他事项。

(3)公示催告程序的适用

公示催告程序主要包括以下阶段:

①申请。申请公示催告的条件:第一,申请主体必须是按照规定可以背书转让的票据持有人即票据被盗、遗失、灭失前的最后持有人;第二,申请的原因必须是可以背书转让的票据被盗、遗失或灭失,且利害关系人处于不明状态,对其他事项申请公示催告必须有法律的明文规定;第三,公示催告程序必须由票据支付地的基层人民法院管辖;第四,申请方式须由申请人书面申请写明票面金额、发票人、持票人、背书人等主要内容,申请公示催告的理由和票据丢失的事实;第五,公示催告申请人要求撤回申请的,须在公示催告前提出,在公示催告期间要求撤回的,法院可以径行裁定终结公示催告程序。

②审查与受理。人民法院在接到申请后,经审查认为符合受理条件的,通知予以受理,并同时通知支付人停止支付;认为不符合受理条件的,7 日内裁定驳回申请。

③公示催告。人民法院决定受理申请,并在 3 日内发出公告,即开始公示催告,催促利害关系人申报权利。公示催告的期间,由人民法院根据情况决定,但不得少于 60 日。

公示催告产生的法律后果:第一,利害关系人在公示催告期间向人民法院申报权利的,人民法院应当终结公示催告程序。在公示催告期间,没有人申报的,或者申报被驳回的,人民法院应根据申请人的申请,作出判决,宣告票据无效。判决应当公告,并通知支付人。自判决公告之日起,申请人有权向支付人请求支付。第二,支付人必须停止支付至公示催告程序终结。如果支付人擅自支付,或者利害关系人擅自转让票据的,均属无效。如果造成损失的,责任自负。第三,申请人可自申报权利期间届满的次日起 1 个月内申请人民法院作出除权判决。

④提起诉讼。利害关系人因正当理由不能在判决前向人民法院申报的,自知道或者应当知道判决公告之日起一年内,可以向作出判决的人民法院起诉。

知识链接 9.5

票据在经济生活中被广泛使用,如果票据遗失、被盗或者灭失,票据的权利则处于不确定状态,权利人不能行使权力,将会影响商品经济的运转。《民事诉讼法》设置公示催告程序的目的是使不确定的权利变为确定,保护权利人的合法权益,有利于银行结算和市场经济的安全运行。

9.3.6 执行程序

1)执行概念

执行,是指人民法院的执行组织和人员依照法律规定的程序,运用国家强制力,根据法院判决、裁定及其他法律文书的规定,强制经济诉讼中负有义务的当事人履行其义务的活动。

已经发生法律效力的判决、裁定或调解协议书,当事人必须履行。一方拒绝履行的,权利人有权向有管辖权的人民法院提出申请,请求人民法院开始执行。

2)执行程序应具备的条件

①必须具有作为执行根据的法律文书,包括人民法院作出的民事判决书、裁定书、调解书、支付令,仲裁机构作出的裁决书、调解书,公证机关制作的依法赋予强制执行效力的债权文书,行政机关制作的依法由人民法院执行的决定书。

②作为执行根据的法律文书,必须已经发生法律效力,并具有给付内容。

③负有义务的一方当事人故意拖延、逃避或拒绝履行义务。

3)执行措施

①查询、冻结、划拨被申请执行人的存款。

②扣留、提取被申请执行人的收入。

③查封、扣押、拍卖、变卖被申请执行人的财产。

④搜查被申请执行人隐匿的财产。

⑤强制被申请执行人交付法律文书指定交付的财物或单据。

⑥强制被申请执行人迁出房屋或退出土地。

⑦强制执行法律文书指定的行为。

⑧强制加倍支付迟延履行期间的债务利息和支付迟延履行金。

⑨强制办理有关财产权证照转移手续。

4)申请执行的期间

申请执行的期间为两年。这一期限的规定,从法律文书规定的履行期间的最后一日起计算。法律文书规定分期履行的,从规定的每次履行期间的最后一日起计算。

【议一议】

【9.15】【判断说明题】　仲裁实行一裁终局制度，诉讼实行二审终审制度。这样说对吗？（　　）

【9.16】【判断说明题】　对已经发生法律效力的判决、裁决或者调解书，一方不履行的，另一方在认为需要的时候都可以向人民法院申请强制执行。（　　）

【本章小结】

解决经济纠纷的途径包括协商、调解、仲裁与经济诉讼四个方面。通过协商自行和解达成协议，是最为理想的解决争议的方式。在自愿的基础上经调解解决经济纠纷，是我国的一大特色，法律上同样承认这种方式解决纠纷的法律效力。不过，要注意的是，在仲裁和诉讼中，也有调解，但这两种程序中的调解所制作的调解书是与仲裁裁决书及法院判决书具有同等的法律效力。

依据我国《仲裁法》设立的仲裁委员会，依法受理平等主体的公民、法人和其他组织之间的合同纠纷和其他财产纠纷。经济纠纷通过仲裁的方式解决，前提条件是当事人之间必须有仲裁协议，否则，仲裁机构无权受理。而仲裁实行一裁终局制度，比经济诉讼更为方便快捷。

受理经济纠纷诉讼的机关是人民法院。经济纠纷诉讼实行级别管辖和地域管辖等，经济纠纷案件的审理，有严格的程序规定，包括一审程序、二审程序、审判监督程序和执行程序等。经济纠纷的诉讼具有强制性、规范性和最终性的特征。

【任务检测】

一、单项选择题

1. 下列纠纷中，可以适用《仲裁法》仲裁解决的是（　　）纠纷。

A. 婚姻　　B. 买卖合同　　C. 收养　　D. 继承

2. 按照公示催告程序审理的案件，人民法院受理公示催告申请后，应发布公告，公示催告的期间不得少于（　　）。

A. 30 日　　B. 60 日　　C. 90 日　　D. 1 年

3. 根据我国《民事诉讼法》的规定，（　　）按专属管辖办理。

A. 企业破产案件　　B. 保险合同纠纷

C. 不动产纠纷　　D. 票据纠纷

4. 下列有关仲裁的表述中，不符合《仲裁法》规定的是（　　）。

A. 申请仲裁的当事人必须有仲裁协议

B. 仲裁庭由 1 名或 3 名仲裁员组成

C. 仲裁调解书与裁决书具有同等法律效力

D. 仲裁均公开进行

5. 因不动产纠纷提起的诉讼，有权管辖的人民法院是(　　)。

A. 合同签订地人民法院　　B. 原告住所地人民法院

C. 被告住所地人民法院　　D. 不动产所在地人民法院

二、多项选择题

1. 根据我国《民事诉讼法》的规定，人民法院有权裁定终结执行的情形包括(　　)。

A. 申请人撤销执行申请的

B. 据以执行的法律文书被撤销的

C. 追索赡养费案件的权利人死亡的

D. 执行中双方自行达成和解协议的

E. 作为被执行人的公民死亡，无遗产可供执行，又无义务承担人的

2. 关于民事审判程序，表述正确的是(　　)。

A. 原告经传票传唤，无正当理由拒不到庭的，可以按撤诉处理

B. 人民法院审理所有的案件，均应公开开庭审理

C. 在简易程序中可以口头起诉

D. 第二审人民法院应当组成合议庭开庭审理，但合议庭认为不需要开庭审理的，也可以径行判决、裁定

E. 当事人在判决、裁定发生法律效力后两年内申请再审，原判决、裁定停止执行

3. 下列各项中，符合我国《仲裁法》规定的有(　　)。

A. 仲裁实行自愿原则

B. 仲裁一律公开进行

C. 仲裁不实行级别管辖和地域管辖

D. 当事人不服仲裁裁决可以向人民法院起诉

4. 下列各项纠纷中，不适用我国《仲裁法》的是(　　)。

A. 张某与李某因劳动关系而发生纠纷

B. 赵某与王某因财产继承而发生纠纷

C. 某运输公司与保险公司因保险标的的理赔而发生纠纷

D. 某农民与集体签订的土地承包合同纠纷

5. 根据我国《仲裁法》的规定，仲裁协议应当包括的内容有(　　)。

A. 请求仲裁的意思表示　　　B. 仲裁事项

C. 选定的仲裁委员会　　　D. 具体的仲裁事由

6. 根据我国《仲裁法》和《民事诉讼法》的规定，下列各项中，正确的是(　　)。

A. 仲裁必须由双方当事人自愿达成仲裁协议方可进行，而诉讼只要有一方当事人起诉即可进行

B. 仲裁实行一裁终局制度，而诉讼实行二审终审制度

C. 仲裁不公开进行，诉讼一般公开进行

D. 仲裁不实行回避制度，诉讼实行回避制度

三、判断说明题

1. 一方当事人不履行仲裁裁决的，当事人可以申请仲裁机构强制执行。(　　)

2. 根据我国《民事诉讼法》的规定，二审裁定不可以上诉。(　　)

3. 人民法院审理所有的案件，均应公开开庭审理。(　　)

4. 仲裁调解和司法调解所制作的调解书与判决书具有同等的法律效力。(　　)

参考文献

[1] 漆多俊. 中国公司法理论与实务研究[M]. 武汉:武汉大学出版社,1995.
[2] 杜万华. 合同法精解与案例评析[M]. 北京:法律出版社,1999.
[3] 刘兵,邓益志. 反不正当竞争法案例精选精析[M]. 北京:法律出版社,1999.
[4] 扈纪华. 产品质量法释疑与实用指南[M]. 北京:中国商业出版社,2000.
[5] 戚天常. 消费者权益保护法教程[M]. 北京:中国政法大学出版社,1994.
[6] 雷运龙,段晓茜. 消费者权益保护法、产品质量法案例精选精析[M]. 北京:法律出版社,1999.
[7] 赵本凯. 经济法基础[M]. 武汉:华中科技大学出版社,2005.
[8] 王靖,马淑芳. 经济法基础[M]. 上海:华东师范大学出版社,2007.
[9] 财政部会计资格评价中心. 经济法基础[M]. 北京:经济科学出版社,2008.